Se você não conseguiu manter-se a par de todos os livros sobre cosmovisão cristã que surgiram nos últimos anos, mãos à obra. Leia esse livro. Goheen e Bartholomew não somente usaram todos os outros livros sobre cosmovisão, mas também escreveram uma obra que sobressai. Iluminando nossa época com perspectiva histórica, profundidade bíblica e amplitude social, os autores mostram o que uma cosmovisão bíblica deve significar para nós hoje.
James W. Skillen, presidente do Center for Public Justice

Como o título indica, esse livro mostra que uma cosmovisão cristã não tem somente valor intelectual, mas é relevante para a vida como um todo. Com um texto claro e argumentos persuasivos, *Introdução à cosmovisão cristã: vivendo na intersecção entre a visão bíblica e a contemporânea* está arraigado na fé bíblica mas vai ao encontro do mundo contemporâneo para engajar-se de uma maneira historicamente fundamentada. É leitura indispensável para cristãos criteriosos que desejam praticar o evangelho e amar a Deus com todo o seu ser.
C. Stephen Evans, professor de Filosofia e Ciências Humanas da Universidade Baylor

Esse livro pretende trazer de volta a *vida* real aos estudos de cosmovisão. Com uma dinâmica missional, Bartholomew e Goheen apresentam uma visão reformada de *cosmo-e-vida*. A teologia bíblica e uma igreja evangelizadora permeiam totalmente a reflexão que fazem sobre seguir a Jesus em cada esfera da sociedade humana na cultura mundial confusa e deteriorante dos dias atuais. Os autores apresentam uma compreensão redentora para encarar a história ocidental, os negócios, a política, a arte e a espiritualidade, bem como o ressurgimento do islã, e o fazem de forma clara, apaixonada e prática. *Introdução à cosmovisão cristã* é uma obra fundamental, um desafio revigorante para todo aquele que deseja se tornar um discípulo maduro de Jesus Cristo.
Calvin Seerveld, professor emérito do Institute for Christian Studies

Saber de onde viemos é quase tão importante quanto saber para onde queremos ir. Goheen e Bartholomew identificam as raízes profundas de nossa cosmovisão ocidental contemporânea naquele tipo de análise acessível e muito abrangente que faz as pessoas exclamar: "Mas é claro! É exatamente assim que as coisas são — e por isso são assim!". Além disso, eles fazem um ótimo trabalho na apresentação da cosmovisão bíblica como a narrativa que relata como as coisas realmente são em relação à vida, ao universo e tudo o mais. É assim que as coisas são — mas como Deus as vê. Essa combinação nos conduz de forma convincente a ver a dissonância entre as duas cosmovisões e a escolha categórica que os cristãos precisam fazer. Estamos vivendo com base em qual narrativa? Qual estrada percorreremos ao sair da encruzilhada? Mas o livro está longe de ser só teoria. Ele fundamenta o desafio de viver a narrativa cristã em diversas áreas práticas e bem atuais da vida no mundo ao nosso redor. Esse é um livro cheio de percepções esclarecedoras, de alimento bíblico, de desafio prático e de esperança sólida. Ele transforma a missão de Deus em nossa missão no mundo e nos obriga a fazer algumas escolhas radicais.

Christopher J. H. Wright, diretor internacional de Langham Partnership International

Até que enfim um texto sobre cosmovisão que decididamente vai além de somente teoria. *Introdução à cosmovisão cristã* é profundo e prático, inteligente e calorosamente pastoral à medida que avança de uma compreensão abrangente da narrativa bíblica para um engajamento criterioso em questões do século 21. Movidos por seu profundo compromisso missional, Goheen e Bartholomew escrevem com clareza admirável. Eles nos convidam a um envolvimento autêntico e relevante com questões complexas, que incluem a globalização, a pós-modernidade, o consumismo e o ressurgimento do islã. *Introdução à cosmovisão cristã* o estimulará a abraçar tanto a tensão insuportável quanto as oportunidades sem precedentes para trazer esperança genuína a um mundo carente. É leitura obrigatória para todos os que almejam desenvolver uma cosmovisão moldada pela Palavra de Deus.

Rod Thompson, da Escola de Teologia do Laidlaw College

Introdução à cosmovisão cristã

Dados Internacionais de Catalogação na Publicação (CIP)
(Angélica Ilacqua CRB-8/7057)

Goheen, Michael W.
Introdução à cosmovisão cristã : vivendo na intersecção entre a visão bíblica e a contemporânea / Michael W. Goheen e Craig G. Bartholomew ; tradução de Marcio Loureiro Redondo. – São Paulo: Vida Nova, 2016.
272 p.

ISBN 978-85-275-0683-0
Título original: *Living at the crossroads: an introduction to Christian worldview*

1. Cristianismo – Filosofia I. Título II. Bartholomew, Craig G. III. Redondo, Marcio Loureiro

16-0482   CDD 230.001

Índices para catálogo sistemático:

1. Cristianismo – Filosofia

Michael W. Goheen
Craig G. Bartholomew

Introdução à cosmovisão cristã

vivendo na intersecção
entre a visão bíblica e a
contemporânea

Tradução
Marcio Loureiro Redondo

©2008, de Michael W. Goheen e Craig G. Bartholomew
Título do original: *Living at the crossroads: an introduction to Christian worldview*,
edição publicada pela Baker Academic (Grand Rapids, Michigan, EUA).

Todos os direitos em língua portuguesa reservados por
Sociedade Religiosa Edições Vida Nova
Rua Antônio Carlos Tacconi, 63, São Paulo, SP, 04810-020
vidanova.com.br | vidanova@vidanova.com.br

1.ª edição: 2016
Reimpressões: 2019, 2021

Proibida a reprodução por quaisquer meios,
salvo em citações breves, com indicação da fonte.

Impresso no Brasil / *Printed in Brazil*

Todas as citações bíblicas sem indicação da versão foram extraídas da Almeida Século 21 (A21). As citações com indicação da versão *in loco* foram extraídas da Nova Versão Internacional (NVI) e da Nova Tradução na Linguagem de Hoje (NTLH). Algumas citações com indicação da versão *in loco* foram traduzidas diretamente da New International Version (NIV) e da Today's New International Version (TNIV).

Gerência editorial
Fabiano Silveira Medeiros

Edição de texto
Arthur Wesley Dück

Revisão da tradução e
preparação de texto
Ingrid Neufeld de Lima

Revisão de provas
Fernando Mauro S. Pires

Coordenação de produção
Sérgio Siqueira Moura

Diagramação
Felipe Marques

Capa
OM Designers Gráficos

Para

Pieter e Fran Vanderpol e
John e Jenny Hultink,

em reconhecimento por sua dedicação
ao trabalho acadêmico cristão.

Sumário

Prefácio à edição brasileira 11
Prefácio 13
1. Evangelho, narrativa, cosmovisão e a missão da igreja 23
2. O que é cosmovisão? 35
3. Uma cosmovisão bíblica: Criação e pecado 61
4. Uma cosmovisão bíblica: Restauração 89
5. A narrativa ocidental: As raízes da modernidade 111
6. A narrativa ocidental: O crescimento da modernidade 129
7. Que horas são? Quatro sinais de nosso tempo na narrativa ocidental 163
8. Vivendo na intersecção: Um testemunho fiel e relevante 191
9. Vida na intersecção: Perspectivas sobre algumas
   áreas da vida pública 215

Posfácio pastoral 253
Índice de passagens bíblicas 261
Índice de assuntos 263

Prefácio à edição brasileira

Nas aulas que ministro em seminários teológicos e nas minhas palestras em conferências, tenho muitas vezes afirmado que um dos grandes desafios enfrentados por pastores, plantadores e líderes de igreja na atualidade é o fato de termos sido formados e capacitados para fazer a exegese bíblica, sem, no entanto, em momento algum, nos ter sido dito quanto seria necessária a exegese cultural.

A ausência de capacitação para fazermos a exegese cultural do contexto em que nos encontramos, seja na realidade brasileira mais ampla, seja na realidade mais específica da nossa cidade ou região, faz com que tenhamos igrejas em que a pregação é rigorosamente bíblica, mas não responde às principais perguntas que os ouvintes têm em suas mentes.

A experiência de plantar uma igreja capaz de alcançar pessoas com um perfil altamente secularizado na cidade de Campinas, ao estabelecer um diálogo significativo com elas, demandou de mim grande esforço no trabalho de conhecer e compreender quem eram essas pessoas e, consequentemente, quais eram seus sonhos, anseios, preocupações, lutas, frustrações, referências e ídolos.

Foi exatamente isso que o apóstolo Paulo fez antes de seu clássico discurso no areópago de Atenas. O texto bíblico nos informa que ele andou pela cidade observando atentamente como as pessoas viviam e se relacionavam, e como expressavam sua religiosidade. Paralelamente a essa observação empírica, Paulo conhecia os textos de poetas e filósofos gregos, os quais lançavam luz em sua mente para compreender os valores e as crenças por trás do estilo de vida dos atenienses.

No entanto, sempre que trato do importante desafio de fazermos a exegese da cultura em que estamos inseridos, duas perguntas são recorrentes: "Como podemos fazer isso?" e "Qual literatura você nos indica?". Em muitas ocasiões, tive de responder a essas perguntas valendo-me de minha experiência como plantador de igrejas, mas ressentindo-me da falta de uma base mais teórica.

E é exatamente nessa lacuna de minha história que entra o livro que agora você tem em mãos. Ele responde de modo eficaz a essas duas perguntas comuns. De forma sistemática e relevante, Mike e Craig tratam da importante tarefa de compreender a cosmovisão de uma sociedade, bem como de perceber a que distância ela se encontra da verdadeira história, a história da redenção, que o Deus soberano e gracioso está conduzindo.

O texto não nos apresenta uma descrição da cosmovisão dos brasileiros, mas, sim, da cosmovisão que caracteriza o mundo ocidental, comumente visto pelos americanos como Europa e Estados Unidos da América. No entanto, vivendo em um mundo globalizado, no qual as ideias e os costumes são propagados em alta velocidade pela internet e por outros meios de comunicação, não podemos negar a influência dessa cosmovisão em nossa cultura, especialmente no contexto urbano.

Além do importante desafio de nos ajudar a compreender a cosmovisão dos homens e mulheres para os quais fomos enviados, Mike e Craig oferecem outro elemento de grande valia: a percepção de que o cristianismo não defende um conceito e sim uma história é altamente revolucionária em nossa forma de abordar pessoas e comunicar o evangelho.

Por isso, tenho convicção de que este livro será de grande importância para todos os plantadores, pastores e líderes que sonham com igrejas locais que sejam, ao mesmo tempo, profundamente comprometidas com a Palavra e a centralidade do evangelho (integridade) e altamente conectadas com a cultura na qual estão inseridas (relevância).

Pr. Ricardo Agreste
Diretor do CTPI

Prefácio

Nossas histórias

A vida consiste — ou deveria consistir — em conhecer a Deus produndamente. Este livro é resultado de nossa caminhada desde que Deus virou a nossa vida de cabeça para baixo, atraindo-nos para o seu Filho.

Michael cresceu em uma igreja batista. O evangelho que ali se pregava tratava de uma salvação individual, futura e extramundana. Tudo que importava era ir para o céu quando você morresse. Mesmo assim, aquela igreja era um lugar onde Deus estava operando por meio do evangelho; as pessoas amavam o Senhor e tinham uma fé viva. Michael sente gratidão por boa parte dessa tradição — por exemplo, pelo compromisso sério com a leitura das Escrituras, com a oração e com o evangelismo; pelo destaque dado à importância da santidade e moralidade na vida pessoal; e pela ênfase na relação pessoal que temos com Jesus. Estas continuam sendo questões importantes para todos os cristãos, e Michael é grato por ter recebido essa formação inicial. No entanto, sua igreja pouco tinha a dizer sobre a vida pública e mais abrangente da cultura ocidental — política, economia, produção acadêmica, formação escolar, trabalho, lazer, diversões e esportes.[1]

Durante os anos em que esteve no seminário, Michael começou a ver que o evangelho que Jesus pregava era um evangelho *do reino*. As boas-novas são

---

[1] Essa última área foi importante para Michael durante seus anos de ensino médio. Leia a respeito de uma de suas tentativas de enfrentar essa área à luz do evangelho em "Delighting in God's good gift of competition and sport", in: Richard Edlin; Jill Ireland, orgs., *Engaging the culture: Christians at work in education* (Sydney: National Institute for Christian Education, 2006), p. 173-86.

muito mais amplas do que aquelas em que Michael tinha sido levado a acreditar: Deus está restaurando seu domínio sobre toda a vida humana em Jesus e pelo Espírito. Durante aqueles anos de seminário, a leitura adicional de textos que exploravam a cosmovisão cristã começou a revelar as implicações dessa percepção bíblica para uma abordagem cristã da vida pública da cultura. Foi emocionante, algo parecido com uma segunda conversão! O evangelho tinha algo a dizer sobre a vida humana como um todo.

Enquanto fazia o seu doutorado sobre a obra de Lesslie Newbigin, um dos maiores missiólogos do século 20, Michael viu sua convicção se aprofundar e se fortalecer. Tendo servido como missionário na Índia durante a maior parte da vida adulta, nos últimos anos de vida Newbigin se preocupou em fazer com que o evangelho influenciasse a vida pública da cultura ocidental. Ele partilhava muitas das convicções que Michael havia abraçado durante seus anos de seminário. Mas Newbigin também tinha ênfases e críticas novas que foram importantes no desenvolvimento da cosmovisão de Michael,[2] que passou a conhecer Lesslie Newbigin muito bem, e sua influência o ajudou a ver a ligação integral entre missão e uma cosmovisão cristã.

Durante a maior parte das últimas duas décadas, Michael lecionou inúmeros cursos sobre cosmovisão para alunos de graduação e pós-graduação de vários contextos denominacionais em diversas partes do mundo. Mas, para Michael, a importância da cosmovisão para a vida foi além da sala de aula. Ela fez com que ele e sua esposa, Marnie, se debatessem com as implicações do evangelho para a formação escolar e assumissem a responsabilidade do ensino em casa de seus quatro filhos com a intenção de moldar a educação deles com o evangelho. Essa mudança afetou muitas áreas da vida, mas abriu as portas especialmente para as artes plásticas, a literatura e a música. Marnie partilhou e participou da mesma "conversão de cosmovisão" experimentada por Michael. A nova apreciação que ela passou a ter pelas artes como dom de Deus foi passada para a família. Os quatro filhos se tornaram um exímio quarteto de cordas e se dedicaram ao estudo de literatura, da música e de outras artes. Isso levou vários deles a realizar estudos acadêmicos até o nível de doutorado nas áreas de artes plásticas e música. A vida de Michael e Marnie ainda está repleta de

---

[2] Veja Michael W. Goheen, "Mission and the public life of Western culture: the Kuyperian tradition", *The Gospel and Our Culture Network Newsletter (U.K.)* 26 (Autumn, 1999): 6-8. Newbigin é comparado aqui com a tradição kuyperiana, numa discussão sobre pontos em que é possível haver enriquecimento e retificações mútuos.

concertos musicais, agora em nível profissional, em que seus filhos tocam. Essa é apenas uma das maneiras como uma cosmovisão mais abrangente tem afetado Michael e sua família, mas mostra que a visão que temos sobre o evangelho tem consequências práticas.

Para Michael, a cosmovisão descortina o amplo alcance do evangelho e a missão da igreja de encarnar esse evangelho. Poucas coisas o entusiasmam tanto quanto ajudar cristãos a ver o comprimento, a largura e a profundidade do amor de Deus por nós e por seu mundo.

Craig cresceu na África do Sul na época do *apartheid*, quando cada detalhe da vida sul-africana era determinado por questões raciais. Ele frequentou uma escola só para brancos, morou em um bairro só para brancos e desfrutou todas as "vantagens" de ser um sul-africano branco. Na adolescência, Craig experimentou uma conversão radical a Cristo por meio do grupo de jovens evangélicos da Igreja Anglicana (na qual mais tarde foi ordenado pastor). À semelhança da igreja batista de Michael, a igreja anglicana de Craig era evangelística e cheia de vida, mas nada tinha a dizer sobre o contexto social racista e opressor em que os membros viviam. Cristãos realmente comprometidos entravam no "ministério de tempo integral" (como pastores ou missionários); era melhor ficar longe da política, uma vez que, no final das contas (assim se argumentava com base em Rm 13.1-7), o governo havia sido nomeado por Deus!

Craig tem uma grande paixão por cavalos e, ao concluir o ensino médio, suas escolhas estavam entre se tornar um médico veterinário e estudar teologia. Ele foi para uma faculdade teológica na Cidade do Cabo, onde foi exposto à teologia reformada e ao pensamento cosmovisionário de Francis Schaeffer (ainda que esse pensamento nunca fosse explicitamente aplicado à situação sul--africana). Mais tarde Craig começou a refletir cuidadosamente sobre a obra de Schaeffer e percebeu que, se o evangelho é uma cosmovisão, então se aplica a todos os aspectos da vida, *incluindo* a política — uma descoberta perigosa para se fazer naquela época na África do Sul.

Enquanto trabalhava como pastor na África do Sul, Craig fez contato com cristãos africânderes kuyperianos[3] de Potchefstroom, e juntos desenvolveram a Christian Worldview Network [Rede de Cosmovisão Cristã], que promovia conferências anuais e publicou o *Manifesto on Christians in the arts* [Manifesto

---

[3]Essa é uma referência à tradição calvinista holandesa que tem sua origem em Abraham Kuyper. Veja no cap. 2 a seção intitulada "A apropriação da cosmovisão pelo pensamento cristão".

sobre os cristãos nas artes] e uma revista trimestral chamada *The Big Picture* [O quadro geral].[4] Craig acredita que o que a África do Sul enfrentou naquela época e o fracasso geral de cristãos evangélicos em relacionar sua fé com as realidades da vida sul-africana têm muito a nos ensinar hoje sobre a importância crucial de entender o evangelho como uma cosmovisão. Por meio da Truth and Reconciliation Commission [Comissão da Verdade e Reconciliação], sabemos hoje que durante os anos do *apartheid* foram cometidas injustiças terríveis na África do Sul sob seu governo "cristão". Como foi que cristãos evangélicos foram incapazes de ver o mal que estava bem diante deles? Como foi que os evangélicos em geral acabaram reforçando esse mal em vez de contestá-lo?[5] Uma resposta importante é que eles carecem de uma cosmovisão cristã coerente. Como a história da África do Sul poderia ter sido diferente se os evangélicos dali tivessem unido sua "paixão pelas almas" com uma percepção do senhorio de Cristo sobre todos os aspectos da vida!

À medida que o pensamento de Craig sobre uma cosmovisão cristã ia se desenvolvendo, ele começou (sob a influência de seus amigos kuyperianos) a ver a importância da filosofia para a produção acadêmica cristã, o que o levou a Toronto para um ano de estudos filosóficos e, em seguida, ao Reino Unido, onde completou seu doutorado sobre o livro de Eclesiastes. No momento, as pesquisas de Craig tratam das maneiras com que o Evangelho como cosmovisão molda estudos bíblicos de nível universitário.

A cosmovisão cristã faz com que você se interesse por tudo. Craig adora ler romances e ouvir música; ele faz artesanato e vende joias, tem duas chinchilas como animais de estimação e gosta de lecionar filosofia e religião. Uma cosmovisão cristã também ajuda você a encontrar pessoas interessantes. Há vários anos Craig e Michael se encontraram no Canadá e, depois disso, novamente na Inglaterra e descobriram que ambos estavam comprometidos com a missão e a cosmovisão cristã. Como resultado dessa amizade surgiu, primeiro, *The drama of Scripture: finding our place in the biblical story* [O drama das Escrituras: como encontrar nosso lugar na história bíblica][6], e agora este livro.

---

[4]A Christian Worldview Network cessou suas atividades há algum tempo, mas grande parte de seu material publicado está disponível em http://thebigpicture.homestead.com/.

[5]Entre os evangélicos sul-africanos havia, é claro, algumas notáveis exceções, como Michael Cassidy, fundador de African Enterprise. No entanto, esses evangélicos eram a minoria.

[6]Baker Academic, 2004 [a ser publicado por Edições Vida Nova].

Lições que aprendemos

Nossas histórias ressaltam várias coisas que são importantes para aquilo que desejamos compartilhar com nossos leitores nos próximos capítulos. Em primeiro lugar, o cristianismo envolve um relacionamento pessoal com Deus por meio de Jesus. Nesse aspecto, continuamos gratos pela tradição pietista que moldou profundamente o evangelicalismo de língua inglesa em geral e nós dois em particular. Cremos que, infelizmente, essa tradição muitas vezes restringiu a verdadeira abrangência do evangelho, mas também cremos que ela enfatizou alguns aspectos da verdade bíblica que são da maior importância, como a necessidade de um relacionamento pessoal com Cristo, um conceito elevado da Bíblia como a Palavra de Deus e a importância do evangelismo.[7]

Em segundo lugar, o evangelho conforme registrado nas Escrituras é tão abrangente quanto a criação. Uma vez que a igreja foi enviada para tornar essa boa notícia conhecida — em ações e em palavras — em todos os aspectos da vida, a missão da igreja é do mesmo modo tão abrangente quanto a criação. Na verdade, nosso interesse mais profundo neste livro é dar expressão ao evangelho do reino e à missão cultural dada à igreja decorrente disso. Nossa esperança é que os leitores deste livro venham a se interessar em relacionar sua própria fé com cada parte da boa criação de Deus.

Herman Bavinck expressou de modo esclarecedor essas duas primeiras ênfases. Ele cita o conhecido pregador J. Christoph Blumhardt, que afirmou que uma pessoa "precisa se converter duas vezes: primeiro, da vida natural para a espiritual e, depois disso, da vida espiritual para a natural". Bavinck crê que essa é uma verdade que é "confirmada pela experiência religiosa de cada cristão e pela história da devoção cristã em todas as épocas".[8] A primeira conversão é para Deus e se expressa no suspiro do salmista: "Quem mais eu tenho no céu, senão a ti? E na terra não desejo outra coisa além de ti" (Sl 73.25). Isso a tradição pietista compreende bem. Mas precisamos ser convertidos *novamente*, desta vez de volta para a amplitude de nosso chamado cultural neste mundo. O próprio Bavinck foi criado em um lar pietista e passou por essas "duas conversões". Nossas experiências parecidas têm nos levado a ser gratos pelo nosso passado pietista e suas importantes ênfases bem como pelo nosso presente

---

[7]Veja Richard Mouw, *The smell of sawdust: what Evangelicals can learn from their fundamentalist heritage* (Grand Rapids: Zondervan, 2000).

[8]Herman Bavinck, *The philosophy of revelation* (1909; reimpr., Grand Rapids: Baker Academic, 1979), p. 242.

reformado com sua compreensão mais abrangente do evangelho. E estamos preocupados com o fato de que cada uma dessas tradições pode negligenciar as importantes ênfases da outra. Nosso objetivo ao escrever este livro foi que ele fosse moldado do início ao fim pela abrangência do evangelho.

Em terceiro lugar, apesar de toda sua bagagem filosófica e histórica, o termo *cosmovisão* continua a ser um conceito valioso mediante o qual é possível explorar a abrangência completa do evangelho. O termo tem, sim, seus perigos e limitações: ele mantém algumas das suas associações iniciais com a filosofia humanista e mais recentemente assumiu, em algumas tradições cristãs, nuanças intelectualistas. Mas seu valor como uma ferramenta de pensamento cristão é real, e, desse modo, procuramos neste livro levar adiante a tradição consciente de cosmovisão de James Orr e Abraham Kuyper, cujo objetivo era simplesmente fazer com que a luz mais brilhante possível reluza sobre a missão da igreja cristã na vida pública da cultura.

Em quarto lugar, o florescente estudo da missão pode enriquecer imensuravelmente os estudos de cosmovisão. Os que trabalham em missões transculturais têm se esforçado para entender o envolvimento do evangelho com a cultura em um nível aprofundado. Além do mais, eles têm enfrentado essa questão baseados na perspectiva bíblica sobre a melhor forma de encarnar e anunciar o evangelho, ou seja, movidos por uma preocupação missional. A literatura missiológica e em especial a rica literatura sobre a contextualização do evangelho em outras culturas permearão boa parte deste livro.

Em quinto lugar, estudos de cosmovisão precisam ser cada vez mais ecumênicos. Paulo afirma que a largura, o comprimento, a altura e a profundidade do amor de Cristo só podem ser conhecidos "junto com todo o povo de Deus" (Ef 3.18, NTLH). Aqui, para nós, o termo "junto" implica um diálogo com cristãos de outros lugares, de outras épocas e de outras tradições confessionais. Nós dois fomos moldados pela tradição kuyperiana, a qual com certeza tem assumido a liderança nos estudos de cosmovisão. Mas não somos participantes acríticos dela e cremos firmemente que, sozinha, nenhuma tradição consegue adequadamente compreender ou expressar a plenitude do evangelho. Temos muito a aprender com nossos irmãos e irmãs de outras partes do mundo, de outros períodos da história e de outras denominações e tradições confessionais da igreja cristã. Nós dois temos ensinado o material deste livro em muitas partes do mundo e a pessoas de muitas tradições cristãs diferentes. Essas experiências proporcionaram grande enriquecimento e retificações, e esperamos que isso seja evidente neste livro.

Sobre este livro

Cosmovisão é um conceito que surgiu na tradição filosófica europeia e só tem valor à medida que nos permite compreender mais fielmente o evangelho que está no centro da história bíblica e viver mais plenamente nessa história. É por esse motivo que este estudo de cosmovisão cristã dá seguimento ao nosso livro anterior, *The drama of Scripture* [O drama das Escrituras]. Descobrimos em nosso ensino que um curso sobre cosmovisão é muito mais eficaz quando é ministrado logo após um curso sobre a narrativa da Bíblia: a cosmovisão vem depois das Escrituras de modo a aprofundar nosso compromisso de viver na história bíblica.

Existe outra importante razão para enfatizar que *Introdução à cosmovisão cristã* dá seguimento a *The drama of Scripture*. Muitas abordagens evangélicas tradicionais de cosmovisão a entendem em termos intelectualistas, ou seja, encaram a cosmovisão como um sistema meramente racional. Cremos que a cosmovisão deve ter forma narrativa — uma forma *historiada* —, visto que essa é a forma da própria Bíblia. Com frequência temos oportunidade de citar a observação de N. T. Wright de que uma história é simplesmente "a melhor maneira de falar sobre *a maneira como o mundo realmente é*".[9]

Este livro destina-se a ser (somente) uma introdução à cosmovisão. Reconhecemos o perigo de simplificar e resumir grande quantidade de material sobre algumas questões teológicas, filosóficas e históricas bastante complexas. Algo que é para ser simples pode facilmente se tornar simplista, mas não precisa ser assim. Acreditamos que este tipo de livro é necessário para empolgar estudantes de graduação e membros de igreja com a abrangência do evangelho e a amplitude de suas próprias vocações. Se você tiver um vislumbre das possibilidades aqui, poderá se aprofundar no assunto mais tarde.

Quando escrevemos *The drama of Scripture*, desenvolvemos uma página na internet que fornece *slides*, artigos e muitos recursos adicionais para estudar a Bíblia como uma história única e coerente (http://www.biblicaltheology.ca). O retorno que temos recebido sobre a página sugere que muitos de nossos leitores a consideraram útil. Por isso, estamos oferecendo uma página semelhante para *Introdução à cosmovisão cristã* (http://www.christian-worldview.ca). Ela também oferece acesso a *slides* para serem usados no ensino, artigos adicionais e muito mais para ajudar a estimular a análise da cosmovisão cristã em geral.

---

[9] N. T. Wright, *The New Testament and the people of God*, Christian Origins and the Question of God (London: SPCK, 1992), vol. 1, p. 40 (grifo deste autor).

A cosmovisão está relacionada com as crenças religiosas mais básicas, abrangentes e fundamentais que temos acerca do mundo tal como estão incorporadas em uma narrativa. Isso significa que os cristãos vão elaborar e compreender essas crenças que decorrem das Escrituras. Mas essas crenças não podem ser separadas de um contexto cultural, pois o evangelho é sempre expresso e corporificado em alguma cultura humana. Portanto, no estudo de cosmovisão, precisamos também nos esforçar para entender as crenças fundamentais da cultura ao redor dentro da qual cada comunidade cristã vive. A relação da fé cristã com a outra "fé" cultural que a rodeia precisa ser explorada. Essa é uma empreitada bem complexa e altamente perigosa. Como mostram estudos de contextualização em missiologia, há sempre o perigo de permitir que o evangelho faça concessões e se acomode à idolatria de qualquer cultura em particular. Estudos de cosmovisão precisam, portanto, lidar com os ensinos fundamentais da Bíblia *e* os da cultura ao redor, *e* com a interação complexa dos dois sistemas de crença.

Isso abre um vasto campo de investigação para estudiosos cristãos, e muitos bons livros sobre cosmovisão abordam várias divisões do tema. No entanto, somente a obra *The transforming vision: shaping a Christian world view* [A visão transformadora: moldando uma cosmovisão cristã], de Brian Walsh e Richard Middleton, realmente mostrou a potencialidade da abrangência dos estudos de cosmovisão.[10] Justamente por esse motivo, esse livro continua sendo, em nossa opinião, um dos melhores textos disponíveis sobre estudos de cosmovisão. No entanto, foi escrito há mais de 25 anos e, sendo assim, não trata de nossa complexa situação atual, moldada pela globalização, pós-modernidade e consumismo. Além disso, embora a maneira de Walsh e Middleton relacionarem o evangelho com a cultura seja, em nossa opinião, correta, eles não exploraram plenamente a dinâmica da contextualização. O nosso livro segue o de Walsh e Middleton na demonstração de que a cosmovisão é uma disciplina de amplo

---

[10]Também podemos mencionar "An introduction to a Christian worldview" (Open Christian College, 1986), um trabalho não publicado escrito por uma equipe de autores do Reino Unido liderada por Jonathan Chaplin. Essa obra se baseou em Brian Walsh e Richard Middleton, *The transforming vision: shaping a Christian world view* (Downers Grove: InterVarsity, 1984) [edição em português: *A visão transformadora: moldando uma cosmovisão cristã*, tradução de Valdeci Santos (São Paulo: Cultura Cristã, 2010)], e também em Albert Wolters, *Creation regained: biblical basics for a reformational world view* (Grand Rapids: Eerdmans, 1985) [edição em português: *A criação restaurada: base bíblica para uma cosmovisão reformada*, tradução de Denise Pereira Ribeiro Meister (São Paulo: Cultura Cristã, 2006)], para ministrar um curso à distância. A estrutura do curso seguiu Walsh e Middleton e, por isso, também abordou a cosmovisão de uma forma abrangente.

alcance que traz em si muitos campos menores de investigação. Nós tratamos de uma cosmovisão bíblica, uma cosmovisão cultural e uma cosmovisão em ação. Mas entre a cosmovisão cultural e uma cosmovisão em ação, refletimos sobre a maneira como o evangelho pode ser vibrante de uma forma fiel dentro de um contexto cultural, isto é, procuramos explorar a relação dinâmica entre evangelho e cultura.

Iniciamos com o evangelho do reino e o chamado da igreja para tornar conhecidas essas boas-novas. No capítulo 2, identificamos a origem da palavra *cosmovisão* e de que modo a comunidade cristã, em especial a igreja evangélica na América do Norte, veio a se apropriar dela. Nos capítulos 3 e 4, retornamos à questão de como esse conceito de cosmovisão pode ajudar a equipar a igreja para a sua missão abrangente hoje e, para isso, formularemos aquilo que acreditamos ser uma cosmovisão bíblica fiel: um resumo das crenças mais fundamentais e abrangentes sobre o mundo que são transmitidas pela história bíblica. Os três capítulos seguintes descrevem a cosmovisão dominante da cultura ocidental moderna: os capítulos 5 e 6 contam resumidamente a história ocidental, desde suas origens na cultura grega até o presente; o capítulo 7 pergunta "Que horas são?" em nossa cultura — quais são as crenças e forças que estão moldando nossa cultura? No capítulo 8, passamos a refletir sobre como a igreja deve viver na intersecção dessas duas visões conflitantes e incompatíveis. Como podemos viver em duas histórias e ainda assim nos manter fiéis à única história verdadeira, que está formulada na narrativa bíblica? O que está envolvido em um embate missionário entre o evangelho e a cultura ocidental? E, finalmente, o capítulo 9 apresenta ideias resumidas de como tal embate poderia se dar em seis áreas da vida pública: política, negócios, artes, esportes, produção acadêmica e educação.

Agradecimentos

Reconhecemos que somos profundamente devedores a muitas pessoas, vivas e já falecidas, que moldaram a nossa compreensão de cosmovisão. Mencionamos em especial Al Wolters, Brian Walsh, Richard Middleton, Gideon Strauss, Elaine Botha, Bob Goudzwaard, Jonathan Chaplin, Herman Ridderbos, N. T. Wright, Lesslie Newbigin, Francis Schaeffer, James Sire, David Naugle e John Newby. Jim Kinney e sua excelente equipe da editora Baker Academic ajudaram muito a conceber este livro e torná-lo realidade. Somos mais uma vez profundamente devedores a Douglas Loney, professor de Inglês e diretor da Foundations Division da Redeemer University College. Assim como aconteceu com *The drama of Scripture*, Doug ajudou a proporcionar um estilo literário dinâmico. Ele fez mais do que simplesmente editar este livro e ajudar a harmonizar dois estilos de redação. Doug se envolveu nos tópicos em pauta, contribuiu para expressar as coisas com maior clareza e propiciou ajuda inestimável não somente no estilo mas também no conteúdo.

Temos o prazer de dedicar este livro a Pieter e Fran Vanderpol, e a John e Jenny Hultink. Esses casais se tornaram nossos amigos queridos e têm demonstrado seu compromisso com o trabalho acadêmico cristão de formas concretas e sacrificiais, em especial custeando as cátedras que ocupamos. Sem o apoio financeiro deles, este livro não teria sido possível.

1

Evangelho, narrativa, cosmovisão e a missão da igreja

Iniciando com o evangelho do Reino

Como seguidores de Jesus, nosso pensamento sobre cosmovisão precisa iniciar com o evangelho, as boas-novas anunciadas pela primeira vez por Jesus dois mil anos atrás, quando ele pisou no palco da história mundial: "O reino de Deus chegou!".[1]

Jesus falava a língua dos judeus de sua época, pois compreendiam bem a repercussão daquela palavra *reino*. Havia muito tempo os judeus aguardavam a intervenção de Deus na história. Eles esperavam que Deus voltasse a agir com amor, com ira e com poder, que enviasse o seu Messias e restaurasse o seu reinado sobre o mundo inteiro. E, enfim, Jesus realmente veio, reivindicando o título régio para si: *ele* é o ungido de Deus, o Messias. Jesus declara que o Espírito de Deus está sobre ele para levar os propósitos de Deus para o mundo inteiro à sua grandiosa e temível consumação. O Rei divino da Criação está voltando para retomar o seu reino!

Esse anúncio de boas-novas é o momento culminante de uma longa narrativa histórica (contada no Antigo Testamento) da obra redentora de Deus, que remonta à promessa de Deus a Adão e Eva. Deus havia escolhido os israelitas para serem um canal de sua bênção redentora para as nações, mas eles fracassaram. No entanto, no meio de seu fracasso, profetas surgiram prometendo

---

[1] A base bíblica para esta seção é explorada com detalhes em Craig G. Bartholomew; Michael W. Goheen, "Act 4: the coming of the King: redemption accomplished", in: *The drama of Scripture: finding our place in the biblical story* (Grand Rapids: Baker Academic, 2004), p. 129-70.

que Deus não permitiria que seu plano malograsse; ele tornaria a agir em um rei prometido e por meio dele para renovar o mundo todo. Jesus anuncia que aquele dia chegou: o poder de Deus para renovar toda a criação por meio de seu Espírito está agora presente em Jesus. Esse poder libertador é exibido na vida e obra de Jesus e é explicado por suas palavras. Mas é na cruz que o triunfo do reino de Deus é concretizado. Ali ele combate o poder do mal e conquista a vitória decisiva. Sua ressurreição é o alvorecer do primeiro dia da nova criação. Vivo dentre os mortos, ele surge como o primogênito na vida vindoura. Antes de subir até Deus Pai, ele encarrega seus poucos seguidores de dar continuidade à sua missão de tornar conhecidas as boas-novas do reino até que ele volte. Depois disso, ocupa seu lugar à direita de Deus para reinar com poder sobre toda a criação. Ele derrama seu Espírito e pelo Espírito torna conhecido seu governo restaurador e abrangente em seu povo e por meio dele, à medida que este encarna e proclama as boas-novas.

Um dia Jesus voltará e todo joelho se dobrará e toda língua confessará que Jesus é Criador, Redentor e Senhor. O final da história universal que Jesus anunciou, revelou e realizou chegará finalmente em plenitude. Mas até aquele dia culminante, a igreja se ocupa com a obra do Espírito de tornar conhecidas — na vida, nas ações e nas palavras de seus membros — as boas-novas do que Deus fez em Jesus pelo mundo.

A Bíblia como a verdadeira narrativa do mundo

A proclamação do evangelho do reino não é um anúncio de uma nova experiência ou doutrina religiosa. Trata-se menos ainda de uma oferta de salvação futura em outro mundo espiritual. Esse evangelho é um anúncio sobre para onde Deus está conduzindo a história do mundo inteiro. Jesus emprega uma imagem conhecida do Antigo Testamento para deixar isso claro: um dia o mundo será o reino de Deus. As boas-novas que Jesus anuncia e vive, e que a igreja está encarregada de corporificar e tornar conhecida, é o evangelho do reino. Cometemos um sério erro se ignorarmos isso, a ideia central da proclamação e ministério de Jesus.

Jesus afirma que o estabelecimento do reino de Deus é o objetivo último da história do mundo. Não se trata de um relato local apenas do interesse de determinado grupo étnico ou religioso. Jesus se introduz em uma longa narrativa da obra redentora de Deus na história, a qual vinha se desenrolando ao longo de milhares de anos no Antigo Testamento; ele se introduz em uma comunidade que vinha aguardando ansiosamente o apogeu daquela narrativa. Os judeus criam que o Deus a quem serviam era o Deus único e exclusivo, o Criador de todas as coisas, o Regente da história, o Redentor de todas as coisas. Depois da entrada do pecado e do mal no mundo, Deus se pôs a restaurar seu mundo e seus súditos humanos para viverem de novo debaixo de seu governo gracioso. Esse Deus não era o Deus dos judeus somente; era o Rei de toda a terra. A nação judaica tinha sido escolhida para ser o canal de sua obra redentora ao mundo inteiro. Todos os judeus criam que essa narrativa estava caminhando para o grande clímax, quando Deus agiria de forma decisiva e definitiva para terminar aquilo para o qual vinha trabalhando na história deles: a concretização da salvação para todas as nações, para toda a criação. Eles discordavam sobre como, quando e por meio de quem isso aconteceria. Discordavam sobre o que eles próprios deviam estar fazendo enquanto esperavam Deus agir. Mas todos criam que a narrativa dos atos redentores de Deus caminhava para um clímax que teria consequências para todas as pessoas.

Quando Jesus veio, anunciou que ele próprio era o objetivo dessa narrativa redentora, o clímax da impressionante atividade de Deus. Tal afirmação causou surpresa total. Jesus não era somente mais um rabino oferecendo alguns novos ensinos religiosos ou éticos mediante os quais alguém poderia enriquecer a própria vida. Ele afirmou que em sua pessoa e obra o sentido da história e do próprio mundo estava se tornando conhecido e se completando. Ele advertiu que *todas* as pessoas precisam encontrar seu lugar e significado na narrativa dele e em nenhuma outra.

Por isso, quando falamos da Bíblia como narrativa, estamos fazendo uma declaração normativa sobre a narrativa contada na Bíblia: é verdade pública. É uma declaração de que essa é a maneira como Deus criou o mundo; a narrativa da Bíblia nos conta como o mundo realmente é. Assim, a narrativa bíblica não deve ser entendida somente como um relato local sobre o povo judeu. A narrativa inicia com a criação de todas as coisas e termina com a restauração de todas as coisas. Entre esses extremos ela oferece uma interpretação do significado da história cósmica. Christopher Wright coloca a questão da seguinte maneira: "O Antigo Testamento conta a sua história como a história ou, antes, como parte da história suprema e universal que, em última análise, abarcará toda a criação, todo o tempo e toda a humanidade. Em outras palavras, a leitura desses textos nos convida a vislumbrar uma metanarrativa, uma narrativa grandiosa".[2]

---

[2]Christopher J. H. Wright, *The mission of God: unlocking the Bible's grand narrative* (Downers Grove: InterVarsity, 2006), p. 54-5 [edição em português: *A missão de Deus: desvendando a grande narrativa da Bíblia*, tradução de Daniel Hubert Kroker; Thomas de Lima (São Paulo: Vida Nova, 2014)].

Assim, nossas narrativas, nossa realidade — aliás, toda a realidade humana e não humana — precisa encontrar seu lugar *nessa* narrativa. Em *Mimesis*, Erich Auerbach esclarece isso em um contraste marcante entre a *Odisseia* de Homero e a narrativa bíblica: "Ao contrário de Homero, longe de tentar somente fazer com que esqueçamos por umas poucas horas de nossa realidade, [o Antigo Testamento] procura sobrepujar nossa realidade: devemos encaixar a nossa vida no seu mundo, sentir que fazemos parte da sua estrutura de história universal [...] Tudo o mais que acontece no mundo só pode ser concebido como um elemento nessa sequência; nele tudo o que se sabe a respeito do mundo [...] precisa ser encaixado como um ingrediente do plano divino".[3] Normalmente, quando lemos fábulas ou romances, ou quando assistimos a filmes, televisão ou peças de teatro, pretende-se, pelo menos em parte, que esqueçamos nosso mundo e vivamos por alguns momentos no mundo da ficção. No final da história, saímos do outro lado, voltamos para o nosso mundo e retomamos a nossa vida. Nós nos entregamos a uma espécie de fuga da realidade para a ficção, talvez com a esperança de obter conhecimento, aperfeiçoamento ou pelo menos diversão enquanto estivermos "afastados". Alguns de nós procurarão trazer alguns elementos de verdade ou sabedoria ou beleza como recordações do mundo da fantasia, que talvez nos deem alguma compreensão nova (embora reconhecidamente limitada) de um aspecto de nossa vida no mundo "real". Mas não é assim com a narrativa bíblica. A Bíblia afirma *ser* o mundo real. Essa narrativa, entre todas as narrativas, afirma contar a verdade *toda* sobre como o nosso mundo realmente é. Nessa narrativa, pretende-se que descubramos o sentido de nossa vida. Nela precisamos encontrar um lugar em que nossa experiência precisa se encaixar. Nela nos é oferecida uma compreensão acerca do sentido derradeiro da vida humana em si.

Assim, o evangelho é verdade pública, universalmente válida, verdadeira para todas as pessoas e para a totalidade da vida humana. Não é somente para a esfera pessoal da experiência "religiosa". Não se trata de alguma salvação transcendente adiada para um futuro indefinido. É a mensagem de Deus sobre como ele está operando para restaurar o seu mundo e a totalidade da vida humana. Ele nos conta qual é o propósito de toda a história e, assim, afirma ser a verdadeira narrativa do mundo.

---

[3]Erich Auerbach, *Mimesis: the representation of reality in Western literature*, tradução para o inglês de Willard R. Trask (Princeton: Princeton University Press, 1968), p. 15 [edição em português: *Mímesis, a representação da realidade na literatura ocidental*, tradução de George Bernard Sperber, 6. ed., Coleção Estudos – Crítica (São Paulo: Perspectiva, 2015)].

Que narrativa moldará sua vida?

A vida humana como um todo é moldada por alguma narrativa. Considere a seguinte ilustração apresentada por N. T. Wright:

> Qual é o significado da seguinte observação? "Vai chover." À primeira vista, a afirmação parece ser bastante clara. No entanto, o significado e a importância dessa observação só podem ser entendidos quando vemos o papel que ela desempenha em uma narrativa mais ampla. Se estamos prontos para ir a um piquenique que vem sendo planejado há algum tempo, essas palavras seriam uma má notícia, com a implicação adicional de que talvez devamos alterar nossos planos. Se vivemos em uma região da África Oriental assolada pela seca, onde outra longa estação de seca e a consequente perda da safra parecem iminentes, a afirmação seria de fato uma boa notícia. Se três dias atrás eu tivesse feito uma previsão de que iria chover e você não acreditou em mim, a afirmação comprovaria minha capacidade preditiva de meteorologista. Se fazemos parte da comunidade de Israel que está no monte Carmelo ouvindo as palavras de Elias, a afirmação confirma a mensagem de Elias de que Yahweh é o verdadeiro Deus e de que Elias é seu profeta. Em cada caso, a afirmação por si só precisa ser "ouvida" no contexto de um enredo implícito mais amplo, uma narrativa implícita e completa.[4]

O significado dessas palavras depende basicamente de qual narrativa o molda; aliás, cada narrativa dará ao acontecimento um significado diferente. É o que acontece na nossa vida: "A maneira como entendemos a vida humana depende da concepção que temos da narrativa humana. Qual é a verdadeira narrativa da qual faz parte a narrativa da minha vida?".[5] Newbigin não está se referindo aqui a um mundo narrativo linguisticamente construído que elaboramos para dar sentido à nossa vida, mas sim a uma interpretação da história cósmica que dá sentido à vida humana. Essa é a maneira como Deus criou o mundo e como ele realmente é.

Visto que os seres humanos foram criados para viver em comunidade, alguma narrativa compartilhada inevitavelmente moldará a vida como um todo de um

---

[4]N. T. Wright, *Jesus and the victory of God*, Christian Origins and the Question of God (London: SPCK, 1996), vol. 2, p. 198.
[5]Lesslie Newbigin, *The gospel in a pluralist society* (Grand Rapids: Eerdmans, 1989), p. 15 [edição em português: *O evangelho em uma sociedade pluralista*, tradução de Valéria Lamim Delgado Fernandes (Viçosa: Ultimato, 2016)].

grupo social. O evangelho convida todos os que o ouvem a crer nas boas-novas e a se arrepender (Mc 1.14,15). Todos os que ouvem são convocados a crer que essa é a verdadeira narrativa e a se apossar dela, deixando para trás qualquer outra narrativa que vinha moldando sua vida. A partir desses ouvintes forma-se uma comunidade de pessoas que vieram a crer no evangelho e na narrativa do mundo que ele oferece.

A missão da igreja

A igreja é a comunidade que responde com fé e arrependimento às boas-novas do reino. Ela se apossa da história da Bíblia e procura moldar sua vida com base nessa narrativa. Mas essa também é uma comunidade que é encarregada de fazer com que essas boas-novas se tornem conhecidas por todas as pessoas. Esse evangelho define a missão e o chamado da igreja no mundo. Antes de voltar para o Pai, Jesus reúne seus discípulos e profere palavras cujo propósito é definir o significado do restante da vida deles: "Assim como o Pai me enviou, também eu vos envio" (Jo 20.21). Essas palavras resumem o que significa ser uma comunidade de seguidores de Cristo. A missão deles é tornar conhecido o reino de Deus — o objetivo e a finalidade da história — por todo o mundo, assim como Jesus o tornou conhecido em Israel.

Christopher Wright vê com razão a missão como "uma chave mestra que abre para nós a grande narrativa do cânon bíblico".[6] Ele acredita que a Bíblia apresenta "a história da missão de Deus, por meio do povo de Deus, no envolvimento deste com o mundo de Deus e em prol de toda a criação de Deus".[7] Assim, a missão do povo de Deus designa "nossa participação ativa como povo de Deus, a convite de Deus, segundo o mandamento de Deus, na missão do próprio Deus, realizada na história do mundo de Deus, para a redenção da criação de Deus".[8] Nossa identidade como povo de Deus procede desse papel missional na narrativa bíblica.

Assim, em certo sentido, a igreja é essencial ao evangelho. Jesus não nos deixou um livro no qual as boas-novas do reino deveria ser encadernada. Em vez disso, formou uma comunidade para levar a mensagem: "Assim como tu [Deus Pai] me enviaste ao mundo, eu também os enviei ao mundo" (Jo 17.18). Essa comunidade é definida por sua missão: tornar conhecidas as boas-novas do reino.

[6]Wright, *Mission of God*, p. 17.
[7]Wright, *Mission of God*, p. 51.
[8]Wright, *Mission of God*, p. 22-3.

Uma vez que o evangelho diz respeito ao governo de Deus sobre toda a criação, todas as nações e toda a vida humana, a missão dos seguidores de Jesus é tão vasta quanto a própria criação. Eles receberam a comissão de testemunhar acerca do evangelho em todas as áreas da vida pública — nos negócios, na vida acadêmica, na política, na família, na justiça criminal, nas artes, nos meios de comunicação — e em todos os outros aspectos da experiência humana:

> O Espírito impulsiona o povo de Deus à missão mundial.
> Ele impele jovens e idosos, homens e mulheres,
>   a ir à porta ao lado e para longe
>   às ciências e à arte, aos meios de comunicação e ao mercado
>   com as boas-novas da graça de Deus [...]
>
> Seguindo os apóstolos, a igreja é enviada —
>   enviada com o evangelho do reino [...]
> A um mundo afastado de Deus,
>   onde milhões se deparam com escolhas confusas,
>   esta missão é fundamental para o nosso ser [...]
>
> O governo de Jesus Cristo abrange o mundo inteiro.
> Seguir esse Senhor é servi-lo em toda parte,
>   sem se conformar,
>   como luz nas trevas, como sal em um mundo em decomposição.[9]

Vivendo na intersecção de duas narrativas

Jesus afirma: "eu [...] os enviei ao mundo" (Jo 17.18). No Antigo Testamento, o povo de Deus tinha uma unidade étnica (como judeus) e geográfica (na Palestina). A narrativa que moldou — ou deveria ter moldado — sua vida cultural e sua vida pública era a mesma narrativa que havia moldado seu compromisso religioso: o Antigo Testamento. No entanto, no Novo Testamento tudo isso muda. O povo de Deus assume uma forma multiétnica e multicultural à medida que é enviado a todo o mundo para encarnar a narrativa de Deus no meio de todas as culturas distintas da humanidade. Essa multiplicidade de

---

[9]Christian Reformed Church, *Our world belongs to God: a contemporary testimony* (Grand Rapids: CRC Publications, 1987), parágrafos 32, 44-5 [também disponível em: http://www.crcna.org/pages/our_world_main.cfm].

culturas apresenta um enorme desafio para a igreja na execução de sua missão a todos os povos, em todos os lugares, em todas as épocas até a volta do Senhor. Cada comunidade cultural tem em comum uma narrativa que molda e organiza sua vida coletiva, e nenhuma dessas narrativas é neutra, quer em termos filosóficos, quer em termos religiosos. Narrativas culturais oferecem relatos muito diferentes de como o mundo veio a existir, de seu significado, propósito e destino. Cada cultura conta e vivencia uma narrativa de mundo que, até certo ponto, é incompatível com o evangelho. Essa narrativa de mundo está, frequentemente, aquém do nível da compreensão consciente da pessoa, mas ela molda e dá forma à vida comunitária de uma cultura por completo.

A narrativa que moldou a cultura ocidental por vários séculos é uma narrativa de progresso que afirma que estamos caminhando na direção de uma liberdade e prosperidade material cada vez maiores e estamos fazendo isso mediante o esforço exclusivamente humano, em especial por meio da ciência incorporada na tecnologia e da aplicação de princípios científicos à nossa vida social, à economia, à política e à educação.

Recentemente houve duas complicações significativas para a narrativa contemporânea de progresso. Devido a seu fracasso em entregar aquele "mundo melhor" prometido há tanto tempo, ela foi alvo de ataques severos por aquilo que, com frequência, tem sido chamado de *pós-modernidade*. Ao mesmo tempo, a narrativa de progresso vem assumindo uma forma nova e aparentemente poderosa, à medida que se espalha ao redor do mundo no processo denominado *globalização*. Teremos oportunidade de examinar tudo isso em detalhes nos capítulos posteriores. A essa altura, é importante simplesmente compreender que essa narrativa cultural contém uma compreensão do mundo e da vida humana que está na base da cultura ocidental. Ainda que com frequência os membros da cultura ocidental contemporânea não estejam conscientes dessa narrativa, ainda assim ela funciona para eles como uma lente através da qual veem e interpretam o mundo, como um mapa que mostra o caminho e como um alicerce comum sobre o qual constroem a vida social e cultural.

Para que os cristãos compreendam o contexto cultural em que têm de procurar vivenciar a verdade da narrativa bíblica, é preciso dizer mais três coisas sobre essa narrativa ocidental contemporânea de mundo. Em primeiro lugar, assim como a própria narrativa bíblica, a narrativa ocidental afirma ser a verdadeira narrativa do mundo. Aliás, com frequência ela simplesmente pressupõe essa superioridade, mascarando sua própria reivindicação de ser verdade, ao atribuir a todas as outras narrativas semelhantes uma posição secundária, considerando-as meramente "religiosas". Em segundo lugar, à semelhança da narrativa bíblica, a narrativa cultural abarca tudo, com reivindicações sobre todos os aspectos da vida humana. Em terceiro lugar, a narrativa ocidental é radicalmente, embora não totalmente, incompatível com a narrativa bíblica.

> Em nossa cultura contemporânea [...] duas narrativas bem diferentes são apresentadas. Uma delas é a narrativa da evolução, do desenvolvimento das espécies por meio da sobrevivência do mais forte, e a narrativa do surgimento da civilização, o nosso tipo de civilização, e seu êxito, dando à humanidade o domínio sobre a natureza. A outra narrativa é a que está corporificada na Bíblia, a narrativa da Criação e da Queda, a narrativa da eleição divina de um povo para ser o portador do propósito de Deus para a humanidade e a narrativa da vinda daquele em quem esse propósito deve se cumprir. *Essas são duas narrativas diferentes e incompatíveis.*[10]

Assim, o povo de Deus se vê em uma encruzilhada, na intersecção de duas narrativas, e ambas reivindicam ser tanto verdadeiras quanto abrangentes (veja figura 1).

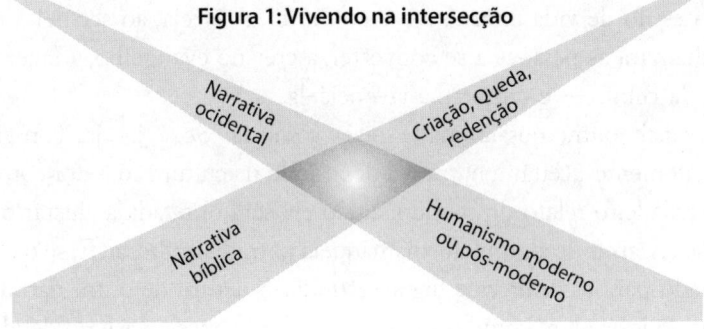

Figura 1: Vivendo na intersecção

Como aqueles que abraçaram o evangelho, somos membros de uma comunidade que crê que a Bíblia é a verdadeira narrativa do mundo. Mas, como membros que vivem e participam na comunidade cultural, também fazemos parte da outra narrativa que há muito tempo vem moldando a cultura ocidental. Não podemos simplesmente optar por nos isolar da cultura ao redor: nossa vida está entretecida em suas instituições, costumes, língua, relacionamentos e padrões sociais. Nossa corporificação do reino de Deus precisa assumir forma

---

[10] Newbigin, *Gospel in a pluralist society*, p. 15-6 (grifo deste autor).

cultural em nosso tempo e lugar específicos. Assim, nós nos encontramos em ponto de intersecção, em que vivemos como parte de duas comunidades, em duas narrativas em grande parte incompatíveis uma com a outra, mas ambas reivindicando ser verdadeiras — e reivindicando a nossa vida por inteiro.

Embate missionário ou concessões?

Como a comunidade cristã pode viver nessa intersecção? Tudo depende de qual dessas narrativas for considerada básica, inegociável, a verdadeira narrativa de nosso mundo. A questão é se nossa fé estará concentrada em Jesus e seu reino como a chave para compreender o mundo como um todo e sua história, ou se abraçaremos como verdadeira a narrativa cultural, cedendo desse modo à sua pressão para limitar nossa fé à esfera pessoal de mera "religião".

Se a igreja é fiel e está comprometida em demonstrar na totalidade de sua vida que o evangelho é verdadeiro, haverá um embate missionário, um choque entre a narrativa bíblica e a narrativa cultural.[11] Uma vez que ambas as narrativas são abrangentes e visto que ambas reivindicam ser verdadeiras, tal embate é inevitável. Quando isso acontece, as crenças religiosas basilares partilhadas pela comunidade cultural ao redor serão desafiadas, e o evangelho será apresentado como um estilo de vida alternativo e confiável. A igreja, ao ser fiel à narrativa bíblica, chamará as pessoas a se converter, a crer no evangelho, a fazer parte da narrativa da Bíblia — e também a vivenciá-la.

Mas existe outra possibilidade mais sombria. Se a igreja, consciente ou inconscientemente, aceitar a narrativa de mundo da cultura ao redor como básica, como o verdadeiro relato do mundo, então ela será obrigada a ajustar o evangelho para se encaixar de alguma forma naquela narrativa cultural. E, se o evangelho for adaptado para assumir esse lugar secundário dentro de outra narrativa mais abrangente, a igreja terá como resultado inevitável concessões e infidelidade, pois ela não estará oferecendo o evangelho ao mundo de acordo com o que o próprio evangelho ensina, a saber, que só ele é a verdade acerca de nosso mundo e nossa vida neste mundo.

Lesslie Newbigin cria que, na realidade, isso é o que já tinha acontecido na igreja cristã do mundo ocidental contemporâneo. Newbigin havia passado quarenta anos como missionário na Índia e, quando retornou à Europa, possuía o dom

---

[11] "Embate missionário" é uma expressão empregada com frequência por Lesslie Newbigin. Veja, por exemplo, *Foolishness to the Greeks: the gospel and Western culture* (Grand Rapids: Eerdmans, 1986), p. 1.

de "novos olhos" para ver a incompatibilidade entre a narrativa do evangelho e aquela outra narrativa que estava em ação moldando a cultura ocidental contemporânea. Newbigin cria que a igreja havia feito profundas concessões em sua maneira de vivenciar o evangelho, permitindo que a narrativa bíblica fosse incluída na narrativa científica contemporânea. Ele afirmava que a igreja ocidental é "um caso de sincretismo avançado", pois aceitara a fusão de dois pontos de vista incompatíveis.[12] (É inevitável que em tal sincretismo ocorram concessões nas reivindicações, feitas por uma ou ambas as narrativas, de que são verdadeiras.) Quando o evangelho é meramente absorvido pela narrativa cultural ocidental, ele é reduzido à condição de mensagem religiosa privada sobre uma salvação desencarnada, futura e sobrenatural, postergada para um futuro indefinido. Newbigin cria que a igreja precisa recuperar o evangelho, em seus próprios termos, como a narrativa verdadeira e abrangente de nosso mundo e como a declaração do objetivo supremo da história cósmica. Ele cria que só depois disso a narrativa do evangelho seria libertada para seu embate missionário com a cultura ocidental.

Libertando o evangelho para um embate missionário: a cosmovisão pode contribuir?

Mais de um século atrás, dois pensadores cristãos vieram a perceber, como aconteceu com Newbigin, que a narrativa cultural do Ocidente estava solapando a narrativa bíblica como a base da vida na comunidade cristã e, por conseguinte, estava obstruindo um embate missionário autêntico entre o evangelho e a cultura ocidental. Apesar de não ter usado a expressão "embate missionário", James Orr e Abraham Kuyper chamaram a igreja de volta à afirmação de Cristo de que só o evangelho oferece uma visão do mundo verdadeira e abrangente. Tanto Orr quanto Kuyper se apropriaram da noção vigente de "cosmovisão" para demonstrar a afirmação do evangelho de que ele oferece sua própria visão totalmente abrangente do mundo e da vida humana — uma cosmovisão que simplesmente não se encaixará em nenhuma outra, mas, em vez disso, exige supremacia. Mais de um século depois de Orr e Kuyper, cristãos ainda são confrontados com o desafio lançado por eles: Poderá esse conceito de cosmovisão nos ajudar a realizar na atualidade o que eles chamaram a igreja a fazer naquela época: libertar o evangelho de sua escravidão à cultura ocidental contemporânea? Acreditamos que pode, e defender isso será nossa tarefa no restante deste livro.

---

[12]Lesslie Newbigin, *The other side of 1984: questions for the churches* (Geneva: World Council of Churches, 1983), p. 23.

2

O que é cosmovisão?

Martinho Lutero afirmou certa vez que o evangelho é como um leão enjaulado que não precisa ser defendido — apenas libertado.[1] Certamente o evangelho é o poder de Deus para a salvação (Rm 1.16; 1Co 1.18). Quando está em ação nas palavras, obras e vida do povo de Deus, ele alcançará seus propósitos. Mas o evangelho está "enjaulado" quando se acomoda à narrativa do humanismo. Só quando o evangelho estiver livre de seu cativeiro à narrativa cultural dominante é que a igreja estará equipada para sua missão abrangente na cultura ocidental. Com este livro esperamos ajudar a pôr o leão em liberdade. E nossa primeira pergunta para este capítulo é: O conceito de "cosmovisão" pode ajudar nessa tarefa?

Uma breve história sobre o conceito de cosmovisão

Já que as ideias e os nomes que damos a elas têm origem em algum lugar e em alguém, dedicamos aqui alguns momentos para apresentar um breve histórico do conceito de "cosmovisão" e de como a igreja evangélica dos séculos 19 e 20 veio a se apropriar desse conceito como meio de recuperar o alcance abrangente do evangelho.[2]

A palavra *cosmovisão* é tradução do termo alemão *Weltanschauung* (visão de mundo) e foi usada pela primeira vez pelo filósofo iluminista Immanuel Kant em sua obra *Crítica da faculdade do juízo* (1790). Kant acreditava que cada ser

---

[1] Somos gratos a Roy Clouser por nos indicar essa maravilhosa metáfora.
[2] Para um tratamento definitivo deste tópico, veja David Naugle, *Worldview: the history of a concept* (Grand Rapids: Eerdmans, 2002).

humano aplica unicamente a razão a fim de chegar a uma *Weltanschauung* — uma compreensão do significado do mundo e de nosso lugar dentro dele. Kant utilizou o termo só uma vez, o qual não desempenhou um papel central em seu pensamento. Mas a insistência de Kant na autonomia da razão humana — ou seja, a razão que é exercida independentemente da religião e da tradição — na formação da *Weltanschauung* de uma pessoa passaria a ter uma influência profunda e duradoura no desenvolvimento do conceito de cosmovisão por aqueles que seguiram Kant. Como David Naugle observa, "a ênfase de Kant no ser [humano] conhecedor e volitivo como o centro cognitivo e moral do universo [...] criou o espaço conceitual em que a noção de cosmovisão pudesse florescer".[3]

E como floresceu! A filosofia alemã, particularmente o idealismo e o romantismo do século 19, tomou o termo de Kant e lhe deu um lugar significativo em seu sistema filosófico. "Na década de 1840, [*Weltanschauung*] já tinha se tornado um assunto comum no vocabulário dos alemães cultos, denotando uma visão global da vida e do mundo."[4] No final do século 19, o termo já havia alcançado "prestígio de celebridade acadêmica".[5]

Para o filósofo idealista Friedrich Schelling (1775-1854), a ideia de *Weltanschauung* dizia respeito ao anseio da humanidade de chegar a um acordo sobre as questões mais profundas da existência e da natureza do universo. A ênfase de Schelling na cosmovisão como uma compreensão abrangente e coesa do mundo viria a exercer grande influência entre os filósofos que vieram depois dele. Nos anos seguintes, *Weltanschaung* se tornaria "uma palavra-chave no pensamento do idealismo e romantismo alemães [...] usada para denotar um conjunto de crenças que estão subjacentes e moldam todo o pensamento e ação humanos".[6]

O filósofo cristão dinamarquês Søren Kierkegaard (1813-1855) enfatizou a distinção fundamental entre o conceito (relativamente novo) de cosmovisão e a antiga disciplina da filosofia, sustentando que, enquanto a filosofia é um sistema objetivo de pensamento (mantido, por assim dizer, a certa distância), a cosmovisão é um conjunto de crenças mantidas tão intimamente por uma pessoa que

---

[3]Naugle, *Worldview*, p. 59.
[4]Albert M. Wolters, "On the idea of worldview and its relation to philosophy", in: Paul A. Marshall; Sander Griffioen; Richard J. Mouw, orgs., *Stained glass: worldviews and social science*, Christian Studies Today (Lanham: University Press of America, 1989), p. 15.
[5]Naugle, *Worldview*, p. 55.
[6]Peter Heslam, *Creating a Christian worldview: Abraham Kuyper's lectures on Calvinism* (Grand Rapids: Eerdmans, 1998), p. 89.

é apropriado dizer que este vive dentro de sua cosmovisão ou a possui.⁷ Isso foi particularmente importante para Kierkegaard em seu prolongado esforço em fazer distinção entre uma experiência cristã autêntica e um cristianismo meramente nominal; em sua opinião, a pessoa chegava a uma cosmovisão [cristã] somente por meio de um encontro transformador e existencial com o Cristo vivo.

Wilhelm Dilthey (1833-1911) também estudou a relação entre cosmovisão e filosofia. Tal como Schelling, Dilthey enfatizou que uma cosmovisão é uma visão de vida que é tanto abrangente quanto coesa: seu objetivo é expressar o significado mais profundo do mundo, responder às questões fundamentais da vida. Para Dilthey, portanto, uma cosmovisão poderia servir para trazer unidade e coesão a todos os aspectos diferentes da vida humana.⁸ H. A. Hodges resume da seguinte maneira o conceito de cosmovisão segundo Dilthey: é "um complexo de ideias e sentimentos, abrangendo (a) crenças e convicções sobre a natureza da vida e do mundo, (b) hábitos e tendências emocionais baseados naquelas crenças e convicções e (c) um sistema de propósitos, preferências e princípios que governam a ação e dão unidade e sentido à vida".⁹

Para efeitos deste estudo, mais dois aspectos do pensamento de Dilthey sobre cosmovisão merecem atenção especial. Em primeiro lugar, para Dilthey cosmovisão é um conjunto subjacente de crenças sobre o mundo que serve para moldar todo o nosso pensamento subsequente. Portanto, a cosmovisão não pode simplesmente derivar do exercício da razão. "Cosmovisões não são produtos do pensamento. Não têm origem somente no desejo de saber. A compreensão da realidade é um fator importante na sua formação, mas apenas um deles. Cosmovisões surgem de nossa atitude diante da vida, de nosso conhecimento da vida e de toda a nossa estrutura mental."¹⁰ Portanto, uma cosmovisão é mais profunda do que a filosofia ou a ciência; a filosofia e a ciência são, na verdade, construídas sobre a base da cosmovisão que as pessoas têm. Conforme Sander Griffioen, "a reivindicação de uma cosmovisão de que é verdade não pode ser provada nem refutada pela filosofia ou pela ciência. Em vez disso, a própria filosofia

---

⁷Veja Naugle, *Worldview*, p. 76, 81.

⁸Sander Griffioen, "The worldview approach to social theory: hazards and benefits", in: Marshall; Griffioen; Mouw, orgs., *Stained glass*, p. 87. Griffioen oferece um excelente resumo de seis pontos das ideias de Dilthey.

⁹H. A. Hodges, *Wilhelm Dilthey: an introduction* (New York: Oxford University Press, 1945), citado em Dorothy Emmet, "The choice of a world outlook", *Philosophy* 23, n. 86 (July, 1948): 208.

¹⁰Wilhelm Dilthey, *Selected writings*, organização e tradução para o inglês de H. P. Rickman (Cambridge: Cambridge University Press, 1976), p. 141.

depende da cosmovisão. Dilthey atribuiu a busca metafísica da unidade absoluta a cosmovisões, que por sua vez são subjacentes às filosofias".[11] Dilthey expressou a compreensão de cosmovisão que, na sua época, havia se tornado dominante na filosofia alemã, e pensadores cristãos que seguiram Dilthey (como James Orr e Abraham Kuyper) se apropriariam dessa mesma compreensão do conceito: *a cosmovisão expressa um conjunto de crenças que são basilares e formativas para o pensamento e a vida do ser humano.*

Dilthey também enfatizou a pluralidade e a relatividade de cosmovisões. Enquanto Kant acreditava que uma única cosmovisão podia ser compartilhada por todas as pessoas (visto que todas compartilham a faculdade humana da razão), Dilthey defendia que diferentes cosmovisões surgem a partir de diferentes circunstâncias históricas (uma vez que, em sua opinião, a compreensão humana está profundamente condicionada pelo lugar e tempo específicos da pessoa na história). Ele cria que todas as cosmovisões não passam de expressões parciais do universo e, portanto, inevitavelmente se chocarão umas com as outras. Devido à sua convicção de que, no nível mais básico, as cosmovisões estão arraigadas na fé e são, portanto, "impossíveis de provar e indestrutíveis", Dilthey achava que a diversidade de cosmovisões jamais seria solucionada, que nenhuma cosmovisão poderia surgir como a "vencedora".[12]

Esse esboço bem resumido da história do conceito mostra que, para pensadores cristãos, o termo "cosmovisão" traz consigo algumas associações que devem ser afirmadas e outras com as quais é preciso ter cautela. Dessa forma, tendemos a concordar com Schelling de que cosmovisão é uma compreensão abrangente e coesa do mundo e do lugar que a pessoa ocupa nele. Também podemos ratificar a percepção de Dilthey de que são as crenças fundamentais da pessoa sobre o mundo que dão forma aos pensamentos e ações e, consequentemente, uma compreensão de unidade e sentido da vida. E não há dúvida de que Kierkegaard estava certo em insistir que uma cosmovisão deve ser considerada como íntima e experiencial, e que deve transformar a vida da pessoa.

No entanto, em nossa busca de uma compreensão de cosmovisão genuinamente bíblica e cristã, não podemos aceitar a noção racionalista de Kant de que a base da cosmovisão é a razão humana autônoma. E devemos ter muita cautela com o relativismo e historicismo de Dilthey, que deixam implícito que cosmovisões simplesmente surgirão de tempos em tempos e de lugar em lugar como produto

---

[11]Griffioen, "Worldview approach", p. 87.
[12]Dilthey, *Selected writings*, p. 141.

de fatores históricos. Embora circunstâncias históricas sem dúvida exerçam uma influência moldadora na cosmovisão, vivemos sob a afirmação radical do evangelho de que ele é verdade para todas as épocas e todos os povos na condição de testamento daquele que é o mesmo "ontem, hoje e eternamente" (Hb 13.8).

A apropriação da cosmovisão pelo pensamento cristão

No início do século 20, cosmovisão como conceito já havia se espalhado entre a maioria das disciplinas acadêmicas. Foram principalmente James Orr (1844-1913) e Abraham Kuyper (1837-1920) que se apropriaram do conceito de cosmovisão para usá-lo no pensamento cristão. Tanto Orr quanto Kuyper recorreram ao conceito de cosmovisão para responder à cultura pós-iluminista que estava chegando para dominar o Ocidente. Orr, um teólogo, estava profundamente convencido de que oferecer respostas parciais e fragmentadas a uma cosmovisão hostil ao cristianismo não era suficiente. Ele cria que os tempos exigiam uma demonstração de que o cristianismo era em si mesmo uma visão abrangente e ordenada da totalidade da vida.

> A oposição que o cristianismo enfrenta [...] engloba toda a maneira de se compreender o mundo, e o lugar do homem nele, a maneira de se conceber todo o sistema das coisas, naturais e morais, do qual fazemos parte [...]. É a visão cristã das coisas em geral que é atacada, e somente mediante uma exposição e confirmação da visão cristã das coisas como um todo esse ataque poderá ser enfrentado com maior êxito.[13]

De acordo com Orr, uma cosmovisão cristã é cristocêntrica,[14] centralizada em Cristo como o cumprimento da história da salvação e adota (como o próprio Cristo fez) a perspectiva do Antigo Testamento acerca da criação:

> Aquele que crê de todo o coração em Jesus como o Filho de Deus está, desse modo, comprometido com muito mais do que isso. Ele se compromete com determinada ideia a respeito de Deus, determinada ideia a respeito do homem, determinada ideia a respeito do pecado, determinada ideia a respeito da redenção, determinada ideia a respeito do propósito de Deus na criação e na história, determinada ideia a respeito do destino humano encontrada somente no

---

[13]James Orr, *The Christian view of God and the world* (1893; reimpr., Grand Rapids: Eerdmans, 1947), p. 4.
[14]Orr, *Christian view*, p. 378.

cristianismo. Isso constitui uma "Weltanschauung" ou uma "visão cristã do mundo" [...] A visão cristã das coisas forma um conjunto lógico que não pode ser solapado, aceito ou rejeitado de modo fragmentado; antes, resiste ou desmorona integralmente e só pode ser enfraquecido com tentativas de fusão ou concessões com teorias que repousam sobre bases totalmente distintas.[15]

Orr estava convencido de que os cristãos precisavam expressar claramente a cosmovisão cristocêntrica implícita na narrativa bíblica em sua totalidade, a fim de distinguir nitidamente as bases antissobrenaturais (ou anticristãs) de cosmovisões modernistas antagônicas.

Abraham Kuyper fez mais do que somente colocar em palavras a visão abrangente da cosmovisão cristã; ele a expressou em sua vida multifacetada como jornalista, teólogo, político, primeiro-ministro da Holanda e fundador da Universidade Livre de Amsterdã. Ele tinha a profunda convicção de que o calvinismo (a tradição de pensamento protestante que teve origem em João Calvino, reformador do século 16) estava relacionado com a vida em sua totalidade. Em 1898, Kuyper fez uso de suas Stone Lectures [Palestras Stone], promovidas pela Universidade de Princeton, nos Estados Unidos, para expressá-lo como uma cosmovisão.[16] Assim como Orr, Kuyper via que a modernidade deu origem a uma cosmovisão profundamente contrária à tradição cristã: "Dois sistemas de vida [o modernismo e o cristianismo] estão lutando um com o outro, em um combate mortal [...] Essa é a luta na Europa, essa é a luta nos Estados Unidos".[17] Segundo Kuyper, nessa luta de titãs somente uma cosmovisão bíblica abrangente tinha chance de resistir a seu adversário. "No modernismo, a imensa força de um sistema de vida todo-inclusivo nos assalta, [portanto] precisamos tomar nossa posição em um sistema de vida com poderio igualmente profundo e abrangente."[18]

Para Kuyper, a única abordagem cristã adequada diante do desafio do modernismo se encontrava no calvinismo e, por isso, seu projeto particular era enunciar com clareza as implicações de uma cosmovisão calvinista para a religião, a política, a ciência e a arte. Para Kuyper, o conflito ou a antítese entre o modernismo e o cristianismo se manifesta em cada elemento da cultura e da sociedade, mas é

---

[15]Orr, *Christian view*, p. 4-5, 17-8.
[16]Posteriormente publicadas como *Lectures on Calvinism* (Grand Rapids: Eerdmans, 1931) [edição em português: *Calvinismo: o canal em que se moveu a Reforma do século 16, enriquecendo a vida cultural e espiritual dos povos que o adotaram. O sistema que hoje a igreja cristã deve reconhecer como bíblico*, tradução de Ricardo Gouvêa; Paulo Arantes (São Paulo: Cultura Cristã, 2002)].
[17]Kuyper, *Lectures on Calvinism*, p. 11.
[18]Kuyper, *Lectures on Calvinism*, p. 11.

especialmente intenso naquilo que os alemães chamavam de *Wissenschaft* (palavra geralmente traduzida como "ciência", mas de alcance mais amplo, referindo-se também ao pensamento e teorização acadêmicos em geral). Kuyper defende que existem dois tipos distintos de "ciência": um que é fruto daqueles que teorizam com base na conversão a Cristo, e o outro que é resultado daqueles que não procedem assim: "Estamos falando de dois tipos de pessoas. Ambos são humanos, mas interiormente um é diferente do outro, e, como consequência, cada um experimenta um conteúdo diferente surgir de sua consciência; assim, eles encaram o cosmo com base em pontos de vista diferentes e são impelidos por impulsos diferentes. E o fato de existirem dois tipos de pessoas resulta necessariamente em dois tipos de vida humana e consciência de vida, e em dois tipos de ciência".[19]

Ao estabelecer esse forte contraste, Kuyper talvez esteja simplificando demais a questão, mas com sua clara rejeição à autonomia da razão humana ele dá, sem dúvida, uma contribuição crucial para a nossa reflexão sobre cosmovisão. Neste ponto, ele difere de Orr e de outros importantíssimos proponentes do século 20 de uma cosmovisão, cristã como Carl Henry[20] e Francis Schaeffer.[21] Embora tanto Henry quanto Schaeffer tenham feito muito para promover uma cosmovisão integralmente cristã, ambos sustentavam a ideia de que, operando corretamente, a razão humana neutra defenderá uma perspectiva cristã do mundo. Em outras palavras, eles admitem uma base epistemológica comum com não cristãos. A abordagem de Kuyper era fundamentalmente diferente, pois acreditava firmemente que a epistemologia de alguém é ela própria um desdobramento da cosmovisão dessa pessoa.

O tipo de abordagem de Kuyper foi retomado pelo filósofo católico contemporâneo Alasdair MacIntyre, que defende que a racionalidade está inevitavelmente relacionada com a tradição; isto é, ela sempre funciona no contexto de uma tradição ou narrativa em particular, ou aquilo que chamamos de cosmovisão.[22] Ainda mais recentemente, Alvin Plantinga e Nicholas Wolterstorff

---

[19] Abraham Kuyper, *Principles of sacred theology*, tradução para o inglês de J. Hendrick de Vries (1898; reimpr., Grand Rapids: Baker Academic, 1980), p. 154.

[20] Veja Carl F. H. Henry, *God, revelation, and authority* (Waco: Word, 1982), vol. 5: *God who stands and stays: part one*, cap. 20, "Man's mind and God's mind" [edição em português: *Deus, revelação e autoridade*, tradução de Estevan Kirschner; Willian Lane (São Paulo: Hagnos, 2016)].

[21] Há controvérsias sobre se Schaeffer foi ou não racionalista. Veja B. A. Follis, *Truth with love: the apologetics of Francis Schaeffer* (Wheaton: Crossway, 2006), cap. 3: "Rationality and spirituality".

[22] Veja Alasdair MacIntyre, *Whose justice? Which rationality?* (Notre Dame: University of Notre Dame Press, 1988) [edição em português: *Justiça de quem? Qual racionalidade?*, tradução de Marcelo Pimenta Marques, Coleção Filosofia 17 (São Paulo: Loyola, 1991)].

desenvolveram esse elemento da tradição kuyperiana, defendendo a legitimidade de um ponto de partida cristão na teorização.[23]

A tradição que surgiu do pensamento de Kuyper (e isso inclui outros pensadores importantes, como o teólogo Herman Bavinck, que foi seu contemporâneo) é conhecida como "neocalvinismo", e seus principais temas são:

- Na redenção de Deus em Cristo e por meio dela, a graça restaura a natureza. A graça é como remédio que restabelece a saúde de um corpo doente. A obra salvífica de Cristo está voltada para a criação como um todo, a fim de restaurá-la para que alcance o objetivo que Deus sempre teve em mente para ela.
- Deus é soberano e, pela sua lei e palavra, ordena toda a realidade.
- O mandato cultural dado em Gênesis 1.26-28 (de administrar regiamente a criação) tem relevância contínua: Deus chama a humanidade a desenvolver, para a glória dele, a criação dele ao longo da história.

Nas últimas décadas, a ideia de cosmovisão se tornou bastante popular em círculos evangélicos. Francis Schaeffer desempenhou um papel preponderante ao apresentar essa abordagem a gerações de estudantes,[24] e mais recentemente Al Wolters,[25] John Stott, Brian Walsh e Richard Middleton,[26] James Sire,[27]

---

[23]Veja, por exemplo, J. F. Sennet, org., *The analytic theist: an Alvin Plantinga reader* (Grand Rapids: Eerdmans, 1998); Nicholas Wolterstorff, *Reason within the bounds of religion* (Grand Rapids: Eerdmans, 1976). Para uma introdução à denominada epistemologia reformada, da qual Plantinga e Wolterstorff são protagonistas, veja Dewey J. Hoitenga, *Faith and reason from Plato to Plantinga: an introduction to Reformed epistemology* (Albany: State University of New York Press, 1991).

[24]Francis A. Schaeffer, *The complete works of Francis A. Schaeffer: a Christian worldview*, 2. ed. (Wheaton: Crossway, 1982), 5 vols.

[25]Albert M. Wolters, *Creation regained: biblical basics for a reformational worldview* (Grand Rapids: Eerdmans, 1985). Uma segunda edição, com um pós-escrito em coautoria com Michael W. Goheen, foi publicada em 2005 [edição em português: *A criação restaurada: base bíblica para uma cosmovisão reformada*, tradução de Denise Pereira Ribeiro Meister (São Paulo: Cultura Cristã, 2006)].

[26]Brian J. Walsh; J. Richard Middleton, *The transforming vision: shaping a Christian world view* (Downers Grove: InterVarsity, 1984) [edição em português: *A visão transformadora: moldando uma cosmovisão cristã*, tradução de Valdeci Santos (São Paulo: Cultura Cristã, 2010)]. Veja tb. J. Richard Middleton; Brian J. Walsh, *Truth is stranger than it used to be: biblical faith in a postmodern age* (Downers Grove: InterVarsity, 1995); Brian J. Walsh, *Subversive Christianity: imaging God in a dangerous time* (Bristol: Regius, 1992).

[27]James W. Sire, *The universe next door: a basic worldview catalog*, 4. ed. (Downers Grove: InterVarsity, 2004) [edição em português: *O universo ao lado: um catálogo básico sobre cosmovisão*, tradução de Fernando Cristófalo (São Paulo: Hagnos, 2009)].

Arthur Holmes,[28] Tom Wright,[29] Charles Colson[30] e Nancy Pearcey[31] (entre muitos outros) contribuíram para difundir o pensamento cristão sobre cosmovisão. O Congresso Internacional de Lausanne sobre Evangelização Mundial (1974) foi de especial importância nesse aspecto.

O Pacto de Lausanne (que surgiu desse congresso) não emprega o vocabulário específico de cosmovisão, mas aborda as mesmas questões utilizando o vocabulário da relação entre a evangelização e a atividade sociopolítica.[32] O Congresso de Lausanne assinalou a importante recuperação de uma visão de todos os aspectos da vida dentro da tradição evangélica, uma visão exemplificada nos livros *Christian mission in the modern world* [A missão cristã no mundo moderno][33] e *New issues facing Christians today* [Os cristãos e os desafios contemporâneos],[34] de John Stott, e também no London Institute for Contemporary Christianity [Instituto de Londres para o Cristianismo Contemporâneo], que Stott fundou.[35]

---

[28]Arthur F. Holmes, *Contours of a world view*, Studies in a Christian World View (Grand Rapids: Eerdmans, 1983), vol. 1.

[29]N. T. Wright, *The New Testament and the people of God*, Christian Origins and the Question of God (London: SPCK, 1992), vol. 1, p. 38-44, 122-44.

[30]Charles Colson; Nancy Pearcey, *How now shall we live?* (Wheaton: Tyndale, 1999) [edição em português: *E agora, como viveremos?*, tradução de Benjamin de Souza (Rio de Janeiro: CPAD, 2000)].

[31]Veja Nancy Pearcey, *Total truth: liberating Christianity from its cultural captivity* (Wheaton: Crossway, 2004) [edição em português: *Verdade absoluta: libertando o cristianismo de seu cativeiro cultural*, tradução de Luis Aron (Rio de Janeiro: CPAD, 2006)].

[32]Quanto ao Pacto de Lausanne, veja John R. W. Stott, org., *Making Christ known: historic mission documents from the Lausanne Movement 1974-1989* (Carlisle: Paternoster, 1996), caps. 1 e 7; e, quanto à relação entre evangelismo e envolvimento social, veja o 1982 Grand Rapids Report, *Evangelism and social responsibility: an evangelical commitment*, organização de John R. W. Stott, Lausanne Occasional Papers 21 (Exeter: Paternoster, 1982) [edição em português: *Evangelização e responsabilidade social: relatório da consulta internacional realizada em Grand Rapids sob a presidência de John Stott*, 2. ed. ampl., tradução de José Gabriel Said (São Paulo: ABU, 2004), disponível em: http://www.abub.org.br/sites/default/files/evangelizacao_respons_social_abueditora-rev_1.pdf; acesso em: 18 abr. 2015].

[33]John R. W. Stott, *Christian mission in the modern world* (London: Falcon, 1975) [edição em português: *A missão cristã no mundo moderno*, tradução de Meire Portes Santos (Viçosa: Ultimato, 2010).

[34]John R. W. Stott, *New issues facing Christians today* (London: Marshall Pickering, 1999) [edição em português: *Os cristãos e os desafios contemporâneos*, tradução de Meire Portes Santos (Viçosa: Ultimato, 2014)].

[35]T. Dudley-Smith, *John Stott: a global ministry* (Leicester: Inter-Varsity, 2001), cap. 9.

James Sire tem sido um incansável defensor de uma cosmovisão cristã ao longo de muitos anos. Em seu agradável livro *How to read slowly: reading for comprehension* [Como ler lentamente: leitura com compreensão],[36] Sire explora como ler ficção, não ficção e poesia, em parte para entender a cosmovisão que as permeia. A obra mais conhecida de Sire sobre cosmovisão é *The universe next door* [O universo ao lado]. O título evoca a diversidade de cosmovisões que nos rodeiam em uma cultura pluralista: nosso vizinho pode ver o mundo de uma maneira bem diferente e, portanto, viver em um "universo diferente" do nosso! Para Sire, uma cosmovisão é "um conjunto de pressuposições que, de maneira consciente ou inconsciente, sustentamos sobre o mundo em que vivemos".[37] Observe o importante argumento de Sire de que a pessoa pode não ter consciência da própria cosmovisão: a cosmovisão pode funcionar como um par de lentes através dos quais enxergamos nosso mundo; raramente olhamos para os próprios óculos. Dessa forma, pode ser fácil para qualquer um de nós supor que estamos vendo nosso mundo de modo direto, objetivo e neutro, a menos que intencionalmente atentemos para o fato de que toda a experiência do mundo é mediada por uma cosmovisão.

Sire identifica as seguintes cosmovisões que competem entre si pela supremacia:

- teísmo cristão;
- deísmo (que é o que sobra do teísmo quando o conceito de um Deus pessoal é abandonado);
- naturalismo (que abandona totalmente a Deus, mas mantém sua confiança na autonomia humana);
- niilismo (que é o que resulta do naturalismo quando a confiança na razão humana é corroída);
- existencialismo (que tenta superar o niilismo, afirmando sua confiança no poder do indivíduo de concretizar, pela sua vontade, sua própria concepção do bem, da verdade e do belo);
- monismo panteísta oriental (em que o pensamento da nova era é combinado com a noção existencialista do ser);
- pós-modernismo (que nega que podemos conhecer a realidade tal como ela é, mas afirma que podemos nos arranjar razoavelmente bem,

---

[36]James Sire, *How to read slowly: reading for comprehension* (Downers Grove: InterVarsity, 1978).
[37]Sire, *Universe next door*, p. 16.

sobretudo mediante nosso uso da linguagem; para o pós-modernista "o conhecimento pragmático é tudo o que alguém pode ter e tudo o que alguém precisa").[38]

Sire acertadamente argumenta que um serviço que os cristãos podem prestar é ajudar as pessoas a se tornarem conscientes de sua cosmovisão. Ele desenvolveu uma série de perguntas para diagnóstico que podem ajudar a distinguir as linhas gerais de uma cosmovisão:

- Qual é a realidade básica?
- Qual é a natureza do mundo que nos rodeia?
- O que significa ser humano?
- O que acontece na morte?
- Por que é possível chegar a algum conhecimento?
- Como sabemos o que é certo e o que é errado?
- De que trata a história?[39]

Recentemente, Sire publicou um pequeno livro chamado *Naming the elephant* [Dando nome ao elefante], em que oferece um apanhado esclarecedor do pensamento corrente entre cristãos acerca da cosmovisão e aprimora sua definição anterior: "Uma cosmovisão é um compromisso, uma orientação fundamental do coração, que pode ser expresso como uma narrativa ou em um conjunto de pressuposições (suposições que podem ser verdadeiras, parcialmente verdadeiras ou totalmente falsas) que sustentamos (consciente ou subconscientemente, coerente ou incoerentemente) sobre a constituição básica da realidade e que fornece o fundamento sobre o qual vivemos, nos movemos e existimos".[40]

Há vários desenvolvimentos significativos na definição revista de Sire, ênfases com as quais estamos de pleno acordo. Em primeiro lugar, sua ênfase no compromisso, o qual não precisa ser consciente. Essa ênfase está relacionada com o fato de Sire perceber que primordialmente uma cosmovisão não é intelectual e proposicional, mas sim uma questão do coração, de orientação espiritual, de religião. À semelhança de Herman Dooyeweerd e David Naugle, Sire

---

[38]Sire, *Universe next door*, p. 16; veja tb. ibidem, *Naming the elephant: worldview as a concept* (Downers Grove: InterVarsity, 2004), p. 12 [edição em português: *Dando nome ao elefante: cosmovisão como um conceito*, tradução de Paulo Zacarias; Marcelo Herberts (São Paulo: Monergismo, 2012)].

[39]Sire, *Naming the elephant*, p. 122.

[40]Sire, *Naming the elephant*, p. 122; veja tb. ibidem, *Universe next door*, p. 17.

abraça a ideia de que, no âmago de nosso ser, cada um de nós tem uma orientação religiosa, seja na direção do Deus verdadeiro, seja na direção de um ou mais ídolos: "Pelo simples fato de estar viva no mundo, cada pessoa estabelece um compromisso religioso e vive com base nele".[41] Em segundo lugar, Sire reconhece que com frequência uma cosmovisão se expressa como uma grande narrativa ou narrativa mestra.[42] A cosmovisão não é, primordialmente, um sistema racional de crenças, mas, sim, uma narrativa sobre o mundo. Em terceiro lugar, Sire introduziu uma ênfase na natureza "vivida" de uma cosmovisão: ela se expressa não somente em palavras e pensamentos, mas também na maneira como vivemos a vida. Há uma distinção fundamental entre ter e enunciar com clareza uma cosmovisão. Todos têm uma cosmovisão, e isso se expressa em sua vida, mas nem todos conseguem enunciar com clareza o que essa cosmovisão é.

Embora estudiosos protestantes de tradição reformada e evangélicos tenham assumido a liderança na apropriação do conceito de cosmovisão para expressar a visão abrangente do evangelho, estudiosos de outras tradições cristãs também deram contribuições importantes, como o católico romano Romano Guardini[43] e o ortodoxo oriental Alexandre Schmemann.[44] Para Schmemann, os seres humanos devem se relacionar com o mundo como sacerdotes que bendizem a Deus com ações de graças e adoração e, impregnando o mundo com essa eucaristia, transformam a vida em uma comunhão com Deus. A Queda da humanidade envolveu a perda dessa perspectiva sacramental e sacerdotal da vida; a redenção envolve sua restauração. Em Cristo "foi restaurada a verdadeira vida, que havia sido perdida pelo homem, pois redenção como nova criação significa 'que em Cristo, a vida — a vida em sua totalidade — foi devolvida ao homem, novamente dada como sacramento e comunhão, feita eucaristia' [...] Na redenção, o mundo é restaurado como criação de Deus e os seres humanos

---

[41]Sire, *Naming the elephant*, p. 124.

[42]Em um comentário um tanto obscuro, Sire afirma que "uma cosmovisão não é uma narrativa nem um conjunto de pressupostos, mas pode ser expressa dessas maneiras" (*Naming the elephant*, p. 126).

[43]Romano Guardini, *The world and the person*, tradução para o inglês de Stella Lange (Chicago: Henry Regnery, 1965); originalmente publicado como *Welt und Person: Versuche zur christlichen Lehre vom Menschen* (Würzburg: Werkbund-Verlag, 1939). Outro bom recurso é o conjunto de CDs de Scott Hahn, *Building a Catholic biblical worldview* (West Covina: St. Joseph's Communications, 1999).

[44]Alexander Schmemann, *For the life of the world: sacraments and orthodoxy*, 2. ed. (Crestwood: St. Vladimir's Seminary Press, 1973).

retomam sua vocação sacerdotal".[45] Assim, Schmemann exorta os cristãos a testemunhar acerca da realidade do mundo como boa criação de Deus e a se ocupar com a transformação de cada aspecto da vida.

As críticas a uma apropriação cristã da "cosmovisão"

Apesar da ampla aceitação do conceito de cosmovisão para dar ao evangelho uma expressão contemporânea em todas as áreas da vida, a abordagem de cosmovisão não deixou de ter seus críticos. A seguir, examinaremos algumas das principais reservas contra a apropriação da cosmovisão nesse sentido.

Objeção n.º 1: a abordagem de cosmovisão intelectualiza o evangelho

A tradição rotulada de "modernidade" tem privilegiado demasiadamente, até mesmo idolatrado, o intelecto e a razão humanos. No seio da modernidade, acreditava-se que a racionalidade era o único caminho confiável para chegarmos à verdade sobre o nosso mundo. A tradição e a narrativa eram vistas com suspeita e podiam ser aceitas como verdadeiras apenas se comprovadas pela análise racional. A fim de enfrentar o desafio da modernidade, era essencial que os cristãos apresentassem um relato adequado (i.e., racional) da razão de sua esperança em Cristo. Assim, ao escrever em 1963 o pós-escrito de seu conhecido livro *The Christian mind* [A mente cristã], Harry Blamires apresentou esta importante pergunta:

> Aprofundarão e esclarecerão os cristãos dos próximos cinquenta anos o seu compromisso cristão em oposição a um secularismo fortalecido, cultivando em reclusão a moralidade e a espiritualidade pessoais [... ou] aprofundarão e esclarecerão o seu compromisso cristão também nos níveis intelectual e social, enfrentando e desafiando não somente o ataque do secularismo à moralidade pessoal e à vida da alma, mas também a concepção truncada e pervertida do secularismo quanto ao sentido da vida e à finalidade da ordem social?[46]

Conforme Blamires profeticamente enxergava (em consonância com Orr, Kuyper, Henry e Schaeffer), os cristãos careciam desesperadamente de uma mente cristã. Demonstrar que o evangelho era intelectualmente crível era a

---

[45]Naugle, *Worldview*, p. 52, citando Schmemann, *For the life of the world*, p. 20-1.
[46]Harry Blamires, *The Christian mind* (London: SPCK, 1963), p. 189 [edição em português: *A mente cristã: como um cristão deve pensar?*, tradução de Hope Gordon Silva (São Paulo: Shedd, 2007)].

tarefa vital; desenvolver uma cosmovisão cristã era um elemento importante daquela tarefa. Mas o perigo de se opor ao modernismo sob as regras dele, nas quais a racionalidade era tudo o que importava, era de a própria cosmovisão evangélica ou cristã poder ser reduzida a um mero sistema intelectual. A ênfase exagerada na razão pode levar a uma compreensão inadequada. A cosmovisão está tentando expressar algo muito mais profundo. A cosmovisão está interessada em expressar as crenças religiosas mais profundas que temos acerca do mundo decorrentes do evangelho e do drama bíblico. Expressamos nossas pressuposições básicas sobre o mundo que procedem de um relacionamento vivo com Cristo. Ninguém faz uma advertência mais clara contra esse perigo do intelectualismo do que Thomas Merton, um monge católico do século 20. Em *Contemplative prayer* [Oração contemplativa], ele argumenta:

> Não é suficiente para a meditação investigar a ordem cósmica e me situar nessa ordem. A meditação é mais do que ter domínio de uma *Weltanschauung* (uma ideia filosófica sobre o cosmo e a vida) [...pois] tal meditação pode estar desvinculada das verdades mais profundas do cristianismo [...] Devemos nos deixar levar nus e indefesos ao centro daquele pavor quando estamos sozinhos diante de Deus em nossa insignificância, sem explicação, sem teorias, completamente dependentes do seu cuidado providencial, em extrema necessidade do dom da sua graça, da sua misericórdia e da luz da fé.[47]

"Pensar de modo cristão" é uma parte vital da expressão de uma cosmovisão cristã, mas o pensamento será decorrente de uma cosmovisão. E nossa cosmovisão está profundamente vinculada à nossa vida em Cristo. Se pensar de modo cristão se desvincular de toda a experiência de vida em Cristo Jesus, conduzirá a um cristianismo distorcido e intelectualizado, desprovido de graça e humildade. Uma cosmovisão verdadeiramente bíblica está centrada em um relacionamento existencial com Cristo; ela estará relacionada tanto com o cultivo desse relacionamento quanto com a reflexão crítica e rigorosa que surge desse relacionamento.

Como parte da presente análise do perigo de intelectualizar o evangelho, precisamos reconhecer a hostilidade de Karl Barth contra a apropriação do conceito de cosmovisão para enunciar com clareza a abrangência do evangelho. Em sua análise da doutrina da criação, Barth defende que a teologia cristã da criação jamais poderá se tornar uma cosmovisão. Mas a oposição de Barth repousa

---

[47] Thomas Merton, *Contemplative prayer* (London: Darton, Longman & Todd, 1969), p. 85.

em sua definição peculiar do termo *cosmovisão*. Ele acertadamente assinala que a doutrina cristã da criação se baseia na revelação divina, mas, em seguida, passa a afirmar que, enquanto a teologia "se ocupa apenas da revelação divina [...] [a cosmovisão], como reflexão não teológica, leva em conta somente essa assimilação do cosmo que a razão consegue alcançar sem qualquer recurso adicional [...] A teologia precisa reconhecer e confessar a criação como um benefício, porque é a obra de Deus em Jesus Cristo, ao passo que a filosofia é intrinsecamente incapaz de fazê-lo".[48] Se admitirmos a pressuposição de Barth de que uma cosmovisão consegue assimilar a realidade somente mediante a razão, sem dúvida ele está certo de que o evangelho e uma cosmovisão são inconciliáveis. Mas não podemos admitir essa pressuposição. Aliás, a ideia toda de uma cosmovisão cristã (no sentido que estamos desenvolvendo a expressão) é justamente que ela não depende da razão somente; ao contrário, ela adota como próprio ponto de partida a revelação que Deus faz de si mesmo a nós em Cristo. Quando uma cosmovisão cristã é compreendida como verdadeiramente cristã — tomando o evangelho como ponto de partida e levando a sério o ensino bíblico sobre a criação, cujo centro também é Cristo —, a crítica de Barth se esvazia.

Objeção n.º 2: a abordagem de cosmovisão relativiza o evangelho

O entendimento de Dilthey sobre cosmovisão já havia salientado esse problema. O historicismo e o relativismo do século 19 só se aprofundaram no pós-modernismo, no final do século 20 e no início do século 21. Muitos pensadores pós-modernos abandonaram a busca moderna daquilo que Schaeffer chama de "verdade verdadeira" sobre o mundo, visto que vieram a crer que tal coisa não existe.[49] No entanto, em vez de se desesperarem com a inexistência de verdade, esses pós-modernistas parecem frequentemente celebrar nossas limitações em uma espécie de niilismo entusiástico. Essa abordagem, sem dúvida, proporciona alguma iluminação: ela reconhece que todos estamos situados historicamente, que todos enxergamos o mundo através de lentes particulares que influenciam a maneira como vemos e interpretamos o mundo, e, por isso, nossas

---

[48]Karl Barth, *Church dogmatics*, organização de G. W. Bromiley; T. F. Torrance (Edinburgh: T&T Clark, 1958), vol. 3: *The doctrine of creation: part 1*, p. 343.

[49]Francis Schaeffer, *Escape from reason: a penetrating analysis of trends in modern thought* (Downers Grove: InterVarsity, 1968), p. 21 [edições em português: *A morte da razão: a desintegração da vida e da cultura moderna*, tradução de Gabriele Greggersen (São Paulo: Cultura Cristã, 2002); *A morte da razão*, tradução de João Bentes, 2. ed. (Viçosa: Ultimato; São Paulo: ABU, 2014)].

interpretações desse mundo serão inevitavelmente diferentes umas das outras. Essa pluralidade de perspectivas alternativas, portanto, abre espaço para uma cosmovisão cristã juntamente com as outras, o que parece ser algo positivo, mas vem com o custo perigoso de reduzir a cosmovisão cristã à condição de uma entre muitas, legítima somente enquanto funcionar para você. E aqui corremos o perigo de afundar no pântano do relativismo.

Em um contexto pluralista, como o que encontramos no Ocidente no início do século 21, o relativismo é uma tentação real, à qual os cristãos precisam resistir. O próprio Novo Testamento foi escrito em um contexto pluralista; no entanto, afirmou ousadamente naquele contexto que Jesus Cristo é a revelação mais plena e definitiva de Deus e (como Newbigin o expressa) a chave para toda a criação. Precisamos afirmar a mesma verdade, e raramente ela será bem recebida. Isso não significa, de modo algum, negar que outras cosmovisões possam oferecer ideias verdadeiras e profundas. No entanto, é nosso chamado afirmar inequivocamente que Cristo é a verdadeira luz do mundo. Ao mesmo tempo, não devemos equiparar nossa enunciação da cosmovisão com o próprio evangelho. Na verdade, nossa expressão de uma cosmovisão cristã precisa estar sempre debaixo da crítica do evangelho. Apesar disso, precisamos insistir que a narrativa bíblica não é somente mais uma narrativa ao lado de outras, mas, em vez disso, que é a verdadeira narrativa do mundo. A Bíblia é normativa e abrangente; ela nos conta a verdadeira história do mundo, e, como tal, se coloca em oposição às histórias alternativas que tentam fazer a mesma coisa. Como Tom Wright afirma, "a essência toda do cristianismo é que ele oferece uma história que é a história do mundo todo. É verdade pública".[50]

Objeção n.º 3: a abordagem de cosmovisão pode ficar desconectada das Escrituras e, portanto, vulnerável às influências da época

O tipo de estrutura que uma cosmovisão produz pode ser uma ferramenta de reflexão, mas qualquer ferramenta poderosa utilizada sem os devidos cuidados (pense em uma motosserra!) pode se tornar perigosa para a pessoa que a maneja. Se, por nossa negligência, nossa cosmovisão perdesse suas raízes nas Escrituras, ela se tornaria vulnerável a ser substituída por outra narrativa que não o drama bíblico. É possível que, no processo de desenvolvimento de uma estrutura conceitual da Bíblia, as raízes nas Escrituras se afrouxem, e essa estrutura se torne

---

[50] Wright, *New Testament and the people of God*, p. 41-2.

vulnerável aos vários ídolos de nossos dias. Uma cosmovisão que se desenvolve a partir do drama bíblico precisa nos reconduzir sempre de novo — e cada vez mais profundamente — para dentro daquela narrativa, em vez de nos afastar dela.

Objeção n.º 4: a abordagem de cosmovisão pode conduzir a um ativismo messiânico doentio

Já nos referimos ao perigo de uma cosmovisão que vem simplesmente espelhar a cosmovisão de nossa cultura, em vez de se envolver em um embate dinâmico com a cultura. A narrativa bíblica nos descortina a natureza abrangente da redenção: por meio de Jesus Cristo, Deus está restabelecendo seu reinado sobre a totalidade da criação; quando oramos "seja feita a tua vontade assim na terra como no céu", nos comprometemos a participar da obra redentora do Espírito no mundo, em todas as áreas da vida. Essa é uma visão energizante e, com razão, faz com que os cristãos fiquem empolgados em fazer diferença no mundo. Mas um perigo real é que comecemos a pensar que somos nós mesmos que introduziremos o reino. Podemos ficar freneticamente ocupados tentando transformar o mundo pela nossa própria força. Com muita frequência temos assimilado a visão de progresso (um princípio central da modernidade), tendendo a pensar que, se apenas trabalharmos árdua e suficientemente, introduziremos o reino em nossa geração. Assim, um ativismo frenético pernicioso pode se desenvolver entre cristãos comprometidos, espelhando os esforços idólatras dentro da cultura humanista que nos cerca.

Objeção n.º 5: a abordagem de cosmovisão pode consolidar um cristianismo transigente de classe média e até mesmo negligenciar os pobres e marginalizados no mundo

Muitas vezes, um ativismo que é motivado pela reflexão sobre a cosmovisão surge da dimensão predominante, de classe média, de nossa cultura. O ponto forte de muitos cristãos que levam a cosmovisão a sério é que estão comprometidos a não distanciar-se da cultura, mas sim a trabalhar dentro da cultura para transformá-la. Cristãos que têm consciência da cosmovisão insistem em trabalhar do lado de dentro de nossas culturas para transformar suas estruturas e instituições, mas sempre existe o perigo de que podemos ser contaminados por essa cultura e nos acomodar a ela, em vez de sermos agentes de sua transformação; podemos nos tornar tão inúteis quanto o sal que perdeu seu sabor.

Por exemplo, o cristão que se propõe a transformar as estruturas injustas dos negócios pode acabar sendo remodelado pelas forças poderosas em ação no mundo dos negócios da atualidade.

Outro perigo na tentativa de transformar as estruturas culturais e sociais é que podemos negligenciar aqueles que têm sido marginalizados por aquelas estruturas. Há muitos exemplos em que o desenvolvimento de uma cosmovisão cristã levou a iniciativas maravilhosamente redentoras. No entanto, é fato que, quando pensamos em iniciativas verdadeiramente redentoras para os pobres, o que vem à mente são os movimentos práticos como o de L'Arche, iniciado por Jean Vanier, em que cristãos vivem em comunidade com pessoas com deficiência mental e física, e o trabalho dos "irmãos e irmãs" de Madre Teresa. Poucas vezes o ativismo motivado pela cosmovisão entre cristãos os levou a defender prontamente a causa dos pobres e dos mais necessitados.

Embora todas essas objeções tenham de ser levadas a sério, consideramos que nenhuma delas seja fatal para a apropriação cristã da "cosmovisão". Na verdade, em nossa opinião os benefícios, como ficará patente, superam de longe os riscos.

Nossa definição operacional de cosmovisão

Na literatura sobre cosmovisão cristã há uma abundância de definições. Nós oferecemos a seguinte:

> Cosmovisão é uma enunciação das crenças básicas embutidas em uma grande narrativa compartilhada, as quais estão arraigadas em um compromisso de fé e dão forma e sentido à totalidade de nossa vida individual e coletiva.

É claro que isso requer explicação adicional.

Em nossa opinião, todas as cosmovisões têm origem em uma grande narrativa de um ou outro tipo. Assim, grande parte da ciência moderna se enquadra implicitamente em uma grande narrativa que inicia com o *big bang* e segue para a evolução do cosmo e o surgimento dos seres humanos, os quais procuram dominar a natureza e a vida humana, tudo, por fim, rumando inexoravelmente para a dissolução gradual do universo; e tudo isso acontece sem qualquer referência ao Deus vivo. Está bem claro que isso difere fundamentalmente da narrativa bíblica, cujo enredo básico é Criação, Queda, Redenção. Como Eclesiastes 3.11 afirma, Deus colocou a eternidade — uma percepção de início e fim, uma percepção de fazer parte de uma história maior — em nosso coração, no âmago do nosso ser, de modo que precisamos de uma narrativa maior em que podemos situar, compreender, as narrativas menores de nossa vida e cultura.[51] Foi propósito de Deus que encontrássemos significado em nossa vida mediante nossa participação em uma história maior que dá sentido e direção à nossa vida e explica o nosso mundo. Portanto, é importante assinalar que quem rejeita a narrativa cristã não viverá simplesmente sem uma grande narrativa, mas, pelo contrário, encontrará uma grande narrativa alternativa e viverá de acordo com ela. Até mesmo a concepção pós-moderna de que não existe uma grande narrativa é ela mesma um embuste de uma grande narrativa!

Pelo fato de sermos criaturas comunitárias, essas grandes narrativas são inevitavelmente compartilhadas entre nós. Cada um de nós foi criado no contexto de alguma grande narrativa que tem moldado nossa cultura, mesmo que não tenhamos consciência desse processo. Como cristãos, sabemos que fazemos parte de "uma igreja santa, católica e apostólica", parte do povo de Deus ao longo das eras e em direção ao futuro. Junto com todos os cristãos, compartilhamos a narrativa básica da Bíblia. Vivemos como parte de uma comunidade comprometida com a verdade desta narrativa. Até mesmo o individualismo ocidental, com sua ênfase na liberdade do indivíduo, é uma abordagem de vida que é hoje ironicamente compartilhada por milhões de pessoas no Ocidente e, desse modo, se tornou uma visão comunitária que dá expressão a grande parte da vida pública de nações ocidentais.

Como Eclesiastes 3.11 indica, todos os seres humanos se apropriam, de uma forma ou de outra, de uma grande narrativa, porque somos criaturas e não o Criador. Nosso coração, o âmago religioso de nosso ser, está voltado ou para o Deus vivo ou para um ídolo, e a grande narrativa em que vivemos é uma expressão dessa inclinação de nosso coração. Consequentemente, as raízes mais profundas das grandes narrativas e cosmovisões estão na fé religiosa, quer a fé esteja no Deus vivo, na capacidade humana, em algum outro aspecto da criação divina, em um espírito impessoal que permeia o universo, ou em qualquer um da multidão de ídolos que os seres humanos fabricam.

Em todas as grandes narrativas estão embutidas crenças fundamentais sobre o mundo, respostas a perguntas de suprema importância: Qual é o propósito da vida? Quem somos? Em que tipo de mundo vivemos? O que está errado com

---

[51] Sobre Eclesiastes 3.11, veja Craig G. Bartholomew, *Ecclesiastes* (Grand Rapids: Baker Academic, 2014).

o mundo? Como pode ser consertado?⁵² As respostas a essas grandes perguntas não são conceitos filosóficos; antes, são crenças, frequentemente nem mesmo enunciadas, incrustadas firmemente na grande narrativa específica que compartilhamos, e que adquirem coerência justamente porque são somente elementos de uma única visão unificada do mundo que surge daquela narrativa.

Essas crenças moldam e dirigem a totalidade de nossa vida, tanto pessoal quanto coletiva. Uma cosmovisão não só descreve o mundo para nós, como também dirige nossa vida no mundo. Ela não só nos dá uma perspectiva de como o mundo é (sua função descritiva), mas também funciona como guia de como o mundo deve ser e de como devemos viver no mundo (sua função normativa).⁵³

Na narrativa cristã, a crença na Criação é de importância fundamental. Tal crença significa que cristãos veem o mundo de uma maneira totalmente diferente do tipo de cosmovisão científica descrita anteriormente neste capítulo. Nessa cosmovisão científica, o cosmo é um produto aleatório do tempo e do acaso, ao passo que do ponto de vista cristão o mundo é a boa criação de Deus Pai, tendo sido ordenada por ele e ostentando por todo lado as marcas de sua mestria. O mesmo também ocorre quando se busca descobrir o que há de errado com o mundo: a narrativa cristã, com sua crença na Queda, fornece uma resposta para o problema do mal totalmente diferente de qualquer resposta

---

⁵²Richard Middleton e Brian Walsh formularam de maneira esclarecedora quatro perguntas de cosmovisão: Onde estou? Quem sou? O que há de errado? Qual é a solução? (*The transforming vision*, p. 35). N. T. Wright sugeriu que nas duas primeiras perguntas mudemos o pronome "eu" para "nós", a fim de indicar o compartilhamento comunitário de crenças de cosmovisão. Ele também sugeriu o acréscimo de uma quinta pergunta, "Que horas são?", para indicar que a cosmovisão é uma narrativa em que descobrimos nosso lugar (*Jesus and the victory of God*, Christian Origins and the Question of God [London: SPCK, 1996], vol. 2, p. 443, nota 1; veja tb. p. 467-72). Além disso, o missiólogo J. H. Bavinck sugere que o ser humano, "em virtude de seu lugar no mundo, precisa sempre e em todo lugar responder às mesmas perguntas. Ele precisa enfrentar os problemas básicos que sua própria existência impõe" (*The church between temple and mosque: a study of the relationship between the Christian faith and other religions* [1966; reimpr., Grand Rapids: Eerdmans, 1981], p. 31). Ele formula aquelas perguntas no que diz respeito a cinco pontos cardeais que são encontrados em todas as religiões do mundo. Ele fala de "eu e o cosmo", "eu e a norma religiosa", "eu e o enigma de minha existência", "eu e a salvação" e "eu e o poder supremo". Achamos útil falar aqui de quatro perguntas que resumem esses pontos cardeais: Qual é a natureza da realidade última? Como posso alcançar a salvação? Qual é o sentido da vida humana? Qual é a fonte de ordem e como ela pode ser conhecida? (Bavinck, *The church between temple and mosque*, p. 32-3). Já mencionamos as perguntas de diagnóstico apresentadas por James Sire.

⁵³Veja James Olthuis, "On worldviews", *Christian Scholar's Review* 14 (1985): 153-64; também publicado com o mesmo título em Marshall; Griffioen; Mouw, orgs., *Stained glass*, p. 26-40.

que poderia surgir da perspectiva evolucionista. Se cremos que Deus nos criou homem e mulher e providenciou o casamento como sua provisão para o companheirismo, então consideraremos o casamento como uma grande dádiva e como o contexto apropriado para a expressão sexual e a criação de filhos. Sem tal crença, poderíamos encarar o sexo simplesmente como um meio de desfrutarmos prazer, como acontece, por exemplo, quando apreciamos uma boa refeição no lugar e do jeito que preferimos. Não só nossas ideias mas também nossas ações fluirão da cosmovisão que adotamos.

Grandes narrativas, cosmovisões, moldam não só nossa vida pessoal, mas também a vida de nações e todas as dimensões públicas da vida humana. Na África do Sul, o *apartheid* — uma cosmovisão racista segundo a qual os brancos são superiores aos negros — se arraigou e foi deliberadamente desenvolvido em cada área da vida. Os brancos frequentavam escolas diferentes (e muito melhores) do que as dos negros; a lei proibia que brancos se casassem com negros; por lei brancos e negros viviam em áreas separadas; os melhores empregos eram reservados para os brancos; e assim por diante. Olhando em retrospecto, é difícil acreditar que tal cosmovisão tenha conseguido se manter por tanto tempo, mas o exemplo do *apartheid* ilustra claramente a maneira como uma cosmovisão é abrangente e moldará não só a nossa vida individualmente mas também a vida de nossas comunidades e nações.

Nossas crenças fundamentais sobre o mundo e a vida humana, as quais estão subjacentes e moldam a vida de todos nós, com frequência permanecem abaixo do nível da consciência, inarticuladas e implícitas. Elas funcionam como placas tectônicas que estão situadas debaixo da superfície, não podem ser vistas, mas têm efeitos poderosos. Roy Clouser expressa isso deste modo:

> A enorme influência de crenças religiosas continua, no entanto, em grande parte escondida do olhar casual; sua relação com o restante da vida é como a das grandes placas geológicas da superfície da terra com os continentes e oceanos. A movimentação dessas placas não é visível em uma inspeção eventual de alguma região em particular e só pode ser detectada com muita dificuldade. No entanto, essas placas são tão imensas, com um poder tão impressionante, que seus efeitos visíveis — cordilheiras, terremotos e erupções vulcânicas — não passam de pequenas manchas na superfície quando comparados com as próprias poderosas placas.[54]

---

[54] Roy Clouser, *The myth of religious neutrality: an essay on the hidden role of religious beliefs in theories* (Notre Dame: University of Notre Dame Press, 1991), p. 1.

Essas crenças moldam poderosamente nossa vida, pois estão incrustadas na narrativa que adotamos acerca do mundo. Porém, podemos nos tornar cada vez mais conscientes dessas crenças basilares e de seu impacto ao fazermos três coisas: (1) expressar resumidamente a grande narrativa; (2) identificar as crenças fundamentais dessa narrativa; (3) enunciar e explicar essas crenças. É disso que a reflexão sobre cosmovisão se ocupa.

Essa tarefa pressupõe que é importante estabelecer uma clara distinção entre ter uma cosmovisão e enunciar uma cosmovisão. Todos nós temos uma cosmovisão, no sentido de que todos temos crenças fundamentais sobre o mundo como parte de uma narrativa maior que molda nossa vida inteira. No entanto, coisa diferente é ser capaz de enunciar essa narrativa e as respectivas crenças. Estamos ressaltando a importância de nos tornarmos conscientes dessas crenças mediante sua identificação e formulação.

Assim, a cosmovisão reflete a respeito da narrativa e das crenças basilares que são centrais em nossas grandes narrativas. Isso nos permite ver com maior clareza sua coerência fundamental e compreender mais plenamente suas implicações. Deste modo, uma cosmovisão cristã trata de abstrair e expressar as crenças mais abrangentes que estão embutidas no drama bíblico, por meio das quais entendemos Deus, a humanidade e o mundo. Mas a cosmovisão cristã também precisa aprofundar nossa consciência da narrativa e das crenças fundamentais que moldam nossa cultura. É, portanto, essencial enunciar a narrativa ocidental e formular suas crenças fundamentais.

A relação entre as Escrituras e cosmovisão

Ao longo dos séculos, os cristãos têm constatado que, em seu envolvimento com sua própria cultura, é necessário encontrar maneiras de expressar a unidade das Escrituras. Um desses caminhos é a teologia bíblica, que busca enunciar a unidade das Escrituras de acordo com as categorias das próprias Escrituras, como aliança e reino. O objetivo da teologia bíblica não é impor categorias sistemáticas externas, mas sim escavar as categorias subjacentes que se encontram dentro da própria Bíblia. Nesse sentido, nosso livro *The drama of Scripture* [O drama das Escrituras] é um exercício de teologia bíblica. As próprias Escrituras têm forma narrativa, e procuramos respeitar isso enquanto recontamos a história da Bíblia. Outra maneira de enunciar a unidade das Escrituras é analisar a estrutura das crenças mais fundamentais e abrangentes da Bíblia, aquelas que estão embutidas ou incorporadas no drama bíblico. Assim, uma cosmovisão cristã expõe os principais elementos ou crenças que constituem a narrativa bíblica e mostra como eles se encaixam em uma estrutura coerente. Essas crenças podem, é claro, ser adicionalmente analisadas de acordo com categorias teológicas e filosóficas. No entanto, a característica principal de uma cosmovisão cristã é que a narrativa bíblica incorpora e implica uma estrutura de crenças básicas que podem ser explicitadas para equipar cristãos em suas vidas. A estrutura de crenças básicas inerentes à narrativa bíblica não é apenas para os estudiosos, mas sim para todo o povo de Deus. Os diferentes níveis podem ser definidos como segue:

- Escrituras;
- teologia bíblica (nossa narração da narrativa bíblica);
- cosmovisão cristã (a exposição da estrutura geral das crenças básicas de um cristão sobre as coisas conforme estão embutidas no drama das Escrituras em interação com as crenças básicas de nossa cultura);
- teologia sistemática e filosofia cristã (que refletem sobre as crenças cristãs em um nível mais teórico).

É claro que essas categorias não são estanques. Seria tolice, por exemplo, imaginar ou fingir que a cosmovisão de alguém é substanciada apenas pelas Escrituras e pela teologia bíblica. Como Dilthey acertadamente assinala, cosmovisões surgem da vida e da experiência. Todos nós desenvolvemos cosmovisões, e elas têm sido formadas em parte pela nossa leitura das Escrituras e da teologia bíblica, bem como pela tradição cristã. Mas nossas cosmovisões também se formaram em parte por aquelas ideias que absorvemos, com frequência inconscientemente, da cultura que nos cerca. Tendo reconhecido isso, ainda assim afirmamos veementemente que as fontes primárias de uma cosmovisão cristã devem ser as Escrituras e a teologia bíblica. É por isso que *Introdução à cosmovisão cristã* vem depois de *The drama of Scripture*, pois, para abstrair uma estrutura das Escrituras, é preciso ter uma percepção acentuada da geografia das Escrituras e de sua unidade narrativa. Precisamos estar conscientes ao máximo da ecologia em que trabalhamos, que abrange as dimensões das culturas em que vivemos. Mas precisamos fazer com que as Escrituras e o drama bíblico sejam nossos pontos de referência constantes e normativos ao alinhavarmos as linhas gerais de uma cosmovisão cristã. À medida que o fazemos, é importante lembrar que, mesmo nesse nível, uma cosmovisão é uma abstração das Escrituras e jamais poderá substituir as Escrituras. Ela será de fato cristã à medida que surgir claramente do drama bíblico e na medida em que nos reconduzir sempre de novo profundamente às Escrituras.⁵⁵

Por que e como devemos ir "além" das Escrituras? Um imperativo missional

É claro que há uma compreensão básica de que jamais podemos e jamais devemos ir "além" das Escrituras. Usamos o termo *além* só para nos referir à tarefa de abstrair das Escrituras e enunciar a estrutura geral de crenças básicas incorporadas na narrativa cristã. Por que é importante abstrair e enunciar essas crenças básicas?

Já vimos como Orr e Kuyper foram levados a enunciar o evangelho como uma cosmovisão em resposta aos poderosos desafios de cosmovisões contrárias em seus contextos culturais. Em outras palavras, o impulso deles foi missional: a fim de levar sua cultura a interagir com o evangelho e de dar um testemunho crível acerca de Cristo, eles precisavam demonstrar que o evangelho incorporava uma cosmovisão que fornecia uma alternativa real e vital às poderosas cosmovisões de sua época. E sempre tem sido assim ao longo da história da igreja. Não que os primeiros pais da igreja usassem explicitamente o conceito de "cosmovisão", mas logo se tornou óbvio para eles que, a fim de poder dar testemunho acerca de Cristo em seu contexto greco-romano, precisariam enunciar as crenças cristãs básicas e mostrar como elas estavam coerentemente unidas, formando um sistema crível. Segundo o comentário de S. MacDonald sobre Agostinho de Hipona, "ele não foi o primeiro a defender que o cristianismo era a verdadeira sabedoria procurada pela filosofia. Mas ele foi o pensador que, acima de tudo, e em um momento histórico crítico, demonstrou que o cristianismo podia ser explorado em busca de percepções filosóficas, responder a questões filosóficas em maneiras filosoficamente sofisticadas e ser apresentado como uma cosmovisão filosoficamente satisfatória que competia com sistemas filosóficos pagãos".⁵⁶ E, seguindo Agostinho,

---

⁵⁵Como acontece em John Calvin, *Institutes of the Christian religion*, edição de John T. McNeill, tradução para o inglês de Ford Lewis Battles, Library of Christian Classics 20-21 (Philadelphia: Westminster, 1960), 2 vols., 1:3-5, que era o propósito de sua obra [edições em português: *As institutas*, tradução de Waldyr Carvalho Luz (São Paulo: Cultura Cristã, 2006), 4 vols.; *A instituição da religião cristã*, tradução de Carlos Eduardo Oliveira; José Carlos Estêvão (São Paulo: Editora UNESP, 2008), 2 vols.].

⁵⁶S. MacDonald, "Augustine, *Confessions*", in: Jorge J. E. Gracia; Gregory M. Reichberg; Bernard N. Schumacher, orgs., *The classics of Western philosophy: a reader's guide* (Oxford: Blackwell, 2003), p. 103.

Tomás de Aquino faria uso da filosofia de Aristóteles para expor o evangelho de maneiras críveis aos seus contemporâneos.

O que se quer mostrar é que para os cristãos sempre foi um imperativo missional explicar a coerência da mensagem bíblica e relacioná-la de uma forma racional e coerente com as culturas de sua época. O uso de textos-prova nesse sentido simplesmente é lamentavelmente inadequado; o que é necessário é uma noção de como as principais crenças do drama das Escrituras se mantêm coesas e como é possível se basear nelas para desenvolver uma compreensão e crítica cristãs da cultura em questão. Isso não significa que os cristãos sempre fizeram isso bem. Como vimos que acontece com o próprio conceito de cosmovisão, as ideias, os conceitos e os próprios idiomas carregam bagagem filosófica e, se não tivermos cuidado, podemos acabar importando filosofias estranhas para o cristianismo, em vez de permitir que o evangelho transforme a cultura.

A apologética — a atividade de interagir de maneira ponderada com as cosmovisões da época e, assim, dar testemunho acerca de Cristo com credibilidade — e o envolvimento cultural em geral exigem uma explicação da lógica do evangelho que vai além do drama das Escrituras. Se, por exemplo, alguém quisesse desenvolver um negócio de acordo com os moldes cristãos, essa pessoa precisaria de mais do que uma lista de textos bíblicos relacionados a trabalho. Ela iria querer ao menos ter uma noção de como o trabalho se encaixa no plano de Deus para a humanidade: qual era o propósito para o trabalho quando Deus o concebeu, como o trabalho foi deturpado pelo pecado e como a obra de Cristo em nós pode resgatar nossa experiência de trabalho e nos orientar no trabalho que escolhemos fazer. Exploraremos esse tipo de envolvimento em mais detalhes no último capítulo deste livro. Mas, por enquanto, simplesmente assinalamos que um ponto de partida para essa reflexão é chegar a uma boa compreensão da estrutura geral de crenças básicas embutidas no drama das Escrituras. Tal estrutura oferece o esqueleto conceitual sobre o qual podemos construir uma perspectiva cristã acerca do tema negócios e trabalho nos dias atuais.

Um bom exemplo da aplicação de uma perspectiva cristã a uma disciplina acadêmica é o excelente trabalho de Oliver O'Donovan sobre teoria política e política atual.[57] Conforme O'Donovan acertadamente insiste, precisamos levar a sério a autoridade das Escrituras porque elas são a Palavra de Deus para a vida em todos os seus aspectos. No entanto, para fazer reflexão política à luz das

---

[57]Veja especialmente Oliver O'Donovan, *The desire of the nations: rediscovering the roots of political theology* (Cambridge: Cambridge University Press, 1996).

Escrituras, por si só o drama das Escrituras não é suficiente. A teoria política requer conceitos, e O'Donovan insiste que esses conceitos precisam ser desenvolvidos a partir das Escrituras; aliás, em *The desire of the nations* [O desejo das nações] o trabalho de O'Donovan de desenvolver conceitos relativos à teoria política o leva repetidas vezes de volta às Escrituras.[58] Assim, tanto no nível acadêmico quanto no prático, o envolvimento cristão sério com a vida e a cultura, isto é, com a missão cristã, exige o desenvolvimento de uma cosmovisão cristã. Uma vez que vivemos e pensamos com base em nossas cosmovisões, a questão não é se temos ou não uma cosmovisão. Em vez disso, a questão é: Com base em qual cosmovisão iremos pensar, viver e trabalhar? Se nos recusarmos a desenvolver e viver uma cosmovisão cristã, simplesmente ficaremos vulneráveis à influência das cosmovisões presentes na cultura ao nosso redor. Mas, se estamos profundamente empenhados em dar testemunho acerca do Senhor Jesus Cristo com a integridade e a profundidade que tal testemunho exige nos dias atuais, o desenvolvimento e a apropriação de uma cosmovisão cristã arraigada no drama das Escrituras se tornará uma prioridade. Nossa missão exige isso.

O envolvimento prático e teórico com nossa cultura exige o desenvolvimento de uma cosmovisão. Mas como exatamente devemos dar esse passo além das Escrituras? Em nossa opinião, o caminho a seguir é identificar no drama das Escrituras suas crenças centrais — em particular, o padrão de Criação, Queda e Redenção — e explorar como essas crenças se mantêm unidas, de modo a assegurar que nesse nível pré-teórico nos mantenhamos o mais próximo possível das Escrituras. Uma cosmovisão cristã enuncia e desenvolve as crenças mais básicas, mais fundamentais, mais abrangentes da narrativa bíblica de uma maneira que permite que essas crenças se tornem tanto uma lente através da qual podemos ver o mundo quanto um mapa que nos orientará no mundo; é a matriz em que colocamos tudo mais. O desenvolvimento de uma cosmovisão cristã é uma maneira de podermos mediar as categorias mais básicas do evangelho para todos os aspectos da vida, dessa forma equipando a igreja para sua tarefa missional. Uma cosmovisão cristã pode estabelecer uma base sólida para um envolvimento cultural intenso fornecendo percepções úteis e ferramentas conceituais específicas para executar nossas tarefas no mundo — no lar, na igreja e na esfera pública. A exposição a seguir de uma cosmovisão bíblica tornará concretos cada um desses benefícios.

---

[58]Veja O'Donovan, *The desire of the nations*; veja tb. Craig Bartholomew et al., orgs., *A royal priesthood? The use of the Bible ethically and politically: a dialogue with Oliver O'Donovan*, Scripture and Hermeneutics, vol. 3 (Grand Rapids: Zondervan, 2002).

3

Uma cosmovisão bíblica

Criação e pecado

Se realmente cremos que a Bíblia é a Palavra de Deus para nós, a verdadeira narrativa do mundo, parece claro que a nossa cosmovisão precisa estar arraigada e fundamentada ali. Neste e no próximo capítulo, enunciaremos uma cosmovisão bíblica.

Jesus Cristo, a narrativa bíblica e a cosmovisão

Iniciamos com a pessoa de Jesus Cristo e com a simples e assim mesmo profunda confissão bíblica da igreja primitiva: "Jesus é Senhor" (Rm 10.9, NTLH; 1Co 12.3). Essa confissão foi elaborada em desafio à confissão pública que mantinha o Império Romano unido: "César é Senhor". No Império Romano, "senhor" era o título de alguém com autoridade absoluta. Quando a igreja primitiva dizia "Jesus é Senhor", o que ela tinha em mente era mais do que somente autoridade política. A palavra grega *kyrios* ("senhor") foi usada para traduzir o termo hebraico "Yahweh" na tradução grega do Antigo Testamento. "Yahweh" era o nome principal de Deus em todo o Antigo Testamento. Assim, confessar "Jesus é Senhor" significa identificar Jesus com o Deus da narrativa do Antigo Testamento: Jesus é o Criador e Sustentador do mundo, o Regente da história e o Redentor e Juiz de todas as coisas.[1]

---

[1] Veja Christopher J. H. Wright, *The mission of God: unlocking the Bible's grand narrative* (Downers Grove: InterVarsity, 2006), p. 105-21 [edição em português: *A missão de Deus: desvendando a grande narrativa da Bíblia*, tradução de Daniel Hubert Kroker; Thomas de Lima (São Paulo: Vida Nova, 2014)].

Essa confissão descortina uma compreensão trinitária de Deus. Jesus afirma que foi enviado por Deus Pai para torná-lo conhecido e para completar a obra redentora que ele vinha realizando ao longo da narrativa do Antigo Testamento. Em sua pessoa e obra, Jesus é a presença plena do Deus vivo em carne humana: "Quem me vê, vê o Pai [...] o Pai, que vive em mim, está realizando sua obra. Creiam em mim quando digo que estou no Pai e que o Pai está em mim" (Jo 14.9-11, NVI). Ao voltar para o Pai, Jesus promete que não deixará órfãos seus seguidores, mas, pelo contrário, tornará a vir e a viver entre eles com a plenitude de sua presença no Espírito Santo (Jo 14.16-18). A cosmovisão bíblica fiel começa com essa confissão trinitária — existe um único Deus em três pessoas — centrada em Jesus Cristo.

Confessar que Jesus é Senhor é dizer que Jesus, junto com o Pai e o Espírito, criou todas as coisas; ele sustenta e mantém todas as coisas, ele governa a história e a dirige rumo ao objetivo dela, ele restaura e renova todas as coisas e, no final, julgará todas as coisas. Se confessarmos apenas "Jesus é meu Salvador pessoal" e negligenciarmos "Jesus é Criador, Regente, Redentor e Juiz", então temos uma cosmovisão atrofiada. Uma cosmovisão bíblica tem a ver com entender corretamente quem é Jesus.

Mas uma cosmovisão bíblica também está relacionada com entender corretamente o evangelho. Jesus anunciou as boas-novas de que o reino de Deus havia chegado, e esse anúncio ocorre no momento culminante de uma longa narrativa. Deus está agindo com amor e poder para restaurar uma criação caída (mas essencialmente boa), para que ela torne a viver debaixo do governo bom e gracioso dele. Deus está novamente se tornando rei. No anúncio da chegada do reino temos o grande enredo do drama das Escrituras: (1) Deus (em Cristo e pelo Espírito) cria o mundo; (2) o pecado debilita, deturpa e arruína a criação; (3) Deus age para curar, endireitar e restaurar; (4) Deus finalmente reconcilia todo o cosmo consigo mesmo. Embora o maior centro de convergência da narrativa bíblica esteja na obra salvífica de Deus, que inclui tanto a totalidade do Antigo Testamento após a Queda em Gênesis 3 quanto a totalidade do Novo Testamento, a narrativa de resgate e salvação se situa no contexto dos dois primeiros atos do drama e os pressupõe: a Criação do mundo e sua Queda no pecado. A salvação tem sentido apenas quando indicamos aquilo que está sendo salvo e por que precisa ser salvo. O enredo principal da Bíblia é a narrativa de como Deus restaura uma criação que tinha sido desfigurada pelo pecado: em primeiro lugar vem a Criação seguida pela Queda, e depois disso vem a restauração.

Neste capítulo tratamos do pano de fundo da narrativa bíblica da obra salvífica de Deus: a criação (o que está sendo salvo) e o pecado (por que precisa ser salvo).

Criação: o mundo como Deus planejou que fosse

Com frequência usamos a palavra *criação* simplesmente para nos referir ao ato em que Deus fez o mundo no início — "Quando se trata das origens, creio na Criação, não na evolução". Ou podemos usar a palavra para nos referir aos elementos não humanos de nosso mundo material — "Hoje fomos passear no bosque e desfrutamos a criação de Deus". Esses não são usos errados da palavra, mas são muito limitados, restritos demais. Pois a narrativa bíblica trata principalmente da restauração da criação: Deus está restaurando sua boa criação para que ela volte a estar debaixo de seu governo gracioso. Para entender "criação" como aquilo que Deus está restaurando, é essencial ter uma ideia cristã saudável do mundo.

O Deus criador

A narrativa bíblica inicia com Deus: "No princípio, Deus...". E que Deus ele é! Talvez seja difícil para nós, depois de tantos milhares de anos de essas palavras terem sido escritas, sentir o impacto que essa expressão inicial deveria ter tido nos ouvintes originais que estavam sendo bombardeados com uma ideia pagã a respeito "dos deuses". Gênesis 1 foi escrito em parte para se contrapor às noções pagãs predominantes em sua época. Esse início surpreendente nos conta que houve um tempo em que só Deus existia; à medida que o relato da Criação se desenrola, ele revela mais sobre quem ele é. É um único Deus (e não vários deuses), é soberano sobre toda a criação (não uma divindadezinha tribal) e é incomparável e absolutamente ímpar, bom e benigno, justo e sábio (ao contrário dos deuses imprevisíveis e frequentemente perversos das narrativas rivais). Aqui somos apresentados ao Deus que será o ator principal no drama bíblico.

Uma cosmovisão bíblica precisa, portanto, começar com esse Deus, o Deus vislumbrado inicialmente no relato da Criação e, em seguida, revelado muito mais plenamente ao longo do drama bíblico. E, embora uma cosmovisão se ocupe em explicar cuidadosamente como ver este mundo (conforme a palavra *cosmovisão* deixa implícito), não é possível vê-lo corretamente sem entender sua relação correta com o Deus vivo, pois este mundo foi criado por ele, é sustentado por ele, governado por ele e permeado de sua presença, glória e revelação. A doutrina da criação inclui uma compreensão da relação básica entre o Deus extraordinário e tudo o mais, visto que tudo o mais só existe porque ele o chamou à existência.

Os autores bíblicos não sustentam que Deus criou o mundo e então se afastou dele. Esse conceito de um Deus ausente é a ideia perigosa no âmago do deísmo, segundo a qual Deus criou o mundo da mesma maneira como um relojoeiro cria um relógio. Todo o mecanismo necessário para o relógio funcionar de maneira autônoma está embutido nele, de modo que (assim que o relógio fica pronto) o próprio relojoeiro é dispensável. Uma ideia deísta de Deus vê Deus embutindo "leis naturais" na criação de tal maneira que sua presença e poder não são mais necessários para que a criação continue existindo.

Mas, definitivamente, essa não é a ideia bíblica de Deus. A narrativa bíblica fala de um Deus que está intimamente ligado àquilo que fez em cada momento da história de sua criação — um rei vivo e presente, não um proprietário ausente. A presença de Deus preenche o universo. Isso é expresso de modo sucinto por Paulo quando ele fala a gregos pagãos em Atenas: Deus criou o mundo todo e tudo o que nele há, dá aos seres humanos vida, fôlego e tudo o mais que possuem; ele dirige e governa a história, e controla todas as nações. Sua atividade é tal que todas as pessoas têm o dever de procurá-lo, buscar sua ajuda e encontrá-lo, pois está perto de todos nós: "Pois nele vivemos, nos movemos e existimos" (At 17.28). Essa é uma das pedras basilares de uma cosmovisão bíblica autêntica: o mundo está saturado da presença de Deus. John Henry Newman afirma com razão que Deus "de tal maneira se envolveu com [a criação] e de tal maneira a trouxe para seu próprio seio, mediante sua presença nela, sua providência sobre ela, suas marcas nela e sua influência nela em toda a sua extensão, que não conseguimos contemplá-la verdadeira ou completamente sem que em alguns aspectos o contemplemos".[2]

Se Deus está presente no universo dessa maneira, então o mundo está cheio de sua glória e majestade:

"Não há um só átomo do universo em que você não possa ver pelo menos alguns lampejos brilhantes de sua glória." Deus é imanente em toda a criação. Os puros de coração veem a Deus em toda a parte. Tudo está repleto de Deus.

---

[2]John Henry Newman, *The idea of a university* (1873; reimpr., London: Longmans, Green, 1923), p. 50-1 [edição em português: *Origem e progresso das universidades*, tradução de Roberto Saboia de Medeiros (São Paulo: s.n., 1951)].

"Confesso que a expressão 'a natureza é Deus' pode ser usada em um sentido piedoso por uma mente piedosa!"³

Em "God's grandeur" [A grandiosidade de Deus], Gerard Manley Hopkins expressa-o da seguinte maneira:

O mundo está repleto da grandeza de Deus.
Arderá em chamas, como o brilho da folha metálica balouçada;
acumula grandeza, tal como a azeitona que goteja
esmagada.

Para Hopkins, a grandeza de Deus está intimamente ligada à criação e se manifesta com tanta intensidade quanto a luz refletida que cega os olhos como um relâmpago quando uma folha de metal dourado é balançada ao sol. A grandeza de Deus é como uma corrente elétrica (e essa ideia foi notícia científica de primeira página quando Hopkins escreveu seu soneto em meados do século 19) latente na bateria ou no gerador, mas pronta para se revelar em um ofuscante arco elétrico quando o interruptor é acionado. O esplendor de Deus é como o óleo que permeia as azeitonas em seus galhos, mas é revelado em sua plenitude dourada só quando elas são apanhadas e colocadas sob a força esmagadora da prensa de azeitonas — e aqui Hopkins está insinuando que a grandeza de Deus nos foi revelada mais plenamente em Jesus Cristo, que também foi "esmagado". O mundo está repleto — carregado e fervilhante — da presença gloriosa de Deus.

A presença de Deus no mundo também significa que ele está envolvido em todos os aspectos e acontecimentos da criação. Parece que Newman tinha em mente a fala de Paulo em Atos 17, quando escreve:

> Ele é Aquele que é soberano sobre o que estabeleceu, opera no meio do que estabeleceu e é independente do que estabeleceu; é Aquele em cujas mãos estão todas as coisas, Aquele que tem um propósito em cada acontecimento e um padrão para cada feito e, desse modo, tem suas próprias ligações com o

---

³Herman Bavinck, *The doctrine of God*, organização e tradução para o inglês de William Hendriksen, Twin Brooks Series (Grand Rapids: Baker Academic, 1977), p. 89. A primeira e a última frases entre aspas são de John Calvin, *Institutes of Christian religion*, I. V.1, p. 5 [edições em português: *As institutas*, tradução de Waldyr Carvalho Luz (São Paulo: Cultura Cristã, 2006), 4 vols.; *A instituição da religião cristã*, tradução de Carlos Eduardo Oliveira; José Carlos Estêvão (São Paulo: Editora UNESP, 2008), 2 vols.].

assunto de cada ciência específica revelada pelo livro do conhecimento; Aquele que, com um vigor fascinante e incessante, se envolveu com toda a história da criação, com a constituição da natureza, com o progresso do mundo, com a origem da sociedade, com o destino das nações, com a ação da mente humana.[4]

Em todos os aspectos da vida humana, a pessoa se vê face a face com o Deus vivo. A vida humana inteira é vivida *coram Deo*, "diante da face de Deus" ou "na presença de Deus". Essa expressão latina é encontrada cerca de cinquenta vezes na Vulgata (a tradução da Bíblia feita por Jerônimo para o latim).[5] A expressão bíblica faz lembrar uma imagem das cortes no antigo Oriente, a saber, a sala do trono do monarca, onde os servos do rei ficavam diante dele a postos, alertas, sempre conscientes de sua presença, prontos, preparados para reagir às ordens do rei. Viver *coram Deo* é viver na presença de Deus e ter consciência dessa presença, reagindo positivamente à sua palavra, estando pronto para servi-lo. Assim, uma cosmovisão cristã precisa começar com o fato da presença e do envolvimento de Deus no mundo. Viver no mundo retratado na Bíblia é "viver, nos mover e existir" aqui, no próprio Deus.

Embora a presença e a atividade de Deus permeiem o universo, Deus não deve ser identificado com a criação. De acordo com Gênesis 1, existe um único Deus, e tudo o mais é obra de suas mãos. Deus livremente dá origem a toda a criação *ex nihilo*, "a partir do nada". Uma distinção fundamental entre Criador e criação, entre Deus e tudo o mais, é um ponto fundamental de referência para uma cosmovisão cristã. Newman tem razão ao destacar que, embora Deus esteja presente e em ação dentro da criação, ele também é "soberano sobre" e "independente da" criação.

Nossa jornada de cosmovisão inicia com Deus, tanto com sua presença e atividade no mundo quanto com sua independência dele e soberania sobre ele.

O mundo como uma criação de Deus boa e ordenada

O primeiro capítulo de Gênesis é rico em ensinamentos não somente sobre o Deus Criador, mas também sobre o que ele cria, e essa criação é descrita como ordenada, boa e histórica. Trataremos separadamente de cada uma dessas qualidades.

---

[4] Citado em Newman, *The idea of a university*, p. 36.
[5] A Vulgata é uma tradução antiga da Bíblia para o latim feita no quinto século; a tradução e a revisão foi parcialmente feita por Jerônimo. Ela se tornou a Bíblia definitiva e oficial da Igreja Católica Romana e exerceu grande influência sobre a igreja e a cultura durante a Idade Média.

Uma criação ordenada

Gênesis nos mostra um movimento de uma criação escura, informe e vazia para um cosmo belissimamente ordenado, e isso é realizado pela palavra de Deus.[6] Lemos oito vezes que, apenas por dizer a simples palavra "haja...", Deus faz com que algo novo passe a existir. O resultado final é uma criação multiesplendorosa. "Os céus foram feitos pela palavra do Senhor, e todo o exército deles, pelo sopro da sua boca", canta o salmista (Sl 33.6,9; cf. Hb 11.3). Mas a palavra divina, que nos primeiros capítulos de Gênesis chama todas as coisas à existência, não se cala depois disso: Deus fala constante e continuamente para sustentar e governar a criação. Pedro afirma que o mundo continua existindo hoje "pela mesma palavra" mediante a qual Deus o criou (2Pe 3.5-7). O salmista afirma que ele é "quem envia pela terra o seu mandamento; a sua palavra corre com grande velocidade" para fazer com que a neve e o granizo caiam, um vento quente venha e, quando a tempestade tiver passado, o gelo se derreta (Sl 147.15-18). A Bíblia retrata a criação como algo que contínua e constantemente responde à palavra de Deus, que é o decreto que a originou, a preserva e a governa. Bruce Milne expressa isso muito bem:

> Deus chamou o universo à existência a partir do nada, e, por conseguinte, a cada momento ele "paira" suspenso, por assim dizer, sobre o abismo da não existência. Se Deus fosse remover sua Palavra sustentadora, então todo ser [...] retrocederia instantaneamente para o nada e deixaria de existir. A continuação do universo de determinado momento para o seguinte é, portanto, um milagre tão grande e a obra tão exclusivamente de Deus quanto seu surgimento no início. Nesse sentido mais profundo, todos nós vivemos "cada instante somente pela graça de Deus".[7]

As palavras ordenadoras de Deus têm amplo alcance: tanto a criação não humana quanto a totalidade da vida humana existem e são organizadas em

---

[6]Veja Paul G. Schrotenboer et al., *God's order for creation* (Potchefstroom: Institute for Reformational Studies, 1994); Albert M. Wolters, "Creation order: a historical look at our heritage", in: Brian J. Walsh; Hendrik Hart; Robert E. VanderVennen, orgs., *An ethos of compassion and the integrity of creation* (Lanham: University Press of America, 1995), p. 33-48; David Koyzis, *Political visions and illusions: a survey and Christian critique of contemporary ideologies* (Downers Grove: InterVarsity, 2003), p. 194-201 [edição em português: *Visões e ilusões políticas: uma análise e crítica cristã das ideologias contemporâneas*, tradução de Lucas G. Freire (São Paulo: Vida Nova, 2014)].

[7]Bruce Milne, *Know the truth: a handbook of Christian belief* (Leicester: InterVarsity, 1984), p. 74 [edição em português: *Estudando as doutrinas da Bíblia*, 3. ed., tradução de Neyd Siqueira (São Paulo: ABU, 2005)].

resposta à Palavra de Deus. Não é difícil vermos isso no que diz respeito à criação não humana. Podemos facilmente reconhecer os padrões de constância e a regularidade que descobrimos na física, na química e na biologia. Mais difícil é entender que toda a vida humana também é ordenada por Deus, que (conforme Abraham Kuyper defendeu) o alcance da Palavra de Deus é tão amplo quanto a própria criação:

> Toda vida criada necessariamente carrega em si uma lei para sua existência, instituída pelo próprio Deus [...] Existem, por conseguinte, diretrizes de Deus para o nosso corpo, para o sangue que percorre nossas artérias e veias e para nossos pulmões como os órgãos da respiração. E até mesmo existem diretrizes de Deus na lógica, para regular nossos pensamentos; diretrizes de Deus para nossa imaginação no âmbito da estética; e, da mesma forma, também diretrizes estritas de Deus para toda a vida humana na esfera da moralidade.[8]

Foi essa compreensão que levou Kuyper a defender que a vida em todos os seus aspectos precisa ser vivida em resposta a Deus: "Tudo o que tem sido criado foi, em sua criação, dotado por Deus de uma lei imutável de sua existência. E, visto que Deus arranjou plenamente tais leis e diretrizes para toda a vida, por isso [...] toda vida [precisa] ser consagrada ao seu serviço em estrita obediência".[9]

Toda a criação, humana e não humana, responde às palavras ordenadoras de Deus, mas há uma diferença fundamental entre a maneira como a criação não humana responde e a maneira como os seres humanos respondem. A resposta da criação não humana é "necessária": o vento tempestuoso age exatamente assim sem ter decidido fazê-lo; quando os raios do sol se tornam mais fortes na primavera, o gelo derrete porque precisa fazê-lo (Sl 148.8; 147.18). Mas homens e mulheres foram criados por Deus com a capacidade de escolha; este é um aspecto importante de sua imagem em nós, mas também significa que podemos — e com frequência é o que fazemos — escolher não obedecer às suas leis para a nossa vida. A resposta das criaturas humanas é livre, responsável e criativa, o que também significa que as regras de Deus para a vida humana "podem ser violadas de inúmeras maneiras e que também deixam uma

---

[8]Abraham Kuyper, *Lectures on Calvinism* (Grand Rapids: Eerdmans, 1931), p. 78 [edição em português: *Calvinismo: o canal em que se moveu a Reforma do século 16, enriquecendo a vida cultural e espiritual dos povos que o adotaram. O sistema que hoje a igreja cristã deve reconhecer como bíblico*, tradução de Ricardo Gouvêa; Paulo Arantes (São Paulo: Cultura Cristã, 2002)].

[9]Kuyper, *Lectures on Calvinism*, p. 53.

boa margem para a criatividade e a imaginação responsável do ser humano, que é chamado a implementá-las".[10]

Os seres humanos encarnam e implementam a ordem divina em situações históricas e culturais específicas. Há muita liberdade e bastante espaço para respostas criativas. Embora certas respostas emocionais sejam apropriadas a determinadas situações (por exemplo, a alegria é a resposta apropriada à experiência das bênçãos de Deus), há uma ampla gama de maneiras em que diferentes povos podem expressar a alegria (a expressão pública de alegria de um sul-americano ou um africano provavelmente será mais exuberante e expansiva do que a de um europeu ou norte-americano), mas cada uma dessas expressões pode ser apropriada em seu devido momento e lugar para refletir fielmente a ordem de Deus para a vida humana.

Isso levanta a questão muito complicada de como podemos saber qual é a vontade de Deus para a vida emocional, para o governo, para o casamento, para nossa imaginação. Como saber se as uniões homossexuais seguem ou contrariam a ordem de Deus para o casamento? Como saber se a democracia é uma ordem política fiel? Como discernir o grau em que o capitalismo está em conformidade com a lei de Deus para uma vida econômica saudável? Até que ponto as estruturas de nossas escolas estão de acordo com a lei de Deus para uma educação fiel? Existe arte que é contrária à vontade de Deus para a vida estética?

Discernir a ordem de Deus sempre será difícil, mas existem diretrizes. O início de tal discernimento é reconhecer que isso é a obra do Espírito de Deus e não simplesmente uma questão de nossa avaliação racional. O Espírito de criação utiliza meios com os quais nos comunica a vontade de Deus. O primeiro são as próprias Escrituras: o que a Bíblia tem a dizer sobre o assunto? Em algumas áreas pode haver muita orientação direta, mas em outras quase nenhuma. Por exemplo, Deus dá a Israel a Lei no Antigo Testamento, uma expressão concreta da ordem de Deus para a vida humana em determinado momento e lugar na história. Da mesma forma, no Novo Testamento as cartas de Paulo estão repletas de exortações às jovens igrejas que ele plantou; elas também exibem uma implementação visível da ordem na criação de Deus para a vida daquelas igrejas em determinado ponto da história. Embora existam perigos quando se

---

[10]Albert M. Wolters, *Creation regained: biblical basics for a reformational worldview*, 2. ed. (Grand Rapids: Eerdmans, 2005), p. 17 [edição em português: *A criação restaurada: base bíblica para uma cosmovisão reformada*, tradução de Denise Pereira Ribeiro Meister (São Paulo: Cultura Cristã, 2006)].

pede à Bíblia que responda a perguntas que ela nunca se propôs a responder e quando se transpõem normas de outra época para a nossa, as Escrituras oferecem uma compreensão divinamente sancionada da vontade de Deus para o seu povo em vários pontos da história. Visto que a ordem na criação divina para a vida humana é estável e constante, aquelas manifestações históricas específicas terão muito a oferecer.

Há outros princípios que podem nos ajudar a entender as Escrituras e a discernir a vontade de Deus na criação. Por exemplo, com frequência estamos cegos para a ordem permanente de Deus para a nossa vida por causa de nossos preconceitos culturais e teológicos locais, mas ouvir atentamente a cristãos que provêm de outras tradições confessionais, de outros contextos culturais e de outros períodos da história pode nos alertar para nossa cegueira. Além disso, quando vemos um padrão estável ou constante ao longo do tempo e da cultura, ele pode nos advertir contra uma distorção que se afasta dessa regularidade. Além do mais, a aliança de Deus com a criação significa que com frequência uma resposta obediente trará bênçãos e uma desobediente trará juízo (Dt 30.15-20). Discernir vida e morte, bênção e maldição em nossa atividade pode nos ajudar a ver o caminho de Deus. Por fim, Deus criou em cada um de nós um senso de sua ordem em nossa consciência, o que Albert Wolters define como "afinação intuitiva com a normatividade da criação".[11] Todos esses princípios podem nos orientar, mas não há nada automático ou seguro aqui. Cada um deles pode ser usado de forma indevida para justificar o mal. Sem dúvida, é por isso que Paulo ora com tanta frequência para que a igreja cresça conjuntamente em sabedoria, discernimento e entendimento (Ef 1.15-23; Fp 1.9-11; Cl 1.9-12).

Outra maneira de descrever como devemos discernir a ordem criacional de Deus na vida humana — o padrão e desígnio mediante o qual podemos reconhecer seu reinado sobre nós e, assim, desfrutar sua bênção — é usar o vocabulário bíblico de sabedoria, que Gerhard von Rad define como "o conhecimento prático das leis da vida e do mundo, baseado na experiência".[12] Sabedoria é a descoberta da ordem criacional encontrada tanto na natureza quanto na sociedade e implica uma disposição de viver em conformidade com essa ordem à medida que é descoberta. A sabedoria de Deus se manifesta na ordem que

---

[11] Wolters, *Creation regained*, p. 29.
[12] Gerhard von Rad, *Old Testament theology*, tradução para o inglês de D. M. G. Stalker, (New York: Harper & Row, 1962-1965), 2 vols., 1:418 [edição em português: *Teologia do Antigo Testamento*, tradução de Francisco Catão (São Paulo: ASTE, 1974), 2 vols.

ele estabeleceu na criação; a verdadeira sabedoria humana se manifesta no reconhecimento dessa ordem e vivendo em conformidade com ela. Gordon Spykman observa: "Nosso chamado é para levar a ordem *de* nossa vida no mundo de Deus, seja no púlpito ou na política, em nossas salas de aula ou em nosso mundo dos negócios, a estar em conformidade com a boa ordem de Deus *para* nossa vida em seu mundo".[13]

Isaías 28.23-29 (NVI) nos fornece a seguinte associação entre criação e sabedoria:

> Ouçam, escutem a minha voz; prestem atenção, ouçam o que eu digo.
> Quando o agricultor ara a terra para o plantio, só faz isso o tempo todo?
> Só fica abrindo sulcos e gradeando o solo?
> Depois de nivelado o solo, ele não semeia o endro e não espalha as sementes do cominho?
> Não planta o trigo no lugar certo, a cevada no terreno próprio e o trigo duro nas bordas?
> O seu Deus o instrui e lhe ensina o caminho.
> Não se debulha o endro com trilhadeira, e sobre o cominho não se faz passar roda de carro;
> tira-se o endro com vara, e o cominho com um pedaço de pau.
> É preciso moer o cereal para fazer pão; por isso ninguém o fica trilhando para sempre.
> Fazem passar as rodas da trilhadeira sobre o trigo, mas os seus cavalos não o trituram.
> Isso tudo vem da parte do SENHOR dos Exércitos, maravilhoso em conselhos e magnífico em sabedoria.

Esse agricultor conhece a natureza criada das sementes e a terra com que ele lida e também conhece os melhores métodos de semeadura daquelas sementes, de colheita e de debulha. No entanto, o lavrador conhece tudo isso em virtude da sua experiência com a criação ordeira de Deus. Deus instrui o agricultor, afirma Isaías, mas ele não usa as Escrituras para instruir diretamente; em vez disso, a sabedoria — a instrução de Deus — vem à medida que o agricultor discerne a ordem que observa na criação de Deus e se adapta a essa ordem.

---

[13]Gordon Spykman, *Reformational theology: a new paradigm for doing dogmatics* (Grand Rapids: Eerdmans, 1992), p. 180.

A criação e a sabedoria dizem respeito a toda a criação humana e a não humana. Von Rad comenta: "Israel não fazia distinção entre uma 'sabedoria de vida' relacionada à ordem social e uma 'sabedoria natural' que se conformava às denominadas leis naturais".[14] Em outras palavras, a "criação" tinha um sentido muito mais amplo para o Israel do Antigo Testamento do que frequentemente tem para nós hoje. A criação inclui os esforços sociais e culturais dos seres humanos e, portanto, abrange a vida humana em sua totalidade — pessoal, social e cultural. As instituições sociais não são moldadas apenas subjetivamente; a formação cultural sempre opera dentro dos limites da ordem de Deus, o que torna possíveis essas instituições. Assim, por exemplo, as Escrituras ensinam com clareza que o casamento, um desenvolvimento cultural e societário, foi criado por Deus para ser recebido com ações de graças (1Tm 4.3,4); a autoridade política é, de modo parecido, descrita como tendo sido criada ou ordenada por Deus (1Pe 2.13).[15] Desse modo, precisamos honrar a maneira como Deus criou o casamento e a autoridade política. A sabedoria se estende à totalidade da vida humana e cultural.

UMA CRIAÇÃO MUITO BOA

Ao longo de todo o relato da Criação, ouvimos repetidamente "Deus viu que isso era bom". E, no clímax da narrativa, "Deus viu tudo quanto fizera, e era muito bom" (Gn 1.31). É claro que o que vem depois não é totalmente bom, mas Gênesis insiste em que, por proceder da mão de Deus, a criação era boa e não tinha indício algum de mal. Em contraste marcante, narrativas pagãs da criação falam de um mundo composto de bem e mal, ordem e desordem. Na perspectiva pagã, o bem e o mal fazem parte do próprio tecido do qual o mundo é constituído. Na perspectiva bíblica, o mal é como uma mancha no tecido puro da criação: vem mais tarde, não é essencial à natureza do mundo e pode ser removido sem alterar a natureza essencial daquilo que ele desfigurou.

No Novo Testamento, o apóstolo Paulo argumenta contra a crença (herética) de que a matéria é má e de que, por conseguinte, o alimento e o sexo (tão

---

[14] Gerhard von Rad, *Wisdom in Israel*, tradução para o inglês de James D. Martin (Nashville: Abingdon, 1972), p. 71.

[15] Wolters assinala com razão: "'Por causa do Senhor, sujeitem-se a toda *autoridade constituída* entre os homens' (1Pe 2.13, NVI); as palavras grifadas traduzem a palavra grega *ktisis*, a palavra bíblica usual para 'criação' ou 'criaturas'. Parece claro, portanto, que a autoridade civil está baseada em uma ordenança de Deus" (*Creation regained*, p. 25-6).

claramente pertencentes à nossa existência "material") são também intrinsecamente maus. O apóstolo dispara um contragolpe poderoso contra essa ideia: Paulo declara que ensinar essas coisas é abandonar a fé, seguir espíritos enganadores e acolher doutrinas ensinadas por demônios. A verdade sobre o assunto, Paulo insiste, é muito diferente: o casamento e os alimentos foram criados por Deus "para serem recebidos com ações de graças pelos que são fiéis e conhecem bem a verdade. Uma vez que todas as coisas criadas por Deus são boas, nada deve ser rejeitado se for recebido com ações de graças" (1Tm 4.1-5).

Em Gênesis 1 Deus declara que cada criatura é individualmente "boa"; quando a criação é concluída, Deus diz a respeito do conjunto todo que é "muito bom". Com base nisso, podemos perceber que cada parte da criação é boa, mas a harmonia do conjunto todo é muito boa, mais do que a soma de suas partes:

> A criação é uma sinfonia em que encontramos uma variedade de criaturas, cada uma cantando os louvores do Criador de acordo com a natureza peculiar a cada uma, um louvor diferente das criaturas de outro "modelo". O leão deve servir ao Senhor como leão, o dente-de-leão como dente-de-leão. A diferença no serviço depende da diferença na Palavra dirigida a eles. A resposta da criação à Palavra única e todo-abrangente — servi-me! — é, portanto, uma sinfonia de vozes em que cada tipo de criatura executa sua função singular no contexto indispensável do todo.[16]

Essa harmonia também deve ser verdadeira no que diz respeito à gama de expressões culturais, sociais e pessoais da vida da humanidade. A tecnologia e a arte, as escolas e as empresas, a imaginação e a emoção — tudo isso dá sua contribuição para a sinfonia da criação de Deus. Cada um deles é bom na medida em que está em conformidade com o propósito da criação de Deus, e todos são muito bons na medida em que, juntos, servem a ele em harmonia. A idolatria, a discórdia e a dissonância surgem quando começamos a apanhar um aspecto da criação e a exaltá-lo a uma posição fora do lugar estabelecido por Deus na criação. A virtude na criação é uma questão de conformar-se à ordem de Deus na diversidade da criação (palavras de Deus) e na harmonia da criação (a Palavra de Deus).

---

[16]Bernard Zylstra, "Thy word our life", in: James Olthuis, org., *Will all the king's men...: out of concern for the church, phase II* (Toronto: Wedge, 1972), p. 157.

Uma criação histórica

Por fim, o primeiro capítulo de Gênesis descreve uma criação que não é estática, mas, sim, se move e se desenvolve historicamente rumo a um objetivo. Uma ordem estável e um desenvolvimento histórico não contradizem um ao outro.

Deus abençoou Adão e Eva com a tarefa de subjugar a terra e dominá-la (Gn 1.28). Isso é fundamental para a maneira como Deus pretendia que o mundo fosse. Desde o início, Deus tencionava que o desenvolvimento histórico da criação prosseguisse no cultivo, pelo ser humano, do rico potencial da criação de Deus por meio da atividade cultural responsável dos seres humanos. A totalidade da cultura e da sociedade, toda a civilização humana, surge em resposta a esse mandato divino. No início, a criação era como uma criança saudável recém-nascida. Ela era "muito boa" no sentido de que não havia nada de errado com ela como recém-nascida; estava perfeita e saudável em todas as suas partes. Mas uma criança saudável recém-nascida precisa continuar crescendo e se desenvolvendo. Assim é com a criação: desde o início a intenção de Deus foi que ela florescesse e se desenvolvesse e avançasse rumo a um objetivo.

A rebelião humana entra nos estágios iniciais da narrativa de como humanidade começa a desenvolver o potencial latente da criação, mas a rebelião não destrói a estrutura histórica do mundo; nem muda o significado da história. Em vez disso, quando Deus inicia sua longa viagem na história da redenção, ele o faz justamente para reafirmar e restabelecer o objetivo e o significado originais da história. A Bíblia apresenta a narrativa do desenvolvimento histórico da criação como o movimento de um jardim para uma cidade, do Éden para a Nova Jerusalém, à qual todos os tesouros culturais da história serão levados (Ap 21.24-26).[17] Essa grande cidade, o objetivo da história, é a obra da redenção divina, a restauração divina de toda a criação, que abrange sua história, para alcançar o objetivo que lhe foi designado.

Assim, a constância da ordem da criação e o desenrolar dinâmico dessa criação são essenciais para uma cosmovisão bíblica. Aliás, o desenvolvimento histórico só é possível porque Deus pôs ordem em sua criação e se mantém fiel à sua palavra.

---

[17]Hendrikus Berkhof, *Christian faith: an introduction to the study of the faith* (Grand Rapids: Eerdmans, 1979), p. 523, 543; ibidem, *Christ the meaning of history* (Grand Rapids: Baker Academic, 1966), p. 188-92.

O papel dos seres humanos na criação de Deus

A HUMANIDADE COMO IMAGEM DE DEUS

A narrativa da Criação avança belissimamente com repetição e ritmo. "Disse Deus: Haja [...] e houve [...]. Deus viu que era bom [...] E foram-se a tarde e a manhã — o primeiro dia [...] o segundo dia [...] o terceiro dia..." O leitor se acostuma com um padrão e uma cadência suaves na narrativa, até que é sacudido para prestar atenção quando o ritmo é interrompido: "E disse Deus: Façamos o homem à nossa imagem" (Gn 1.26). Algo novo está acontecendo aqui. Deus, rei sobre todas as coisas, anuncia à sua régia corte que está prestes a criar uma criatura à sua própria imagem para servir de mediador de seu próprio governo. Chegamos a um ponto culminante na narrativa, e isso também é importante para uma cosmovisão cristã. O que significa ser humano? Qual é o papel dos seres humanos na narrativa bíblica? Quem somos nós?

Certamente, a descrição das características da humanidade e de seu papel no mundo, como expostos em Gênesis 1, deve ter chocado os primeiros ouvintes dessa narrativa. Eles estavam imersos em uma cosmovisão pagã cujos mitos expunham um quadro bem diferente do que significa ser humano: em suas narrativas os seres humanos eram descritos como meros selvagens, escravos dos deuses, criados apenas para servir. Isso era verdade acerca de todos os mortais com exceção do rei (e por vezes da nobreza), o único que era a imagem de Deus. Afirmar que os seres humanos — todos os seres humanos e não somente os reis — foram criados à imagem de Deus deve ter sido uma afirmação chocante.[18]

Para o autor de Gênesis, atestar que a humanidade era criada à imagem de Deus significava, em primeiro lugar, uma vida de dependência como criatura. Henri Blocher assinala que uma "imagem é apenas uma imagem. Ela só existe por derivação. Não é o original, nem é coisa alguma sem o original. A existência da humanidade como imagem ressalta a natureza radical de sua dependência".[19] Aliás, o mandamento de não comer do fruto da árvore do conhecimento do

---

[18]Veja Gunnlaugur Jónsson, *The image of God: Genesis 1:26-28 in a century of Old Testament research*, tradução para o inglês de Lorraine Svendsen, revisão de Michael S. Cheney, Coniectanea Biblica: Old Testament Series 26 (Stockholm: Almquist & Wiksell, 1988), p. 143-4; J. Richard Middleton, *The liberating image: the Imago Dei in Genesis 1* (Grand Rapids: Brazos, 2005), p. 93-145.

[19]Henri Blocher, *In the beginning: the opening chapters of Genesis*, tradução para o inglês de David G. Preston (Downers Grove: InterVarsity, 1984), p. 82.

bem e do mal era um lembrete constante da dependência da humanidade como criatura (Gn 2.16,17).

Em segundo lugar, ser imagem de Deus é viver em relacionamento com Deus. De acordo com Gênesis, não é somente o rei que tem acesso aos deuses: toda a humanidade tem um relacionamento com o Deus único e criador. E, se Deus constantemente põe em ordem todas as coisas mediante sua palavra, então a vida humana é para ser uma vida de constante resposta a ele. Responder a Deus, viver em comunhão com ele e desfrutá-lo são elementos essenciais do que significa ser humano.

Em terceiro lugar, ser imagem de Deus é refletir Deus, ser como ele, espelhar seu caráter. Homens e mulheres não partilham da natureza divina, mas são reflexos finitos e criaturais do Criador infinito. À semelhança de Deus, os seres humanos podem, por exemplo, ver, ouvir, pensar, amar, buscar a justiça, irar-se e demonstrar misericórdia. No entanto, não é só pelo fato de possuir essas capacidades que somos imagem de Deus; é também uma questão de como as usamos. Importa o que pensamos, o que amamos, como usamos nossos olhos e ouvidos, o que nos deixa irados. Além disso, refletimos a Deus não apenas individualmente, mas também comunitariamente. Alguns refletem a imagem paterna dele, ao passo que demonstram compaixão, na medida em que ouvem as pessoas, agindo uns com os outros de acordo com o padrão das ações de Deus para conosco.[20]

Essa "semelhança com Deus" nos permite conhecer, amar, adorar e desfrutar a Deus, porque podemos de alguma maneira compreender quem ele é e o que ele está fazendo. Ser pai ou ter pai nos ajuda a compreender o que significa para Deus ser o nosso Pai; mostrar compaixão nos ajuda a compreender a compaixão de Deus. A íntima ligação entre refletir a Deus e conhecer a Deus é vista no comentário de Blocher de que somos a "imagem da glória divina [...] aquela glória que a humanidade tanto reflete quanto contempla".[21] Uma vez que a humanidade reflete a glória de Deus, somos também capazes de contemplar a glória de Deus.

Em quarto lugar, ser imagem de Deus é ser representante de Deus na criação como seus vice-regentes e mordomos. A imagem bíblica de um mordomo é instrutiva. Essa pessoa era responsável por administrar, em nome do senhor, não por prazer egoísta, mas sim para o bem dos integrantes da casa e de acordo

---

[20]Veja Anthony Hoekema, *Created in God's image* (Grand Rapids: Eerdmans, 1986), p. 100 [edição em português: *Criados à imagem de Deus* (São Paulo: Cultura Cristã, 1999)]; Richard J. Mouw, *When the kings come marching in: Isaiah and the New Jerusalem* (Grand Rapids: Eerdmans, 1983), p. 47.

[21]Blocher, *In the beginning*, p. 85.

com os desejos do senhor. Ao final do período de mordomia, o mordomo tinha de prestar contas sobre a maneira como havia administrado em nome do seu senhor. A humanidade foi chamada a exercer exatamente esse tipo de mordomia sobre o restante da criação de Deus, embora não com a ausência de Deus, mas sim em constante comunhão com ele.

O que fica claro em todos esses elementos da imagem de Deus é que o âmago da existência humana é religioso. A vida humana depende de Deus e está voltada para ele. Os seres humanos foram criados para responder a Deus, adorando-o, conhecendo-o, amando-o, desfrutando-o, agradecendo-lhe e obedecendo-lhe. Na condição de imagem dele, estão inextricavelmente ligados a ele. As opções disponíveis para nós são procurar viver nossa verdadeira natureza em íntima relação e comunhão com ele, ou então tentar dificultar o relacionamento que ele pretende. Não existe algo como vida humana sem Deus; toda a vida humana é em resposta a ele — isto é, ou em comunhão com ele, ou em rebelião contra ele.

A vida humana não é somente religiosa; também é comunitária. Entre as declarações repetitivas e afirmativas sobre a virtude da criação ouvimos as surpreendentes palavras: "Não é bom que o homem esteja só; eu lhe farei uma ajudadora que lhe seja adequada" (Gn 2.18). Os seres humanos não foram feitos para viver vidas solitárias: "Desde o início, o ser humano é [...] um ser comunitário; a vida humana alcança sua plena realização apenas em comunidade".[22] Já em Gênesis 1 há um indício dessa dimensão comunitária quando o autor afirma: "E Deus criou o homem à sua imagem; à imagem de Deus o criou; homem e mulher os criou" (Gn 1.27). A vida verdadeiramente humana é vivida em relacionamento não somente com Deus, mas também com outros seres humanos.

A tarefa da humanidade: o mandato da criação

Depois de criar a humanidade à sua própria imagem, Deus a abençoa e afirma: "Frutificai e multiplicai-vos; enchei a terra e sujeitai-a; dominai..." (Gn 1.28). Aqui recebemos nosso chamado humano com a palavra abençoadora de Deus: dominem e subjuguem a criação.[23] Com essas palavras começa a história.

---

[22]Blocher, *In the beginning*, p. 96.
[23]Para uma interpretação dessas palavras como bênção, veja Clarence Joldersma, posfácio de *Educating for life: reflections on Christian teaching and learning*, de Nicholas Wolterstorff, organização de Gloria Goris Stronks; Clarence W. Joldersma (Grand Rapids: Baker Academic, 2002), p. 296; John Stek, "What says the Scripture?", in: Howard J. Van Till et al., *Portraits of creation: biblical and scientific perspectives on the world's formation* (Grand Rapids: Eerdmans, 1990), p. 251.

A narração de Gênesis 1 se desenvolve em três fases. A primeira etapa ocorre nos dois primeiros versículos. Aqui Deus chama a criação à existência e aprendemos três coisas a respeito dela: é escura, sem forma e vazia. A segunda etapa conclui essa obra: as trevas cedem à luz (dia um), a informidade é estruturada em céu, terra e mares (dias dois e três), e o vazio dá lugar a uma plenitude de criaturas vivas (dias quatro a seis). Quando, por fim, e como ápice de sua ação criadora, Deus cria a humanidade e a chama para dominar e sujeitar a criação, ele explicitamente lhe ordena que realize a obra dele próprio de desenvolver a criação. Agora homens e mulheres continuarão a formar e a encher o mundo que Deus criou, em obediência ao seu chamado, assumindo as tarefas de desenvolver a sociedade e a cultura. Podemos nos referir a esse período durante o qual a humanidade participa da obra de Deus como a terceira etapa da criação.

Na segunda etapa, mediante sua própria obra criadora de formar e encher, Deus carimbou sua glória na criação. Agora, na terceira etapa, Deus cria uma criatura como ele próprio para que continue essa obra. Deus faz, por assim dizer, um "carimbo" finito e criado de si mesmo, para que continue a marcar mais a sua glória na criação à medida que ela é desenvolvida. Toda a tarefa cultural e social da humanidade é revelar a glória de Deus latente nas potencialidades da criação.

Alguns entenderam o chamado para dominar e subjugar a terra como uma licença para a tirania e culparam exatamente esse texto pela catástrofe ecológica que enfrentamos hoje no mundo.[24] Mas, em vez disso, Gênesis 1 nos apresenta uma descrição de cuidado administrativo, um domínio amoroso que tem em sua essência a motivação de serviço: "O SENHOR Deus tomou o homem e o colocou no jardim do Éden, para trabalhá-lo e cuidar dele" (Gn 2.15, TNIV). Essas duas palavras — "trabalhar" e "cuidar" — resumem o prazeroso chamado que os seres humanos receberam. Devemos trabalhar, descobrir e desenvolver o potencial da criação, estabelecer relacionamentos e instituições humanas, produzir ferramentas e erigir construções e tudo isso se reverte em civilização humana. Mas, como agora (no século 21) vivemos em um mundo em que o desenvolvimento avançou de uma tal forma que põe em perigo toda a criação não humana, precisamos enfatizar fortemente a segunda palavra da incumbência que Deus nos deu: cuidar. À medida que desenvolvemos a criação de Deus, devemos protegê-la e cuidar dela. Jonathan Chaplin se expressa da seguinte maneira: "Podemos prensar as uvas para fazer vinho, mas não poluir a vinha. Podemos desenvolver tecnologia sofisticada, mas não em detrimento de

---

[24]Lynn White, "The historical roots of our ecologic crisis", *Science* 155 (1967): 1203-7.

trabalho humano recompensador. Somos livres para comer de todas as árvores do jardim, mas não para pulverizá-las com produtos químicos destrutivos com vista ao lucro rápido".[25]

Deus é um Pai amoroso que enche a criação com boas dádivas que aguardam ser desfrutadas e descobertas. Nossa tarefa é uma tarefa agradável que abre caminho para uma vida rica e abundante. A criação de Deus é "prova da mão cuidadora que o Criador estende para assegurar o bem-estar de suas criaturas, é prova de um Pai que presenteia seus filhos com um universo cheio de bênçãos".[26] Nossa resposta ao receber essa criação como dádiva deve ser uma resposta de amor, gratidão e alegria.

O shalom *original*

Para descrever a aguardada restauração da criação, os profetas hebreus usavam uma palavra que pode ser legitimamente empregada aqui para descrever a criação original: *shalom*. Com frequência essa palavra é traduzida simplesmente como "paz", mas significa muito mais do que a mera ausência de hostilidade. *Shalom* descreve a criação tal como era para ser, uma vida de florescimento e prosperidade em que nossos relacionamentos com Deus, uns com os outros e com a criação não humana são pujantes e cheios de vigor.[27] Um mundo de *shalom* se caracteriza pela justiça, pelo amor, pela gratidão e pela alegria:

> O entrelaçamento de Deus, dos seres humanos e de toda a criação em justiça, realização e alegria é o que os profetas hebreus chamavam *shalom* [...] Na Bíblia *shalom* significa *florescimento, completude e satisfação universais* — um agradável estado de coisas em que as necessidades naturais são satisfeitas e as dádivas naturais são usadas proveitosamente, um estado de coisas que inspira uma admiração jubilosa quando seu Criador e Salvador abre as portas e recebe as

---

[25]Jonathan Chaplin et al., "An introduction to a Christian worldview" (material didático não publicado, Open Christian College, 1986), p. 53.

[26]Spykman, *Reformational theology*, p. 178.

[27]Nicholas Wolterstorff destaca esse aspecto de *shalom*: "*Shalom* incorpora *satisfação* em nossos relacionamentos. Permanecer em *shalom* é encontrar satisfação em viver corretamente diante de Deus, é encontrar satisfação em viver corretamente no meio físico que nos cerca, é encontrar satisfação em viver corretamente com os outros seres humanos e é encontrar satisfação até mesmo em viver corretamente com nós mesmos" (*Educating for shalom: essays on Christian higher education* [Grand Rapids: Eerdmans, 2004], p. 23).

criaturas em quem se compraz. Em outras palavras, *shalom* é a maneira como as coisas deveriam ser [...] Em um estado de *shalom* cada entidade teria sua própria integridade ou completude integrada, e cada uma também possuiria muitas relações edificantes com outras entidades.[28]

Shalom é a intenção de Deus para a criação. Como Pai amoroso ele quer isso, e somente isso, para sua criação.

O pecado: a corrupção da boa criação

Traição no jardim e as suas consequências

O ato inicial do drama das Escrituras nos mostra uma criação muito boa. Tudo é como deveria ser. Porém, o segundo ato apresenta a trágica narrativa da rebelião humana, em que o *shalom* de Deus é intencionalmente danificado.[29] Depois de o pecado entrar no mundo, de repente tudo não é mais como se esperava que fosse.

Em Gênesis 2, Deus coloca Adão e Eva em um jardim, onde tudo o que podiam desejar é oferecido de bom grado a eles, mas a "árvore do conhecimento do bem e do mal" é proibida. Por que Deus dá esse mandamento? A árvore está ali para lembrá-los de sua condição de criaturas. Adão e Eva continuariam a desfrutar a plenitude da criação de Deus somente se continuassem a se submeter a Deus, a confiar em sua palavra e a obedecê-la. O comando concentra a atenção no senhorio absoluto de Deus; Adão e Eva precisam aprender a obedecer por nenhuma outra razão senão pelo fato de que Deus assim o diz. A obediência contínua deles é para ajudá-los a entender seu lugar como filhos obedientes, como criaturas submissas, como imagem de Deus — um privilégio ímpar entre as criaturas de Deus, mas ainda assim criaturas.

Deus permite que Satanás ofereça a Adão e Eva outra promessa para dirigir sua vida. Satanás gera dúvidas quanto à bondade de Deus ("Foi assim que Deus disse...?"), suscita incredulidade ("Com certeza não morrereis...") e instiga a imaginação com uma visão alternativa e ilusória ("vossos olhos se abrirão, e sereis como

---

[28]Cornelius Plantinga Jr., *Not the way it's supposed to be: a breviary of sin* (Grand Rapids: Eerdmans, 1995), p. 10 [edição em português: *Não era para ser assim: um resumo da dinâmica e natureza do pecado*, tradução de Wadislau Martins Gomes (São Paulo: Cultura Cristã, 1998)].

[29]Plantinga, *Not the way it's supposed to be*, p. 7.

Deus..."). Ao escolherem viver de acordo com as palavras de Satanás e rejeitar as palavras de Deus, Adão e Eva cometem um ato de traição e desobediência contra seu Criador. Nessa decisão, "o homem abandonou a relação de dependência. Ele se recusou a obedecer e desejou se tornar independente. A obediência não é mais o princípio orientador de sua vida, mas seu conhecimento e vontade autônomos. Com isso, na prática ele deixa de se compreender como criatura".[30]

Toda a vida humana é afetada. Já nesses primeiros poucos capítulos da narrativa bíblica o pecado aumenta em um "sinistro crescendo", ecoando em cada parte da vida humana.[31] De acordo com Gênesis, Adão e Eva se separam de Deus (3.8,23,24). A relação de um com o outro se torna uma relação de domínio egoísta em vez de amor abnegado (3.16).[32] O trabalho é dificultado pelos efeitos do pecado (3.17). O fratricídio faz sua entrada repulsiva, destroçando uma família (4.8). A poligamia deturpa o que era pretendido para o casamento (4.19). A metalurgia tem início (4.22), mas em pouco tempo passa a ser usada a serviço da guerra. A perversão da literatura e da poesia fica evidente quando Lameque cria um belo poema, mas o usa para celebrar assassinato e retaliação (4.23). A perversidade humana se torna tão imensa que Deus se arrepende de criar os seres humanos e promete limpar a terra, removendo-os dali (6.5-7). Mas o dilúvio não remove o odor fétido do pecado; cada inclinação do coração humano permanece má (8.21; veja 6.5). Toda a lamentável desordem culmina na torre de Babel, onde podemos ver como o pecado deturpou a comunicação, a arquitetura, a urbanização e a religião. O propósito de Gênesis 3—11 é em parte mostrar como o mundo se tornou tão rapidamente sombrio como resultado do pecado de Adão e Eva.

Contra ti, contra ti somente pequei

Temos uma tendência de minimizar a gravidade, o alcance e o poder do pecado, com frequência reduzindo-o a uma questão de mera desobediência individual.

---

[30] Gerhard von Rad, *Genesis: a commentary*, tradução para o inglês de John H. Marks (Philadelphia: Westminster, 1961), p. 78.

[31] Plantinga, *Not the way it's supposed to be*, p. 30.

[32] Bruce Waltke observa: "Como resultado da Queda e do juízo de Deus sobre eles, a mulher deseja controlar o marido, e ele procura dominá-la (Gn 3.16b)", ("The role of women in worship in the Old Testament", disponível em: http://www.ldolphin.org/waltke.html, acesso em: 14 fev. 2008]). Veja tb. Susan T. Foh, "What is the woman's desire?", *Westminster Theological Journal* 37 (1975): 374-83; ibidem, *Women and the Word of God: a response to biblical feminism* (Phillipsburg: Presbyterian & Reformed, 1979), p. 68-9.

Mas o pecado é mais do que isso; é "um inimigo extremamente perverso e mortal, uma força colérica e persistente, que certamente precisa ser *conhecido* para poder ser *vencido*".[33] Quando reconhecemos como a criação está permeada da presença de Deus, imediatamente percebemos que primordialmente o pecado é contra Deus. Davi confessa isso de modo sucinto: "Pequei contra ti, e contra ti somente, e fiz o que é mau diante dos teus olhos" (Sl 51.4). A humanidade foi criada de tal maneira que a totalidade de nossa existência como criaturas está centrada em Deus e voltada para ele. Quando homens e mulheres estão afastados de Deus, não deixam de ser religiosos; em vez disso, colocam sua lealdade religiosa em outro lugar, em algum aspecto da criação. Segundo Paulo, "substituíram a verdade de Deus pela mentira e adoraram e serviram à criatura em lugar do Criador" (Rm 1.25). Chaplin acrescenta: "Se os seres humanos são irremediavelmente religiosos, sempre impulsionados a buscar um objeto de adoração, a Queda não pode ser caracterizada apenas como revolta *contra* o legítimo Senhor: precisa ser descrita também como *substituição de lealdade religiosa*".[34] Se rejeitam a Deus, os seres humanos encontrarão outra coisa como centro de suas vidas, e esse novo centro é o que a Bíblia chama de ídolo.

A estreita ligação entre idolatria e adultério nas Escrituras nos ajuda a ver a natureza religiosa e relacional do pecado. O marido tem direito à fidelidade exclusiva da esposa, e a esposa, à do marido. O casamento é um relacionamento exclusivo que não admite terceiros. O pecado é retratado nas Escrituras como adultério religioso: uma terceira parte (algum ídolo) se insinuou naquele relacionamento exclusivo e o adulterou.[35] O pecado é religioso e relacional: é contra Deus.

Dito de outra forma, o pecado é a revolta de filhos contra um Pai amoroso que criou o mundo para que eles o desfrutassem e nele se alegrassem. Em sua profunda bondade e generosidade, Deus criou seus filhos com um lugar exaltado na criação, com o chamado primoroso para viverem em comunhão afetuosa com ele, explorando a criação, cuidando dela, alegrando-se com ela e a desenvolvendo. O pecado é a recusa ingrata em reconhecer o amor e a bondade de Deus. É a afirmação arrogante de que sabemos o que é melhor para nós.

---

[33]G. C. Berkouwer, *Sin*, tradução para o inglês de Philip C. Holtrop, Studies in Dogmatics (Grand Rapids: Eerdmans, 1971), p. 235; veja tb. p. 235-322 [edição em português: *Doutrina bíblica do pecado*, 2. ed., tradução de J. J. Orange (São Paulo: ASTE, 2015); veja tb. Plantinga, *Not the way it's supposed to be*.

[34]Chaplin et al., "An introduction to a Christian worldview", p. 64.

[35]Veja Jeremias 3 e o livro de Oseias.

É traição não contra uma autoridade legítima porém distante, mas, sim, contra um Pai amoroso, generoso e sempre presente. É a vida que se afastou da intenção amorosa de Deus.

E você receberá o castigo de sua idolatria

Embora o pecado seja primordialmente uma ofensa contra Deus, também é uma ofensa contra a criação, contra a vida humana, o *shalom*, a saúde, a prosperidade, a completude e o desenvolvimento humano. Jeremias registra as palavras do Senhor sobre o Israel idólatra: "Por acaso é a mim que eles provocam?, diz o SENHOR; não é a si mesmos, para sua própria vergonha?" (Jr 7.19). Brian Walsh e Richard Middleton comentam que a "desobediência vai contra o caráter da própria criação. O pecado é rebelião tanto contra a estrutura quanto contra o Estruturador da realidade. Essa rebelião é inevitavelmente contraproducente e conduz à autodestruição".[36]

A noção da aliança, tão central na narrativa bíblica, nos ajuda a entender como o pecado pode levar vidas e relacionamentos a se desintegrarem. Moisés enuncia essa estrutura pactual quando Israel está prestes a entrar na Terra Prometida:

> Vejam que hoje ponho diante de vocês vida e prosperidade, ou morte e destruição. Pois hoje lhes ordeno que amem o Senhor, o seu Deus, andem nos seus caminhos e guardem os seus mandamentos, decretos e ordenanças; então vocês terão vida e aumentarão em número, e o Senhor, o seu Deus, os abençoará na terra em que vocês estão entrando para dela tomar posse. Se, todavia, o seu coração se desviar e vocês não forem obedientes, e se deixarem levar, prostrando-se diante de outros deuses para adorá-los, eu hoje lhes declaro que sem dúvida vocês serão destruídos [...] coloquei diante de vocês a vida e a morte, a bênção e a maldição (Dt 30.15-19, NVI).

Conforme o diagrama deixa claro (veja figura 2), Deus nos dá sua palavra. Se respondermos a ele com confiança e obediência, experimentaremos vida, prosperidade e bênção. Porém, se respondermos com incredulidade e desobediência, enfrentaremos morte, destruição e a maldição de Deus.

---

[36]Brian J. Walsh; J. Richard Middleton, *The transforming vision: shaping a Christian world view* (Downers Grove: InterVarsity, 1984), p. 67 [edição em português: *A visão transformadora: moldando uma cosmovisão cristã*, tradução de Valdeci Santos (São Paulo: Cultura Cristã, 2010)].

Figura 2: Estrutura pactual

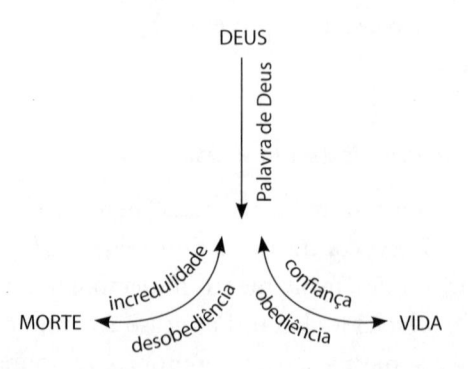

```
              DEUS
               │
               │ Palavra de Deus
               ▼
        incredulidade  confiança
MORTE ◄─ desobediência  obediência ─► VIDA
```

O pecado é um poder "sedutor [...] condenador, uma força ativa, dinâmica e destrutiva".[37] A descrição que Paulo faz do pecado em Romanos 7 é notável: é um poder pessoal em ação na vida humana, um poder que aproveita oportunidades, salta à vida, engana, guerreia, escraviza e produz morte. Ele redireciona nossa lealdade a Deus para algum ídolo, busca nossa destruição, esconde de nós sua terrível natureza à medida que nos atrai para nossa morte e corrompe e deforma a boa criação de Deus.[38] "O pecado é um poder que busca dominar e destruir tudo e todos".[39]

A relação do pecado com a criação

Como, então, devemos entender a relação do pecado com a criação? Comecemos considerando que a relação do pecado com a boa criação de Deus é parecida com a de um parasita com seu hospedeiro.[40] Um parasita é um organismo que vive à custa do sangue de outro, "um visitante não convidado que, para sua subsistência, fica sugando seu hospedeiro".[41] O pecado sobrevive alimentando-se

---

[37]Berkouwer, *Sin*, p. 235, 240, 259.

[38]Plantinga expõe três lados do pecado em seu poder corrompedor: o pecado perverte ou distorce a criação para servir a uma finalidade indigna; o pecado polui e contamina a criação; o pecado traz desintegração e deterioração.

[39]Berkouwer, *Sin*, p. 262. Ele apresenta um resumo da análise de Bavinck em *Gereformeerde dogmatiek*, vol. 3, p. 125 [edição em português: *Dogmática reformada*, tradução de Vagner Barbosa (São Paulo: Cultura Cristã, 2012), 4 vols.].

[40]Há uma longa história, que remonta a Agostinho, de reflexão sobre o pecado no que diz respeito a *privatio*. Agostinho afirmou que o mal "não tem existência alguma senão como privação do bem" (*Confissões* 3.7.12). Veja a análise em Berkouwer, *Sin*, p. 256-67.

[41]Plantinga, *Not the way it's supposed to be*, p. 89.

da boa criação de Deus. Ele se prende à criação enquanto a desfigura, deforma, desorganiza e corrompe. Ele usa a própria estrutura e mecanismo da criação para alcançar seus propósitos malévolos. Nas palavras de C. S. Lewis, "a bondade existe, por assim dizer, por si só: a ruindade não passa de bondade arruinada. E primeiro precisa haver algo bom para, então, poder ser arruinado".[42] Herman Bavinck afirma que o pecado "não é nada e não pode fazer nada sem as criaturas e as capacidades que Deus criou; no entanto, o pecado organiza tudo isso em aberta rebelião contra ele. O pecado não destrói a criação: o mundo da cultura humana continua sendo [...] parte da boa criação de Deus, mas o pecado corrompe e polui".[43] Wolters fala do pecado como um poder que desorienta cada parte da boa criação de Deus.[44] Assim, por exemplo, o pecado não destrói a dimensão econômica da criação; ele a corrompe, fazendo com que as pessoas deixem de ser boas administradoras para ser egoístas e gananciosas. O pecado não destrói o poder de comunicação dos meios de informação; ele os usa para comunicar uma visão falsa do mundo. O pecado não destrói a sexualidade; ele encaminha de maneira imprópria o desejo sexual em direções erradas. Assim, em cada caso, precisamos fazer distinção entre o bom propósito criacional em cada coisa criada e o em que essa coisa se tornou como resultado da força deformadora e corrompedora do pecado.

O alcance do pecado

O pecado contamina e desfigura cada milímetro da criação. Ele macula seres humanos em sua vida pessoal, em suas emoções, raciocínio e palavras; grande parte da Bíblia faz duras críticas à ausência de moralidade pessoal — mentira, roubo, adultério, lamúria, lascívia, ganância e assim por diante. No entanto, o pecado não é somente pessoal; ele também se manifesta comunitariamente. Uma vez que os seres humanos vivem em comunidade, podem dar a ídolos sua lealdade coletiva. Desde a queda da humanidade, o centro de cada cultura se encontra em alguma forma de idolatria comunitária que molda todos os aspectos da vida social e cultural e os organiza em rebelião contra Deus.

---

[42]C. S. Lewis, *Mere Christianity* (New York: Macmillan, 1952), p. 49 [edição em português: *Cristianismo puro e simples*, tradução de Álvaro Oppermann; Marcelo Brandão Cipolla (São Paulo: WMF Martins Fontes, 2009)].
[43]Herman Bavinck, *Gereformeerde dogmatiek*, vol. 3, p. 126, citado em Berkouwer, *Sin*, p. 262.
[44]Wolters, *Creation regained*, p. 53-68.

No livro *Aid for the overdeveloped West* [Ajuda para o Ocidente superdesenvolvido], Bob Goudzwaard se refere a "três regras bíblicas básicas": (1) "cada pessoa serve em sua vida a um ou mais deuses"; (2) "cada pessoa é transformada à imagem de seu deus"; (3) junta, "a humanidade cria e forma uma estrutura de sociedade à sua própria imagem".[45] E ele segue desenvolvendo essa ideia: "No desenvolvimento da civilização humana, o homem forma, cria e altera a estrutura de sua sociedade e, ao fazê-lo, expressa em sua obra a intenção de seu coração. Ele dá à estrutura daquela sociedade *algo de sua própria imagem e semelhança*. Nela ele revela algo do próprio estilo de vida, de seu *deus*".[46]

Por fim, o pecado alcança e deforma não só a vida humana, mas também a criação não humana. O apóstolo Paulo explica isso da seguinte maneira: "Porque a criação ficou sujeita à inutilidade, não por sua vontade, mas por causa daquele que a sujeitou [...] Pois sabemos que toda a criação geme e agoniza até agora, como se sofresse dores de parto" (Rm 8.20,22). Não é somente a vida da humanidade que é desagradável, rude e breve; toda a criação não humana partilha disso. De uma maneira pungente nossa crise ambiental deixa isso bem claro. Acerca de questões ambientais tem-se publicado uma enorme quantidade de dados que apontam para a destruição da camada de ozônio, o aquecimento global, a chuva ácida, a perda da diversidade biológica, a contaminação do ar, da água e do solo por resíduos químicos tóxicos, o desmatamento e muito mais. A boa criação de Deus verdadeiramente geme sob o peso do nosso pecado.

Emitindo três notas de esperança

Antes de deixarmos para trás o tema do pecado e concluirmos este capítulo, há três observações esperançosas a serem feitas. A primeira é que o pecado não pertence à criação de Deus; ele é acidental. Com certeza, o pecado manchou o tecido do qual a criação é constituída, mas essa mancha pode ser removida, e o próprio Deus assumiu o propósito de removê-la. A segunda observação esperançosa é que, mesmo antes de Deus alcançar a restauração final da criação, ele não permite que o pecado siga até o fim de seu caminho destruidor. Ele permanece fiel e continua restringindo os efeitos devastadores do pecado. Cônjuges ainda se amam, pais ainda educam os filhos com amor, autoridades políticas ainda se empenham por algum grau de justiça, a arte ainda reflete

---

[45] Bob Goudzwaard, *Aid for the overdeveloped West* (Toronto: Wedge, 1975), p. 14.
[46] Goudzwaard, *Aid for the overdeveloped West*, p. 15.

algo do *shalom* da boa criação de Deus. A honestidade, a amizade, o amor e a alegria ainda podem ser encontrados no mundo de Deus. Alguns teólogos dão a essas provas da influência restringente de Deus sobre o pecado o nome de "graça comum".[47] Deus não abandona a obra de suas mãos; algo da bondade original da criação ainda pode ser visto.

E nossa terceira e última observação é que, por maior e mais mortal que o poder do pecado seja, ele é completamente sobrepujado por um poder maior: o poder vivificador do evangelho. As "boas-novas" não são apenas uma mensagem teológica a ser entendida, mas "o poder de Deus para a salvação", poder em que se deve crer e que deve ser experimentado (Rm 1.16; 1Co 1.18; 2.4,5). Em última análise, o pecado não tem chance alguma contra Deus. Para o mundo de Deus despedaçado, estas realmente são boas-novas!

---

[47]G. C. Berkouwer escreve: "A vida nesta terra ainda não revela as consequências plenas do pecado. Calvino fala de "graça comum" e, quanto a isso, analisa virtudes que se veem também na vida de incrédulos. Ele não quis atribuir esses fenômenos a um resto de bondade na natureza como se a apostasia contra Deus não fosse tão séria, mas, em vez disso, discerniu aqui o poder de Deus na revelação e na graça que preserva a vida da destruição total" ("General and special divine revelation", in: Carl F. H. Henry, org., *Revelation and the Bible* [Grand Rapids: Baker Academic, 1959], p. 20-1).

4

Uma cosmovisão bíblica

Restauração

Qual foi a reação de Deus diante da rebelião pecaminosa de Adão e Eva? Deus se irou — e com razão! Agora sua boa criação caminhava rumo à destruição por causa da atitude tola e rebelde daqueles que ele amorosamente havia criado para desfrutar a vida com ele. Se desconsiderarmos a ira de Deus na narrativa bíblica, banalizamos tanto o pecado quanto o amor de Deus pela criação. Mas a ira não é a palavra final. Deus não dá as costas para seu mundo rebelde; ele o abraça com amor. Um amor pactual inabalável leva Deus a agir com altruísmo, sacrifício e autoentrega. Movido por esse amor, Deus promete esmagar todos os poderes malignos que Adão e Eva desprenderam. E, à medida que a narrativa continua, Deus ama o mundo de tal maneira que, por fim, dá por ele o seu próprio Filho.

Salvação como a narrativa de uma restauração abrangente da criação

Uma cosmovisão bíblica tem de observar três características da obra salvífica de Deus. Em primeiro lugar, a salvação é progressiva: a obra redentora de Deus inicia pouco depois do alvorecer da história humana, e ainda não chegamos ao pôr do sol. Em segundo lugar, a salvação é restauradora: o objetivo da obra salvífica de Deus é retomar sua criação perdida, fazendo com que ela volte a ser conforme o plano original. Em terceiro lugar, a salvação é abrangente: a totalidade da vida humana e a totalidade da criação não humana são objeto da obra restauradora de Deus. Ele pretende retomar nada menos que o mundo inteiro como seu reino. Em linguagem simples, a salvação é a restauração de toda a boa criação de Deus.

A redenção é progressiva

Deus poderia ter estalado os dedos e curado instantaneamente a criação, mas não o fez. Em vez disso, partiu em uma longa jornada de redenção, uma jornada que prossegue até o dia de hoje. Em nosso livro *The drama of Scripture* [O drama das Escrituras] acompanhamos a jornada redentora dessa narrativa, dividindo-a em quatro atos: Israel, Jesus, a igreja e a nova criação.[1]

A revelação progressiva da narrativa bíblica é uma história de redenção que tem como pano de fundo a criação e o pecado. Essa história poderia ser descrita em termos de missão: a missão de Deus, a missão de Israel, a missão de Jesus e a missão da igreja. Christopher Wright expressou isso sucintamente: "A Bíblia apresenta a história da missão de Deus, por meio do povo de Deus, no envolvimento deste com o mundo de Deus e em prol de toda a criação de Deus".[2] A missão de Deus é o seu propósito ou objetivo de longo prazo de restaurar os povos de todas as nações, toda a vida social e cultural e toda a criação não humana do estrago causado pelo pecado. Ela se desenvolve progressivamente mediante a obra de Deus na vida de Israel e na pessoa e obra de Jesus Cristo e hoje continua na missão da igreja.

A redenção é restauradora

A história bíblica da redenção diz respeito à restauração e à cura da boa criação de Deus. A fim de entender bem esse conceito bíblico, é instrutivo compará-lo com o conceito do filósofo grego Platão, cujas crenças, embora baseadas em uma cosmovisão totalmente pagã, com frequência têm sido adotadas pelos cristãos. (Examinaremos mais profundamente no próximo capítulo a longa história da poderosa influência de Platão no pensamento cristão.) No pensamento de Platão, a salvação é:

- vertical (nosso destino está lá em cima no céu);
- extramundana (nossas almas são salvas para outro mundo espiritual);
- uma fuga (somos salvos não como parte deste mundo, mas sim deste mundo).

---

[1] Para um sumário dessa narrativa com sete páginas, veja Craig Bartholomew; Michael Goheen, "The story-line of the Bible", disponível em: http://www.biblicaltheology.ca/blue_files/The%20Story-Line% 20of%20the%20Bible.pdf, acesso em: 14 fev. 2008.

[2] Christopher J. H. Wright, *The mission of God: unlocking the Bible's grand narrative* (Downers Grove: InterVarsity, 2006), p. 23 [edição em português: *A missão de Deus: desvendando a grande narrativa da Bíblia*, tradução de Daniel Hubert Kroker; Thomas de Lima (São Paulo: Vida Nova, 2014)].

Contudo, uma cosmovisão autenticamente cristã contradiz a ideia platônica em cada um desses pontos, visto que biblicamente o objetivo da salvação é:

- horizontal (aguardamos na história a restauração da criação);
- deste mundo (a criação deve ser restaurada);
- parte integrante do plano definitivo de Deus para este mundo (nenhuma fuga é necessária).

O argumento de que a salvação é a restauração da criação pode ser assim resumido:[3]

- A criação é muito boa, conforme Deus pretendia. Segundo Albert Wolters, "Deus não cria lixo e não joga no lixo o que criou".[4]
- Os seres humanos são criados para viver no contexto da criação. Somos feitos para viver não como espíritos em algum mundo etéreo, mas sim como pessoas encarnadas neste mundo.
- A materialidade da criação não é o que está errado com ela; o problema é o pecado. A obra redentora de Deus é remover o pecado que infectou a criação.
- No Antigo Testamento (e em especial nas promessas proféticas) o reino futuro é descrito como uma vida restaurada dentro de uma nova criação.
- Jesus anuncia o evangelho do reino. Nenhum judeu absorto no Antigo Testamento (como era o caso do próprio Jesus) jamais conceberia o reino como algo "celestial" ou "espiritual"; era Deus agindo com poder e amor para derrotar o pecado, a morte e Satanás e restaurar sua criação.
- A ressurreição de Jesus é uma antecipação daquilo que podemos esperar para nós mesmos. Depois de sua morte, Jesus vai estar com o Pai (veja Lc 23.43), mas na ressurreição ele volta como primeiros frutos daquilo que

---

[3] Veja Michael W. Goheen, "(Re)new(ed) heavens and earth: the end of the story", disponível em: http://www.biblicaltheology.ca/blue_files/(Re)New(ed)%20Creation-The%20End%20of%20 the%20Story.pdf, acesso em: 14 fev. 2008; J. Richard Middleton, "A new heaven and a new earth: the case for a holistic reading of the biblical story of redemption", *Journal for Christian Theological Research* 11 (2006): 73-97 [também disponível em: http://www.luthersem.edu/ctrf/JCTR/ Vol11/ Middleton_vol11.pdf]; Michael Williams, "A restorational alternative to Augustinian verticalist eschatology", *Pro Rege* 20, n. 4 (June, 1992): 11-24.

[4] Albert M. Wolters, *Creation regained: biblical basics for a reformational worldview*, 2. ed. (Grand Rapids: Eerdmans, 2005), p. 49 [edição em português: *A criação restaurada: base bíblica para uma cosmovisão reformada*, tradução de Denise Pereira Ribeiro Meister (São Paulo: Cultura Cristã, 2006)].

está a caminho. Nós também estaremos com o Senhor por ocasião da morte, mas no último dia seremos ressuscitados em corpo.
- As imagens bíblicas de redenção, restauração e renovação, todas elas apontam para a boa criação voltando a ser conforme o plano original.
- O objetivo de Satanás desde o princípio tinha sido arruinar e destruir o mundo de Deus. Uma destruição final da criação significaria uma poderosa vitória de Satanás — uma vitória que Deus não tem intenção alguma de permitir.
- A salvação diz respeito à continuidade entre a criação original e uma criação restaurada.

Existem, contudo, ainda outros dois pontos dos quais precisamos estar cientes. Em primeiro lugar, a restauração não significa um retorno ao estado não desenvolvido da criação, como era no Éden. Wolters fala de restauração e não de "repristinação", o que "implicaria o retorno *cultural* ao jardim do Éden, um retorno que faria o relógio da história voltar para trás. Tal movimento seria historicamente reacionário ou retrocessivo".[5] Pelo contrário, a restauração inclui a restauração de toda a criação, que abrange o desenvolvimento histórico e cultural que tem ocorrido desde o início da história. Em segundo lugar, embora a continuidade seja o tema fundamental da salvação, existe sim um elemento de descontinuidade entre a criação original e sua restauração. Richard Middleton comenta: "Podemos pensar no contraste de Paulo em 1Coríntios 15 entre o corpo mortal atual e o corpo da ressurreição, um contraste análogo com a diferença entre uma semente e a planta totalmente crescida. Da mesma forma, o Jesus ressuscitado é retratado nos Evangelhos como sendo capaz de atravessar paredes e talvez se materializar conforme desejar. No entanto, o Jesus ressuscitado ainda é reconhecidamente a mesma pessoa e até mesmo se alimenta de peixe com seus discípulos na praia — o que sugere uma continuidade fundamental entre criação e redenção".[6]

A redenção é abrangente

As Escrituras são claras quando afirmam que a redenção não diz respeito só a pessoas isoladas ou mesmo apenas à sua alma. Pedro interpreta a mensagem

---

[5] Wolters, *Creation regained*, p. 77.
[6] Middleton, "A new heaven and a new earth", p. 75-6.

dos profetas na perspectiva de uma restauração abrangente: "É necessário que o céu o [Jesus] receba até o tempo da restauração de todas as coisas, sobre as quais Deus falou pela boca dos seus santos profetas" (At 3.21). O próprio Deus anuncia no final da narrativa bíblica: "Eu faço novas todas as coisas" (Ap 21.5). Também Paulo é bem claro sobre esse ponto:

> E fez com que conhecêssemos o mistério da sua vontade [...] de fazer convergir em Cristo todas as coisas, tanto as que estão no céu como as que estão na terra (Ef 1.9,10).

> Porque foi da vontade de Deus que nele [Cristo] habitasse toda a plenitude e, havendo feito a paz pelo sangue da sua cruz, por meio dele reconciliasse consigo mesmo todas as coisas, tanto as que estão na terra como as que estão no céu (Cl 1.19,20).

A restauração de Deus alcança a totalidade da vida humana, mas também se estende à criação não humana. Na ilustração de Paulo, a criação não humana está gemendo com a expectativa da restauração, ansiando pelo tempo quando acontecerá a libertação final do povo de Deus, pois então ela também será libertada da escravidão ao pecado. A natureza não terá mais "dentes e garras escorrendo sangue", mas em vez disso leões e cordeiros se deitando lado a lado. Nas encantadoras palavras da canção natalina "Joy to the world" [Alegria para o mundo], a salvação se estenderá "até onde houver maldição".[7]

A revelação progressiva da restauração abrangente feita por Deus

A missão do Israel do Antigo Testamento era encarnar uma restauração abrangente

Israel foi escolhido por Deus para ser luz para as nações, ser um povo cuja vida comunitária de *shalom* apontaria para a intenção original de Deus para todas as pessoas. Assim, Deus procurou ordenar a totalidade da vida dos israelitas em seu contexto histórico e cultural específico de acordo com o seu propósito na

---

[7]Veja o excelente livro de Michael Williams, *As far as the curse is found: the covenant story of redemption* (Phillipsburg: Presbyterian & Reformed, 2005).

criação. Vemos isso em pelo menos três lugares: (1) na Torá, (2) na literatura sapiencial e (3) na profecia.

A Lei ou Torá ("instrução") do Antigo Testamento abrange todas as esferas da vida humana, desde a adoração, passando pelos relacionamentos humanos até o tratamento dispensado aos animais. Esse padrão de vida expresso nos primeiros livros do Antigo Testamento é uma contextualização histórica e cultural da ordem permanente na criação de Deus.[8] Nela temos um enfoque histórico concreto da maneira como o povo de Deus deve viver de acordo com a vontade divina em determinado tempo e lugar.

Na literatura de sabedoria veterotestamentária, os provérbios apontam o caminho para uma vida abundante no mundo de Deus em cada dimensão da experiência humana, abrangendo amizade, sexualidade, dinheiro e comunicação. Mas esse conselho vai além da vida privada: em Provérbios 8, a mulher Sabedoria clama em praça pública para que Israel ouça e endireite sua vida social, jurídica e política de acordo com o que é verdadeiro e justo no mundo de Deus.[9] Assim, a vida pública de Israel também deve se conformar ao padrão divino da criação, de modo que, como nação, Israel manifeste a justiça e a retidão de Deus perante as nações ao seu redor.

E, por fim, a plena amplitude do que será a vida criacional restaurada em Israel é ouvida nos estrondosos juízos dos profetas contra um povo cuja vida social, política e econômica deixou de corporificar as intenções de Deus para ele (p. ex., Am 5.7-15). Todos estes — a Lei, a sabedoria, os profetas — eram dádivas de Deus para Israel, eram os meios divinos de instruir os israelitas na maneira como deviam encarnar o seu propósito criacional.

Uma restauração abrangente é inaugurada com a revelação do reino de Deus feita por Jesus

O tema central da missão de Jesus é o seu anúncio das boas-novas e a inauguração do reino de Deus. As boas-novas são que Deus está agindo para derrotar toda oposição a seu *shalom*, para que reafirme seu domínio legítimo sobre toda a criação. Isso fica claro na vida, atos e palavras de Jesus, à medida que tornam conhecido o reino vindouro. Ele lança um ataque contundente contra o mal

---

[8] Veja Wolters, *Creation regained*, p. 40.
[9] Gerhard von Rad, *Wisdom in Israel*, tradução para o inglês de James D. Martin (Nashville: Abingdon, 1972), p. 159.

em todas as suas formas: dor, doença, possessão demoníaca, imoralidade, justiça própria desprovida de amor, privilégios das elites, relacionamentos humanos desfeitos, fome, pobreza e morte.[10] Os atos poderosos de Jesus demonstram que no reino que ele inaugura o mal será erradicado e a boa criação de Deus será totalmente restaurada e retomada.

A maioria das palavras e ações de Jesus diz respeito à vida humana, que Deus está restaurando em todas as suas dimensões ao seu *shalom* original. A salvação é a restauração de todos os aspectos da vida humana: religiosos, políticos, econômicos, sociais e físicos.[11] E, deste modo, seus atos poderosos ou milagres contemplam a totalidade da vida humana. Mas as obras de Jesus também apontam para a restauração da criação não humana. Colin Gunton assinala que os denominados milagres da natureza — por exemplo, o acalmar da tempestade (Mc 4.35-41) —, embora à primeira vista "pareçam não ter razão de ser", são na realidade sinais de que Deus está restaurando seu domínio amoroso sobre toda a criação não humana, "um restabelecimento ativo do domínio de Deus sobre uma criação escravizada pelo mal".[12]

Uma restauração abrangente é realizada na morte de Jesus e inaugurada na sua ressurreição

A morte de Jesus assinala a derrota de todo inimigo do domínio de Deus e também a restauração de toda a criação para voltar a viver sob aquele domínio. Há muitas imagens nas Escrituras que descrevem o que a morte de Cristo realiza. Uma imagem esclarecedora é aquela que John Driver chama imagem de "conflito-vitória-libertação", emprestada da vida militar.[13] A vitória é o ápice de um conflito feroz travado entre Deus e os poderes do mal pelo controle da criação. A cruz é onde acontece a batalha decisiva e a vitória é alcançada,

---

[10]David Bosch, *Transforming mission: paradigm shifts in theology of mission* (Maryknoll: Orbis, 1991), p. 33 [edição em português: *Missão transformadora: mudanças de paradigma na teologia da missão*, 3. ed., tradução de Geraldo Korndörfer; Luís Marcos Sander (São Leopoldo: Sinodal, 2009)].

[11]E. H. Scheffler sustenta que em Lucas a salvação tem seis dimensões: econômica, social, política, física, psicológica e espiritual ("Suffering in Luke's Gospel" [tese de doutorado, University of Pretoria, 1988], p. 57-108; citado em Bosch, *Transforming mission*, p. 117).

[12]Colin Gunton, *Christ and creation* (1992; reimpr., Eugene: Wipf & Stock, 2005), p. 17-8.

[13]John Driver, *Understanding the atonement for the mission of the church* (Scottdale: Herald, 1986), p. 71-86.

paradoxalmente, por meio de vergonha e humilhação. Essa vitória liberta a criação inteira e a vida da humanidade em sua totalidade dos poderes malignos que as escravizam (Jo 12.31-33; Cl 2.15; Ap 7.7-12).

Há uma tendência no movimento evangélico norte-americano de ver a cruz de Cristo de uma maneira bastante individualista e personalista: "Jesus morreu por mim". Nas palavras de Lesslie Newbigin, "privatizamos essa poderosa obra da graça e falamos como se todo o drama cósmico da salvação culminasse com as palavras 'por mim, por mim'".[14] Mas não podemos perder de vista o fato de que na crucificação Deus derrota os poderes que escravizam a vida cultural e social bem como a vida individual. Sem dúvida, é verdade que a morte de Jesus é por nós, mas essa é uma versão demasiadamente restrita da verdade. No drama bíblico, Jesus morre pelo mundo inteiro, por cada parte da vida humana, pela totalidade da criação não humana. A cruz é um acontecimento por meio do qual o curso da história cósmica é estabelecido.

A ressurreição de Jesus é o alvorecer da era vindoura em que Deus transformará todo o cosmo. Para os judeus do primeiro século "ressurreição" significava um acontecimento em grande escala que se daria no final da história e no qual Deus restauraria toda a criação, incluindo-se a vida corpórea da humanidade. Mas nenhum judeu do primeiro século esperava que um homem ressuscitasse no meio da história. Autores do Novo Testamento que refletem sobre o significado da ressurreição de Jesus nesse contexto judaico concluem que em Jesus teve início a vida do reino do final dos tempos. Ele é o princípio, o primogênito dentre os mortos, os primeiros frutos da restauração final. Nele iniciou o domínio de Deus sobre toda a criação.

Uma restauração abrangente é dada no Espírito pelo Cristo exaltado

O Jesus ressuscitado assume o seu lugar de autoridade determinado por Deus sobre toda a criação como seu legítimo Senhor, a personificação do Deus vivo, o qual (em contraste com o César de Roma) tem de fato toda a autoridade sobre

---

[14]Lesslie Newbigin, *The gospel in a pluralist society* (Grand Rapids: Eerdmans, 1989), p. 179 [edição em português: *O evangelho em uma sociedade pluralista*, tradução de Valéria Lamim Delgado Fernandes (Viçosa: Ultimato, 2016)]. Newbigin emprega o pretérito — "privatizamos", "falamos", "culminou" — mas, por razões estilísticas, os mudamos para o tempo presente. Compare a crítica mordaz que o filósofo niilista Friedrich Nietzsche fez aos cristãos do século 19: "A 'salvação da alma' — em linguagem clara: 'o mundo gira em torno de mim'" (*O anticristo*, aforismo 43).

toda a criação (Fp 2.9-11). O domínio de Deus tem início, e Jesus, mediante seu Espírito, está agora em ação operando uma restauração abrangente.

Pentecostes é o envio do Espírito. Visto que os profetas haviam declarado que o Espírito seria derramado (nos últimos dias) para realizar a restauração cósmica divina (Ez 36.24-38; Is 42.1; Jl 2.28-32), Pedro interpreta os acontecimentos de Pentecostes como sinalização do início daquela era (At 2.14-21). O Espírito Santo é uma dádiva da salvação futura dada no presente.[15] Pelo Espírito, o futuro flui para o presente; a salvação abrangente do reino do final dos tempos começa agora por meio do Espírito.

Com a vinda do Espírito, o reino de Deus já está aqui, mas ainda não chegou em plenitude. O Novo Testamento usa duas imagens para descrever essa tensão "já, mas ainda não". A primeira descreve o Espírito como uma "garantia" (2Co 1.22; 5.5; Ef 1.14). O dinheiro é dado adiantadamente ao lojista como compromisso de pagamento do valor total em uma data futura. Não se trata de uma nota promissória ou um reconhecimento de dívida, mas dinheiro vivo, que é um sinal de boa fé e uma promessa de que um valor muito maior está por vir. O Espírito Santo é algo parecido: ele não é só uma promessa do reino futuro, mas também uma dádiva concreta aqui e agora. A salvação do reino de Deus é experimentada de modo concreto na obra presente do Espírito — sua alegria, seu *shalom*, sua justiça e seu conhecimento de Deus — e ele também sustenta a promessa de Deus de que a plenitude do reinado gracioso de Deus ainda está por vir.

A segunda imagem do Novo Testamento acerca do Espírito tem o mesmo significado: o Espírito é mencionado como os "primeiros frutos" da salvação do reino (Rm 8.23). A primeira parte da colheita é de cereal ou de frutas reais. Contudo, é mais do que isso: ela aponta para o restante da colheita vindoura. Ambas as imagens apontam para o fato de que temos a salvação futura agora, mas que também aguardamos sua plenitude no futuro.

Recebemos a dádiva do Espírito Santo para podermos corporificar essa salvação todo-abrangente para o bem do mundo. Recebemos uma antecipação da salvação, para que possamos ser uma antevisão daquilo que está vindo no futuro.

---

[15] O Espírito como uma dádiva que traz o reino do final dos tempos é um conceito bem estabelecido em estudos acadêmicos bíblicos e teológicos. Veja, p. ex., Neill Q. Hamilton, *The Holy Spirit and eschatology in Paul*, Scottish Journal of Theology Occasional Papers 6 (Edinburgh: Oliver & Boyd, 1957), p. 17; Hendrikus Berkhof, *The doctrine of the Holy Spirit* (Richmond: John Knox, 1964), p. 105.

A missão da igreja é propagar uma restauração abrangente

Comissionados por Jesus

Antes de o Espírito ser concedido, Jesus dá à sua comunidade de discípulos a comissão de assumir a própria missão dele: propagar o domínio de Deus sobre toda a criação. Depois da ressurreição, o mandato de continuar a missão de Jesus é explicitado: "Assim como o Pai me enviou, também eu vos envio" (Jo 20.21). Jesus sopra o Espírito Santo sobre os discípulos para capacitá-los para sua missão, a fim de que sigam no caminho que ele lhes havia demonstrado.[16] A vida deles deve ser inteiramente vivida debaixo do domínio de Deus. Assim como Jesus, eles devem erigir marcos do reino futuro de Deus mediante o conhecimento de Deus, a convivência uns com os outros em amor e o desafio às forças que se opõem ao domínio cuidadoso de Deus sobre toda a vida.

O clímax do relato de Mateus acerca de Jesus é sua comissão final aos discípulos: "Toda autoridade me foi concedida no céu e na terra. Portanto, ide, fazei discípulos de todas as nações, batizando-os em nome do Pai, do Filho e do Espírito Santo; ensinando-lhes a obedecer a todas as coisas que vos ordenei; e eu estou convosco todos os dias, até o final dos tempos" (Mt 28.18-20). Com frequência, esse texto tem sido erroneamente interpretado como uma comissão somente para evangelizar ou viajar a outras terras a fim de tornar o evangelho conhecido. É claro que evangelismo e missões são importantes, mas aqui há muito mais em jogo. Os discípulos devem eles mesmos fazer outros discípulos, ajudar a formar discípulos de Jesus da mesma maneira como Jesus os formou, discípulos que por sua vez obedecerão a tudo o que Jesus ordenou.

Ao dar continuidade à missão de Jesus, seus discípulos também assumem a missão de Israel. A mesma identidade missionária que formou Israel, um povo que corporifica a intenção de Deus com a criação (Êx 19.3-6), agora se torna a identidade da igreja do Novo Testamento (1Pe 2.5-9). Mas as circunstâncias sociais do Israel do Antigo Testamento e da igreja do Novo Testamento são radicalmente diferentes, e é importante entender isso na formação de uma cosmovisão bíblica. Ao contrário de Israel, a igreja é impelida a cada nação e cultura da humanidade. O povo de Deus já não assume a forma de uma nação independente e separada que vive em sua terra sob sua própria lei sociopolítica. Agora é uma comunidade que precisa viver no meio de várias nações e outras

---

[16]Veja Lesslie Newbigin, *Mission in Christ's way: a gift, a command, an assurance* (New York: Friendship Press, 1987).

culturas dominantes. A questão urgente é como a igreja pode viver fielmente sob a autoridade abrangente da Palavra de Deus, corporificando a restauração divina todo-abrangente, e ao mesmo tempo viver inserida em culturas controladas por outros poderes e cosmovisões que abarcam todas as coisas.

Reino e igreja

Jesus anunciou a vinda de um reino, mas o que realmente surge na história é a igreja. Como devemos entender a relação entre esses dois?

Jesus anunciou a boa notícia de que o reino de Deus havia chegado, de que agora as pessoas podiam se arrepender, aceitar a oferta divina de redenção e começar a experimentar as bênçãos de seu reinado. A igreja é composta daqueles que responderam com fé e arrependimento à mensagem de Jesus e agora desfrutam os dons e o poder do reino. Seus membros se ocupam dos propósitos do reino de Deus e foram colocados no time de Cristo na grande batalha cósmica pela criação.[17] Das duas entidades, igreja e reino, a maior é o reino, pois a igreja tanto opera dentro dele quanto dele recebe sua identidade e definição.

Existem três maneiras principais de podermos retratar o relacionamento entre a igreja e o reino de Deus: (1) como primeiros frutos, (2) como instrumento e (3) como sinal. Em primeiro lugar, a igreja é os primeiros frutos do reino (Tg 1.18), o lugar em que o reinado de Deus se torna visível no presente, em que o senhorio de Cristo é reconhecido e o Espírito de Deus já está visivelmente em ação. Em segundo lugar, a igreja é um instrumento do reino. Na missão de Jesus, vemos que a vinda do reino inclui uma batalha contra as forças espirituais que se opõem ao reinado de Deus. À medida que assume a missão de Jesus, a igreja se torna um instrumento de Deus para propagar o seu reino, pregar as boas-novas e desafiar a oposição ao domínio gracioso de Deus. Em terceiro lugar, a igreja é um sinal do reino. Juntos, os membros da igreja, ao encarnar o domínio de Deus em sua vida e em seu trabalho no presente, apontam para a vinda futura do reino em sua plenitude.

[17]Herman Ridderbos, *The coming of the kingdom*, organização de Raymond O. Zorn, tradução para o inglês de H. de Jongste (Philadelphia: Presbyterian & Reformed, 1975), p. 354-6 [edição em português: *A vinda do reino: a natureza do reino, seus aspectos cumpridos, sua presença no mundo como resultado da primeira vinda de Cristo e sua consumação futura*, tradução de Augustus Nicodemus Lopes; Minka Schalkwijk Lopes (São Paulo: Cultura Cristã, 2010)].

Missão como o significado do período "já, mas ainda não" do Reino

O reino ainda não veio. Vivemos naquele hiato entre o tempo quando Jesus inaugurou a nova criação (com sua morte e ressurreição) e o tempo em que ele voltará para terminar o que começou. O reino de Deus já está aqui por obra do Espírito, mas ainda não foi concluído. Mas por que existe esse hiato "já, mas ainda não"?

> O significado dessa "sobreposição das eras" em que vivemos, o tempo entre a vinda de Cristo e o seu retorno, é que esse é o tempo dado para o testemunho da igreja apostólica até os confins da terra. O fim de todas as coisas, o qual foi revelado em Cristo, é, por assim dizer, refreado até que o testemunho sobre o juízo e a salvação revelados em Cristo seja levado ao mundo inteiro. A implicação de uma verdadeira perspectiva escatológica será obediência missionária, e a escatologia que não resulta em tal obediência é uma escatologia falsa.[18]

A obediência missionária é a questão central deste "tempo entre os tempos". A pergunta é: como vamos dar testemunho de modo obediente acerca da vinda do reino de Deus?

No início do século 20, Dwight L. Moody via que a missão principal da igreja era resgatar almas de uma criação naufragada: "Olho para este mundo como um navio naufragado. Deus me deu um bote salva-vidas e me disse: 'Moody, salve todos os que você puder. Deus virá para julgar e queimará totalmente este mundo [...] O mundo está ficando cada vez mais sombrio; sua derrocada está chegando cada vez mais perto. Se você tem amigos não salvos nesse naufrágio, é melhor tirá-los dali o quanto antes'".[19] O interesse de Moody na evangelização e seu senso de urgência são admiráveis. No entanto, seu entendimento da missão "entre os tempos" foi drasticamente reduzido, até mesmo desfigurado, por uma perspectiva não bíblica em que a salvação é individualista e está relacionada com a fuga desta criação.

A igreja é, aliás, definida por um chamado urgente à missão: "'Assim como o Pai me enviou, também eu vos envio' define a própria essência da igreja como missão. Nesse sentido, tudo o que a igreja é e faz pode e deve ser

---

[18]Lesslie Newbigin, *Household of God: lectures on the nature of the church* (New York: Friendship Press, 1954), p. 153.

[19]Citado em George Marsden, *Fundamentalism and American culture: the shaping of twentieth-century evangelicalism, 1870-1925* (New York: Oxford University Press, 1980), p. 38.

parte da missão".[20] No entanto, essa missão não é estritamente "espiritual" ou individualista; ela é todo-abrangente. Seguindo Jesus, somos chamados a tornar conhecido o domínio de Deus sobre toda a vida humana, encarnando-o em nossa vida, demonstrando-o em nossas ações e anunciando-o com nossas palavras.

Visto que a missão ocorre durante esse período da narrativa bíblica, o qual temos descrito como "já, mas ainda não", ela precisa incluir um embate antitético com os poderes do mal que continuam a se opor ao reino vindouro de Deus. Às vezes, a missão tem sido erradamente retratada como uma marcha vitoriosa sempre avançando para recuperar cada vez mais território (seja geográfico, seja cultural) na criação de Deus. No entanto, Jesus nos mostra que nossa missão do reino enfrentará oposição terrível: a parábola do joio e do trigo mostra que a oposição ao reino de Deus não diminui, mas, pelo contrário, se intensifica à medida que a "colheita" se aproxima (Mt 13.24-30,36-43). À semelhança de Jesus, a igreja é chamada a tornar conhecido o domínio todo-abrangente de Deus. Nós também enfrentaremos oposição e rejeição que podem muito bem significar sofrimento (Jo 15.18-25). Podemos, no entanto, enfrentar essa oposição com a convicção serena e a alegria de que a vitória do reino de Deus foi conquistada na cruz e que a vitória virá. Nosso testemunho é um testemunho acerca da vitória do reino que está vindo.

A Bíblia não nos dá uma ideia de quão plenamente ou quão amplamente seu reinado será conhecido na era presente. Não há indicação alguma de quão profundamente o poder restaurador das boas-novas penetrará a sociedade, a cultura ou a criação não humana antes de Cristo voltar. A igreja não deve crer jamais que poderá construir ou introduzir o reino de Deus. Mas podemos fazer com que algo do reino de Deus se torne visível em nossa vida, em nossas ações e por meio de nossas palavras. Como David Bosch o expressa: "Sabemos que nossa missão não introduzirá o reinado de Deus. Nem [a missão de] Jesus o fez. Ele inaugurou o reinado, mas não o levou à sua consumação. À semelhança dele, somos chamados a erigir marcos do reinado definitivo de Deus — não mais do que isso, mas certamente também não menos [...] À medida que oramos 'venha o teu reino!', também nos comprometemos a iniciar, aqui e agora,

---

[20]Lesslie Newbigin, "The bishop and the ministry of mission", in: John Howe, org., *Today's church and today's world: with a special focus on the ministry of bishops* (London: CIO Publishing, 1977), p. 242.

aproximações e antecipações do reinado de Deus".[21] Na condição de povo de Deus, somos uma comunidade de "boas-novas" que erige marcos do reino presente-e-ainda-vindouro em nossa vida comunitária, em nossas vocações na vida pública da cultura, em todas as esferas de nossa vida familiar e pessoal.

A NECESSIDADE DE UMA COMUNIDADE SAUDÁVEL E UMA ESPIRITUALIDADE VIBRANTE

Quanto mais se percebe o amplo alcance da missão da igreja e o alcance e poder igualmente abrangentes da idolatria com que a cultura ao redor se opõe a essa missão, mais é preciso se indagar como a igreja pode executar essa tarefa com responsabilidade. Cremos que a igreja só será fiel à sua missão se estiver arraigada no evangelho. E esse arraigamento só pode acontecer em comunidades saudáveis e com uma espiritualidade vibrante. Vemos esses dois elementos em Atos 2.42-47 na igreja em Jerusalém, na qual os crentes estão profundamente comprometidos uns com os outros (como membros de uma comunidade) e também com as Escrituras, a oração, a comunhão e a ceia do Senhor. À medida que a perseguição e as dificuldades assolavam a igreja, com esses compromissos firmes eles continuavam apoiando e promovendo sua missão (p. ex., At 4.32-35).

Uma espiritualidade vibrante é essencial para a missão da igreja. No meio da preparação final de seus discípulos para a missão deles no mundo (Jo 14—17), Jesus lhes falou da necessidade absoluta de permanecerem nele para que dessem fruto. À semelhança dos ramos da videira, recebemos a seiva vivificadora da vida de Cristo "por meio de um milhão de canais minúsculos escondidos atrás da casca dura do tronco e dos ramos".[22] Por meios como adorar a Deus, dar-lhe graças, assumir o compromisso de segui-lo, interceder em favor de outros e ler as Escrituras e meditar nelas, somos equipados e sustentados para nossa missão no mundo. E todos esses meios de receber a graça de Deus se destinam a ser experimentados em comunhão uns com os outros.

---

[21]Bosch, *Transforming mission*, p. 35.

[22]Lesslie Newbigin, "Abiding in Him", in: World Council of Churches, Faith and Order Commission, *Uniting in hope: reports and documents from the meeting of the Faith and Order Commission, 23 July—5 August, 1974, University of Ghana, Legon*, Faith and Order Paper 72 (Geneva: Commission on Faith and Order, World Council of Churches, 1975), p. 141. Veja tb. Lesslie Newbigin, *The Good Shepherd: meditations on Christian ministry in today's world* (Grand Rapids: Eerdmans, 1977), p. 140-4.

As relações entre criação, pecado e restauração

Examinamos o enredo principal da Bíblia — Criação, pecado e restauração — e começamos a ver as relações entre esses três: o pecado corrompe a boa criação de Deus, e a salvação de Deus a restaura. Mas nem todos na igreja acolhem esse entendimento.

Natureza e graça

Uma maneira de analisar os diferentes entendimentos sobre criação, pecado e restauração existentes entre os cristãos é examinar como várias tradições da igreja têm relacionado "natureza" (a criação humana conforme foi pervertida pelo pecado, o que foi analisado em nosso primeiro capítulo sobre cosmovisão bíblica) e "graça" (a obra salvífica de Deus, analisada em nosso segundo capítulo). Há pelo menos quatro maneiras com que cristãos ortodoxos têm entendido a relação entre salvação e criação caída.[23]

(1) A primeira ideia é "graça contra a natureza". Aqui a graça e a natureza estão em oposição mútua; o cristão se afasta do mundo perverso e busca uma salvação que é separada deste mundo. (Esse ponto de vista tem sido associado, muitas vezes injustamente, com o anabatismo, o monasticismo e algumas tendências na igreja primitiva.)

(2) A segunda é "graça acima da natureza". Aqui a graça não é hostil à natureza, mas, sim, a preenche ou completa: a graça é *sobre*natural, estando acima da natureza; sem ela a natureza é incompleta. A salvação oferece completamento acrescentando algo à natureza. (Esse ponto de vista tem sido associado a Tomás de Aquino e a alguns que o seguem na tradição católica romana. Também é proeminente no protestantismo.)

(3) A terceira ideia é "graça ao lado da natureza", em que a natureza tem sua própria integridade e a vida cristã simplesmente existe lado a lado com a vida na criação de Deus. (Esse ponto de vista é com frequência sustentado dentro de algumas tradições luteranas e algumas tradições evangélicas norte-americanas. Um exemplo são os "dois reinos" de Lutero.)

---

[23]Veja Albert M. Wolters, "The reformational-evangelical worldview and the future mission of institutions of Christian higher education in a North American context", in: B. J. van der Walt, org., *Vision and mission: 25 years; the reformational-evangelical vision of life and the future mission of Christian higher educational institutions in world perspective* [tb. em africâner] (Potchefstroom: Potchefstroomse Universiteit vir Christelike Höer Onderwys, 1989), p. 87.

(4) A última ideia é "graça penetra a natureza". Aqui a graça é vista como um poder curador que penetra a criação e a cura e restaura totalmente do pecado que a corrompe. (Esse ponto de vista é muitas vezes associado à tradição reformada, mas tem muitos seguidores entre evangélicos, anabatistas, católicos romanos e outros.)

Esses diferentes entendimentos sobre a relação entre a natureza e a graça levarão a diferentes abordagens acerca de nossa missão do reino no meio das culturas que nos cercam. A primeira dessas opções (graça contra a natureza) enxerga claramente o impacto do poder do pecado, mas não enxerga corretamente a ininterrupta virtude da criação, nem enxerga a salvação como a restauração de toda a boa criação de Deus. Essa ideia pode levar a igreja a se isolar o máximo possível da cultura. A segunda e a terceira opções (graça acima ou ao lado da natureza) não reconhecem suficientemente o poder deformador do pecado na criação. Os que sustentam essas ideias podem não enxergar a missão cultural da igreja como uma batalha de vida ou morte. Eles podem achar que o cristão é livre para participar no meio acadêmico, na política, na vida econômica e assim por diante exatamente da mesma maneira como seus colegas incrédulos participam. Não há praticamente senso de tensão algum ou embate antitético entre a cosmovisão cristã e outras cosmovisões.

A quarta ideia, em que a graça penetra a natureza, é a que acreditamos estar mais alinhada com o evangelho. É a ideia que elaboramos neste capítulo. Na seção a seguir, oferecemos três ilustrações a respeito.

Criação, pecado e restauração:
três lentes de uma cosmovisão bíblica

Olhar o mundo por meio das Escrituras é, na verdade, olhar o mundo através de três lentes ao mesmo tempo: como algo criado por Deus, deformado pelo pecado e que está sendo resgatado pela obra de Cristo. Tire qualquer uma dessas lentes, e a cosmovisão bíblica ficará distorcida. É como um projetor de multimídia, que requer três lentes de vidro — vermelho, amarelo e verde — através das quais passa o sinal de vídeo. Todas são necessárias para transmitir a cor certa. Tire uma daquelas lentes, e a imagem estará deturpada. Tire qualquer uma das lentes da criação, do pecado ou da restauração, e nossa ideia do mundo estará distorcida. As ilustrações a seguir podem ajudar a deixar isso mais claro.

(1) A boa criação é como um reino terreno. Ele era governado por Deus (seu devido governante) até que um usurpador (Satanás, ao trazer o pecado)

se infiltrou nesse reino e conseguiu impor seu próprio regime cruel, corrompendo o reino inteiro e escravizando seus habitantes. Mas o governante original iniciou uma longa campanha para derrotar o usurpador e retomar seu reino. Entrou em guerra e, em uma batalha crucial (cujo clímax foi a cruz), ele venceu a guerra. No entanto, embora a vitória seja certa, ela ainda não está finalizada. O usurpador continua com sua luta feroz. Como cidadãos do reino, continuamos fazendo parte dessa batalha, aguardando o fim que é certo.

(2) A boa criação é como um recém-nascido saudável.[24] O bebê é perfeito no sentido de que é como devia ser, mas também tem potencial no sentido de que é para se tornar mais do que era no momento do nascimento: vai crescer, se desenvolver e mudar. Mas, depois de algum tempo, a criança contrai uma doença que não a destrói imediatamente; em vez disso, começa a prejudicar e deformar seu desenvolvimento, de modo que dois processos diferentes estão simultaneamente em operação nela. Seu corpo está tentando crescer e se desenvolver naturalmente, mas a doença dentro dela também está crescendo e se desenvolvendo. (Esse é um quadro de como o pecado afeta a criação: não mata diretamente ou de imediato, mas na verdade corrompe, polui e deforma a criação à medida que o tempo passa.) Agora suponha que um médico encontrasse a cura e começasse a tratar aquela criança. O objetivo do tratamento médico não é destruir a criança ou torná-la um pouco diferente do que ela tinha sido, mas sim extirpar a doença para que a criança possa voltar a ser saudável. Essa é a maneira como a obra curadora de Deus acontece. Ele não destrói a criação nem a transforma em algo diferente; a obra toda de salvação tem o objetivo de remover o pecado que adoeceu a criação e restaurar a saúde dela (e a nossa).

(3) Finalmente, a distinção entre "estrutura" e "direcionamento" feita por Wolters é bastante útil. A estrutura da criação é o projeto original tal como Deus a fez. O pecado, um poder espiritual, desencaminha cada aspecto da criação para longe de seu legítimo Senhor, de seu funcionamento saudável e do objetivo pretendido para ele. A obra divina de restauração deve, pela força espiritual do próprio Deus, redirecionar toda a criação de volta para si, para seu funcionamento saudável, para o objetivo pretendido para ela e para seu lugar na ordem criada. Assim, podemos falar da maneira como Deus planejou que a linguagem, o sexo, a vida econômica, a autoridade política, a vida acadêmica, os esportes e assim por diante deviam funcionar. Todos esses fatores têm sido afetados negativamente pelo poder do pecado. Todos têm sido desencaminhados;

---

[24]Tomamos essa imagem emprestada de Wolters, *Creation regained*, p. 45-6.

nenhum funciona da maneira como Deus planejou. No entanto, a obra reconciliadora de Deus tem o objetivo de se opor a esse poder deformador com poder amoroso: redirecionar e restaurar todas essas coisas para que possam funcionar como ele sempre havia planejado que elas funcionassem.

O perigo do dualismo

Olhar o mundo dessa maneira, através das lentes da Criação, Queda e Restauração, evitará que caiamos em um dualismo, proeminente no cristianismo evangélico ocidental, em que a vida é dividida em domínios "sagrado" e "secular" (veja a figura 3). Nessa visão dualista, por exemplo, a oração e o culto poderiam ser considerados atividades sagradas, ao passo que o entretenimento e o sexo seriam vistos como meramente seculares. Um pastor ou missionário seria visto como alguém que "faz a obra do Senhor" (no domínio sagrado), mas um jornalista ou político estaria em uma ocupação secular. A igreja (e talvez a família) seria sagrada; a universidade e o mundo dos negócios seriam seculares. Em uma cosmovisão dualista, geralmente se pensa que as instituições sociais, o trabalho e as atividades dentro do domínio "sagrado" são superiores às que estão no domínio "secular"; assim, a oração é melhor do que o entretenimento, um pastor é melhor do que um jornalista, a igreja é melhor do que a universidade.

Figura 3: Dicotomia sagrado-secular

Domínio sagrado	Domínio secular
Atividades	
Oração	Entretenimento
Culto	Sexo
Profissões	
Pastor	Jornalista
Missionário	Político
Esferas sociais	
Igreja	Universidade
Família	Negócios

Há, contudo, muitos problemas com uma ideia dualista da vida. Em primeiro lugar, as atividades, profissões e esferas sociais no domínio "secular" pertencem a Deus tanto quanto aquelas do domínio "sagrado". Entretenimento, sexo, jornalismo, política, vida acadêmica e negócios são todos parte da criação "muito boa". Deus estabeleceu essas dimensões da vida da mesma maneira como fez com as "sagradas". Devemos servir a Deus em todas essas áreas da vida, pois o mundo inteiro e toda a atividade humana pertencem a ele.

Além disso, todas as atividades, profissões e interações sociais no domínio "sagrado" também têm sido deformadas e distorcidas pelo pecado. Elas não podem ser consideradas boas simplesmente porque são "sagradas". Há cultos de baixa qualidade e orações egoístas, assim como há pastores infiéis, missionários preguiçosos e igrejas disfuncionais, e todos precisam da cura, do redirecionamento e do toque redentor de Deus.

Deus criou todas as coisas para que encontrem seu devido lugar em seu mundo muito bom. Quer "sagrada", quer "secular", cada coisa criada foi manchada pelo pecado, e cada uma pode ser — e será — purificada e restaurada para estar em conformidade com a vontade de Deus.

Consumação: restauração completa

Uma cosmovisão cristã precisa levar em conta o objetivo em cuja direção a narrativa bíblica está se movendo: ela está avançando na direção de uma existência espiritual no céu ou na direção de uma vida corpórea restaurada em uma nova terra? A ideia mais comum entre os evangélicos ocidentais tem sido, pelo menos no passado, que o objetivo da história redentora é que cada cristão viva no céu para sempre. Mas nós cremos que a Bíblia mostra que o objetivo da obra redentora de Deus é uma criação restaurada. Essa distinção tem implicações muito importantes para uma cosmovisão bíblica em geral e para a missão cultural da igreja em particular.[25]

O reino de Deus como restauração da criação

David Lawrence acertadamente afirma que "a Bíblia toda nos leva a esperar uma restauração gloriosa da vida na terra, de modo que a era vindoura será uma aventura infinitamente emocionante de viver com Deus na nova terra. Com a

---

[25]Isso não significa negar que existe um céu ou que, quando morrermos, iremos para o céu até que aconteça a ressurreição do corpo. Para um aprofundamento simples mas esclarecedor disso, veja David Lawrence, *Heaven: it's not the end of the world! The biblical promise of a new earth* (London: Scripture Union, 1995); acerca da noção bíblica de céu, veja p. 48-59; sobre o "estado intermediário" entre a morte e a ressurreição, veja p. 60-74.

presença divina permeando cada ato, seremos mais plenamente humanos do que jamais fomos, libertados do pecado, da morte e de tudo que causa desconforto ou prejudica".[26]

O reino de Deus será restaurador e abrangente: toda a vida humana e toda a criação serão restauradas para servir ao Senhor de acordo com o propósito para o qual foram feitas. Essa é a meta da narrativa bíblica. Por que isso é tão importante para uma cosmovisão bíblica? Mais uma vez Lawrence responde: "Enxergar o plano definitivo de Deus para nós como 'celestial' e 'espiritual' nos levou a imaginar que as coisas espirituais são o principal interesse de Deus. Se um céu espiritual é o maior bem de Deus para nós, então a terra e nossa existência física são necessariamente uma espécie de 'segunda melhor' coisa".[27] Mas, como vimos, Deus ama sua boa criação e nunca desistiu de seu plano de retomá-la para si. Ela não é a "segunda melhor" coisa, e agir como se fosse não somente desonraria o Criador, mas também desfiguraria nossa missão como seu povo neste meio tempo.

Vimos que missão é o significado deste período entre a primeira vinda de Jesus e seu retorno, e que missão é ser, falar e praticar as boas-novas. Se a redenção é, como a Bíblia ensina, a restauração de toda a criação, então nossa missão é encarnar essas boas-novas: cada aspecto da vida da criação, incluindo-se a vida pública de nossa cultura, está sendo restaurado. As boas-novas serão evidentes em nosso cuidado com o meio ambiente, em nossa maneira de abordar as relações internacionais, a justiça econômica, os negócios, os meios de comunicação, a vida acadêmica, a família, o jornalismo, a indústria e o direito. Mas, se a redenção dissesse respeito apenas a uma salvação extramundana (como, por exemplo, Moody acreditava), nossa missão seria reduzida ao tipo de evangelização que tenta levar as pessoas para o céu. A maior parte da vida estaria, então, fora do alcance da missão da igreja. Seríamos obrigados a entregar a maior parte da criação de Deus aos poderes malignos que a reivindicam para si e fracassaríamos em nosso chamado de proclamar que Cristo é Criador e Senhor de tudo.

---

[26]Lawrence, *Heaven*, p. 17-8. Veja tb. Paul Marshall; Lela Gilbert, *Heaven is not my home: learning to live in God's creation* (Nashville: Word, 1999); Michael Wittmer, *Heaven is a place on earth: why everything you do matters to God* (Grand Rapids: Zondervan, 2004); Nathan Bierma, *Bringing heaven down to earth: connecting this life to the next* (Phillipsburg: Presbyterian & Reformed, 2005).

[27]Lawrence, *Heaven*, p. 17.

Encarnando as boas-novas na cultura ocidental

Nosso lugar na narrativa bíblica é encarnar a boa notícia de que Deus está restaurando a criação. Esse testemunho encarnacional será sempre contextual; ele tomará forma e será moldado em um contexto cultural específico, de acordo tanto com a época quanto com o lugar em que Deus nos coloca. E, uma vez que cada contexto cultural apresentará suas oportunidades e perigos peculiares, nossa fidelidade exige que conheçamos nosso próprio contexto cultural. Em que ambiente cultural em particular somos chamados a tornar conhecido que Jesus é Senhor? Algumas das respostas a essa pergunta nos ocuparão no próximo capítulo.

5

A narrativa ocidental

As raízes da modernidade

No centro da fé cristã se encontra a confissão de que "o Verbo se fez carne" (Jo 1.14). Jesus Cristo, a mais plena revelação de Deus e de seus propósitos para a criação, tornou conhecidas as boas-novas do reino em um contexto histórico e cultural específico. Da mesma forma, os seguidores de Jesus são chamados a corporificar as boas-novas em suas culturas específicas, e esses contextos culturais sempre darão uma forma específica ao testemunho cristão. Por isso, é necessário que reflitamos sobre a narrativa e a cosmovisão desta cultura e tempo específicos em que nos encontramos.

Uma vez que, desde o Éden, toda cultura humana tem sido moldada, pelo menos em parte, por uma visão de vida que é incompatível com a fé cristã, é importante que entendamos bem o nosso ambiente cultural ocidental e as crenças que o moldaram, como Lesslie Newbigin exorta: "Incomparavelmente, a tarefa missionária mais urgente para as próximas décadas é a missão junto à 'modernidade' [...] Ela conclama ao uso de ferramentas intelectuais afiadas, para esquadrinhar por trás dos pressupostos não examinados da modernidade e desvendar o *credo oculto* que os sustenta".[1] O propósito dos próximos três capítulos é ajudar a descobrir o "credo oculto" — a cosmovisão — que fundamenta a cultura ocidental.

Dividimos a narrativa da cultura ocidental em três fases. Neste capítulo, tratamos das raízes da modernidade no período clássico, no evangelho e na mistura medieval de humanismo clássico com o evangelho. No próximo capítulo,

---

[1] Lesslie Newbigin, "Gospel and culture — but which culture?", *Missionalia* 17, n. 3 (November, 1989): 214.

narraremos o desenvolvimento da cosmovisão moderna desde seu "renascimento" na Renascença até o século 20. E, por fim, faremos a seguinte pergunta: Quais são as tendências que moldam o Ocidente atualmente?

Um credo humanista: "Não deveríamos nós mesmos nos tornar deuses?"

O termo *humanismo* tem uma ampla variedade de significados e em seu melhor sentido apenas reconhece a dignidade dos seres humanos e a necessidade de trabalhar para melhorar a condição humana. No entanto, aqui estamos falando de *humanismo confessional* como o centro espiritual da cultura ocidental: um sistema de crenças em que os seres humanos substituíram Deus como Criador, Regente e Salvador.

Mais de um século atrás, o filósofo alemão Friedrich Nietzsche (1844-1900) contou a deprimente parábola de um louco que faz a assustadora acusação de que matamos Deus: *"Nós o matamos* — você e eu. Todos nós somos seus assassinos". (Nietzsche estava aludindo ao Iluminismo do século 18, que examinaremos no próximo capítulo, quando a cultura ocidental excluiu Deus da vida pública.) "Como encontraremos consolo para nós, os piores dos assassinos?", o louco indaga. *"Não deveríamos nós mesmos nos tornar deuses,* para ao menos parecermos dignos disso?"[2]

Aqui o louco tem razão no que afirma, pois, se Deus não existe, então não existe Criador algum para dar o sentido da vida humana, para ordenar a criação e para estabelecer normas universais de certo e errado. Se Deus está de fato morto, então cabe aos seres humanos assumir o papel do Criador: eles precisam definir os propósitos da vida; precisam estabelecer ordem; precisam decidir o que é certo, verdadeiro e bom. Além disso, se Deus não existe, não há nenhum Regente soberano para dirigir a história rumo a seu objetivo, para lhe dar significado. A humanidade, ao que parece, também precisa assumir essa tarefa. E, por fim, se não existe Deus e, por conseguinte, não há Salvador para libertar nosso mundo do mal, então é tarefa da humanidade salvar-se a si mesma. Como o *Manifesto humanista I* expressa a questão, "O homem [...], e mais ninguém, é responsável pela concretização do

---

[2]Friedrich Nietzsche, *The gay science*, edição e tradução para o inglês de Walter Kaufmann (New York: Vintage, 1974), p. 181-2 (parágrafo 125) [edições em português: *A gaia ciência*, tradução de Paulo César de Souza (São Paulo: Companhia de Bolso, 2012)].

mundo de seus sonhos [e] tem dentro de si a capacidade de sua realização".[3] Corliss Lamont confirma isso quando afirma que o humanismo "atribui a nós nada menos do que a tarefa de sermos nosso próprio salvador e redentor".[4]

Podemos nos referir ao humanismo confessional que molda nossa cultura ocidental como *secular*, do latim *saeculum*, que simplesmente se refere a este mundo "no tempo e no espaço". A palavra *secular* pode, no entanto, ser utilizada para indicar a crença de que este mundo foi separado de Deus. Sob esse ponto de vista, quer Deus exista, quer não, ele não tem relação contínua alguma com este mundo. O humanismo também pode ser descrito como *naturalista*, esposando a crença de que este mundo é tudo o que existe.[5] E, por último, o humanismo confessional pode ser descrito como *racionalista*, ou comprometido com a crença de que a razão humana capacitará a humanidade a cumprir a tarefa monumental de bancar deus. O racionalista crê que a razão humana (em especial quando é orientada pelo método científico) é capaz de compreender as leis tanto da criação não humana quanto da sociedade humana, dando aos seres humanos o poder de controlar a criação e sujeitá-la aos propósitos deles. E, uma vez que o método científico desempenha um papel tão importante nesse aspecto, também podemos descrever o humanismo confessional como *científico* — alicerçado nas crenças de que (com a ajuda das ciências naturais e da tecnologia) a razão é capaz de conquistar a criação não humana e de que (com a ajuda das ciências sociais) a razão é capaz de administrar e organizar toda a cultura humana, incluindo a economia, a política, a educação e o direito. O humanista crê que, se seguirmos fielmente esse caminho, confiando em nossa razão e na ciência, podemos ter certeza de progredir rumo a um mundo de felicidade, liberdade, prosperidade material, verdade e justiça.[6]

---

[3]*Humanist manifesto I* (1933). Desde que esse documento apareceu pela primeira vez, seguiram-se mais dois manifestos: *Humanist manifesto II* (1973) e *Humanism and its aspirations: humanist manifesto III* (2003) [edição em português: "Manifesto humanista III: o humanismo e as suas aspirações", tradução de Romão Paulo Amorim Fernandes de Araújo, disponível em: http://www.humanismosecular.org/manifesto-humanista-III, acesso em: 18 abr. 2015)]. Os textos em inglês estão disponíveis em: http://www.americanhumanist.org/about/, acesso em: 18 fev. 2008.

[4]Corliss Lamont, *The philosophy of humanism*, 8. ed. (Amherst: Humanist, 1997), p. 309. O livro completo está disponível em: http://www.corliss-lamont.org/philos8.pdf, acesso em: 18 fev. 2008.

[5]Essa é a forma de humanismo defendida por Lamont (veja *Philosophy of humanism*, p. 317).

[6]Os rótulos *liberal* e *comunista* poderiam ser incluídos aqui para descrever as duas principais formas adotadas pelo humanismo no século 20. É claro que, desde o colapso da União Soviética em 1991, é o humanismo liberal que tem dominado o mundo ocidental.

O humanismo confessional — secular, naturalista, racionalista, científico — também tem sido chamado de outros nomes, dentre os quais "cosmovisão iluminista", "cosmovisão moderna" ou simplesmente "modernidade". Falamos dessa cosmovisão como "moderna" para distingui-la de cosmovisões mais antigas que supostamente são "religiosas" ou "míticas" ou "supersticiosas". Isso, é claro, implica o juízo de valor de que, em nossos dias, os seres humanos finalmente se tornaram maduros, deixando para trás suas ideias "religiosas" antiquadas e infantis acerca do mundo. O termo *Iluminismo* se refere simplesmente ao período da história (o século 18) em que essa forma de humanismo atingiu a maturidade e se tornou a cosmovisão preponderante dentro da cultura ocidental secular.

Tal cosmovisão implica um compromisso muito real de fé e por vários séculos tem sido uma força formativa da cultura ocidental. Ela se desenvolveu durante um longo período na Europa, foi levada para colônias europeias, como as da América do Norte, e atualmente continua se espalhando ao redor do mundo no processo de globalização. Em muitos aspectos, ela também está sendo atacada pelo novo espírito humanista rotulado de *pós-modernidade*. A visão iluminista da vida se opõe de muitas maneiras à cosmovisão dos cristãos que buscam dar testemunho acerca da autoridade todo-abrangente de Cristo. Ela pode ser até mesmo "uma inimiga muito mais mortal do que quaisquer forças antirreligiosas anteriores na história humana".[7] Portanto, é importante que a comunidade cristã a compreenda bem.

A narrativa cristã e o desenvolvimento histórico da modernidade

A modernidade, ou humanismo confessional, ironicamente, tem sido moldada em grande parte pela narrativa cristã. Michael Polanyi afirmou que a explosão da modernidade na cultura ocidental nos últimos dois séculos é resultado do acendimento da chama do humanismo clássico no oxigênio do evangelho.[8] O historiador cultural Christopher Dawson observa que foram

---

[7]Alan D. Gilbert, *The making of post-Christian Britain: a history of the secularization of modern society* (London: Longman, 1980), p. 153.

[8]Michael Polanyi, *Personal knowledge: toward a post-critical philosophy* (Chicago: University of Chicago Press, 1958), p. 265-6 [edição em português: *Conhecimento pessoal: por uma filosofia pós-crítica*, tradução de Eduardo Beira (Portugal: Inovatec, 2013)]. Tomamos de empréstimo e adaptamos a metáfora de Polanyi, o qual fala da "combustão da herança cristã no oxigênio do racionalismo grego".

"os recursos acumulados do passado cristão" que deram impulso espiritual e forma ao humanismo.[9]

O desenvolvimento da modernidade é uma longa história de interação entre a cosmovisão cristã e a cosmovisão humanista clássica. As raízes do humanismo clássico estão na cultura grega pagã, e o próprio Jesus nasceu em um mundo saturado dessa visão de vida. Ele apresentou no evangelho uma visão alternativa abrangente do mundo. Mas, visto que o evangelho sempre costuma assumir forma cultural, a igreja primitiva encarnou e expressou a fé cristã em expressões e formas culturais do humanismo clássico. Assim teve início o longo relacionamento e interação de duas visões de vida abrangentes e muitas vezes opostas: o cristianismo e o humanismo clássico.

Cada uma dessas cosmovisões foi obrigada a fazer concessões à outra a fim de formar uma síntese relativamente estável ao longo da denominada Idade Média (até o século 13). Nessa síntese, embora tenha feito concessões até certo ponto, o evangelho também saturou e moldou a cosmovisão humanista que começou a surgir na Renascença (séculos catorze e quinze). A Reforma (século 16) deu novo impulso a esse processo modelador à medida que serviu para redescobrir alguns aspectos do evangelho que haviam sido negligenciados. Mas, paradoxalmente, a Reforma também serviu para reforçar a visão humanista de vida em vários pontos. A Revolução Científica (séculos 16 e 17) se desenvolveu debaixo de um entrelaçamento das cosmovisões cristã e humanista. No entanto, à medida que esse período foi chegando ao fim, a vertente humanista foi se tornando predominante, o que gerou o Iluminismo (século 18). Desse ponto em diante, a cosmovisão humanista se distanciou cada vez mais da cosmovisão cristã até que, como afirmou Nietzsche, parecia que a humanidade ocidental tinha "matado" Deus. A cosmovisão humanista confessional, ainda tirando proveito de seu longo contato com o evangelho, ganhou expressão social e cultural nas revoluções industrial, social e política dos séculos 19 e 20. Atualmente, o humanismo confessional (ou "modernidade"), embora esteja sendo atacado na "pós-modernidade", continua a ser uma força tremenda que permanece moldando nosso mundo global.

Como contamos a narrativa?

Um provérbio africano afirma: "Até que os leões tenham seus próprios historiadores, o caçador sempre será o herói da história". A maneira como a história

[9]Christopher Dawson, *Religion and the rise of Western culture* (New York: Image, 1958), p. 16.

do Ocidente normalmente tem sido contada não é neutra, pois seu "herói" são as crenças básicas do humanismo confessional. Considere os seguintes rótulos históricos comuns dados aos quatro períodos da história ocidental: *clássico* (séculos 6 a.C. a 5 d.C.), *medieval* (séculos 5 a 15), *moderno* (século 15 até hoje) e *pós-moderno* (final do século 20 e início do século 21). Esses rótulos não são neutros: eles fazem juízos de valor, avaliando o mérito de cada período histórico. A palavra *clássico* é positiva, referindo-se a algo que tem valor reconhecido ou que representa um padrão exemplar (pense, por exemplo, em "música clássica" ou "moda clássica"). A palavra *moderna* também é positiva, descrevendo o que é atualizado, não está fora de moda nem é obsoleto ou antiquado (afinal, ninguém quer ser obsoleto!). A palavra *medieval* é muito mais ambígua: a primeira definição apresentada pelo *Oxford English dictionary* [Dicionário Oxford de inglês] indica um período de tempo "relacionado com a Idade Média", mas sua segunda definição é "muito fora de moda ou ultrapassado". Como é possível que um período de mais de dois mil anos atrás (o período clássico) tenha reconhecido valor, mas uma época que terminou menos de seiscentos anos atrás (o período medieval), embora temporalmente muito mais próxima de nós, seja considerada ultrapassada? É, sem dúvida, o surgimento do humanismo entre os gregos (clássicos) que levou os estudiosos a pensar que de alguma forma aquele período histórico (pré-cristão) é exemplar para os nossos dias. E é a supressão desse humanismo pela cultura fortemente influenciada pela igreja na Idade Média que deu ao vocábulo *medieval* suas conotações negativas.

À medida que considerarmos o desenvolvimento histórico das duas grandes cosmovisões concorrentes no Ocidente — o cristianismo e o humanismo confessional —, queremos oferecer um conjunto diferente de rótulos para a história, rótulos inspirados na obra de Dirk Vollenhoven, um historiador cristão da filosofia.[10] As designações de Vollenhoven atribuem de modo totalmente deliberado ao evangelho o papel de "herói da história". Assim, faremos referência ao período (clássico) greco-romano como *pagão*, não para deixar implícito que a cultura deles era retrógrada, mas simplesmente para nos lembrar de que ela se

---

[10]Dirk H. Th. Vollenhoven, *The problem-historical method and the history of philosophy*, organização de Kornelis A. Bril (Amstelveen: De Zaak Haes, 2005), p. 29-88. Vollenhoven faleceu antes de as pessoas começarem a falar de pós-modernidade. Ele falou de apenas três períodos: pagão, de síntese e de antissíntese. Nós acrescentamos o neopagão. Veja John Kok, *Patterns of the Western mind: a Reformed Christian perspective*, 2. ed. (Sioux Center: Dordt College Press, 1998), p. 27.

desenvolveu sem a luz do evangelho. Identificaremos o período medieval como o período de *síntese*, uma vez que se caracterizou por concessões, fusão ou combinação das duas cosmovisões abrangentes. Descreveremos o período moderno como *antitético*, a fim de ressaltar a crescente hostilidade entre as cosmovisões humanística e cristã depois da Idade Média. O que muitos chamam de período "pós-moderno" poderia ser rotulado de *neopagão*.[11] Enquanto *pagão* se refere a uma cultura que nunca teve a luz do evangelho, *neopagão* designa uma cultura nascida da rejeição do evangelho.

A modernidade, que é a cosmovisão predominante de nossa cultura ocidental, não caiu simplesmente do céu em um belo dia; ela é produto de uma longa história. Agora procuraremos traçar rapidamente os acontecimentos históricos que deram forma às crenças fundamentais na base da cultura ocidental, para tentar contar a narrativa segundo a qual o povo ocidental vive.[12]

As raízes da cosmovisão ocidental I: o paganismo greco-romano (do século 6 a.C. ao 5 d.C.)

Talvez seja possível identificar as origens da modernidade, ou humanismo confessional, nas ideias de três gregos — Tales, Anaximandro e Anaxímenes — que viveram no início do sexto século a.C., na cidade jônica de Mileto. Esses homens acreditavam que o mundo poderia ser entendido de maneira mais apropriada não por meio de mito ou de religião (como tinha sido a regra entre os gregos e todos os povos antigos), mas, sim, pelo discernimento e, em seguida, pela explicação da ordem racional no mundo exclusivamente por meio de cuidadosa observação e da razão. Por exemplo, Tales (636-546 a.C.) sugeriu que os terremotos não eram causados por Poseidon (o deus do mar), mas na verdade aconteceriam quando a terra sofria a turbulência da água sobre a qual flutuava. Anaxímenes (585-525 a.C.) propôs que o arco-íris não era manifestação da deusa Íris, mas sim consequência de os raios de sol incidirem sobre o ar denso.

---

[11]Falando da cultura ocidental, Lesslie Newbigin afirma: "É uma sociedade pagã, e seu paganismo, tendo nascido como resultado da rejeição do cristianismo, é muito mais resistente ao evangelho do que o paganismo pré-cristão com o qual as missões transculturais estão familiarizadas. Com certeza, aqui se encontra a mais desafiadora fronteira missionária de nossa época" (*Foolishness to the Greeks: the gospel and Western culture* [Grand Rapids: Eerdmans, 1986], p. 20).

[12]Temos consciência da dificuldade e do perigo desta empreitada, em especial de tentar fazê-la em apenas um único capítulo. No entanto, nós o fazemos porque cremos que é essencial para o viver cristão fiel. Sem dúvida, convidamos outros a corrigir e melhorar esta narrativa.

Outros os seguiram, tentando explicar a ordem do mundo sem recorrer a mitos ou autoridades divinas. A cosmovisão mítica anterior foi substituída por uma "dependência cada vez maior da razão independente [...] O racionalismo passou a permear todo o desenvolvimento social e cultural" da Grécia, à medida que a arquitetura, a arte, a política, a medicina, a história, a astronomia, a ética e as ciências passaram a ser cada vez mais estruturadas por essa confiança crescente na razão humana independente.[13]

A cosmovisão grega pagã encontra sua expressão filosófica mais abrangente e sistemática em Platão (427-348 a.C.) e seu aluno Aristóteles (384-322 a.C.). O interesse maior de ambos era descobrir a ordem e a verdade imutáveis que transcendiam as mudanças na cultura humana. Sua busca não era mera especulação teórica. Eles criam que descobrir a verdade universal era essencial para fornecer ordem para o florescimento da vida humana nos planos pessoal e social. Por exemplo, a obra de Platão *A república* procura discernir a justiça e como ela pode moldar o modo de vida de Atenas; o interesse de Aristóteles em *Política* é moldar a cidade-estado grega. Uma vez que nenhum dos dois teve acesso às Escrituras, eles não entenderam que Deus havia dado uma boa ordem criada que podia ser discernida pelo temor a Deus. Assim, buscaram a verdade em uma ordem racional imutável que podia ser discernida pela razão. No entanto, eles discordaram sobre a natureza dessa ordem cósmica e sobre como a razão poderia discernir a verdade dessa ordem — discordâncias que teriam um profundo efeito na cosmovisão ocidental posterior. A diferença básica é ilustrada na pintura de Rafael *A escola de Atenas* (1510-1511) (veja figura 4).

A pintura inteira está à esquerda; à direita vê-se um detalhe de Platão e Aristóteles, que estão no centro da pintura. Observe Platão, o mais idoso, à esquerda: sua mão aponta para o céu, indicando que a verdade há de ser encontrada em um mundo transcendente de ideias. Em contraste, Aristóteles mantém a mão direita com a palma voltada para o chão, mostrando que a verdade reside na observação de uma ordem imutável dentro deste mundo material.

Para Platão, o mundo era constituído de duas esferas, a visível (ou material) e a invisível (ou espiritual). No mundo visível e material, encontramos coisas individuais e específicas, como cadeiras, casamentos e atos de justiça. No mundo invisível e espiritual (na direção do qual Platão gesticula na pintura), encontramos ideias ou ideais universais de uma cadeira, casamento ou justiça. Cada coisa

---

[13]James Shiel, *Greek thought and the rise of Christianity*, Problems and Perspectives in History (New York: Barnes & Noble, 1968), p. 5.

Platão e Aristóteles

Figura 4: *A escola de Atenas*, de Rafael

específica pode participar dessas ideias universais, mas são os ideais em si que nos dão a ordem imutável para o mundo. Pelo exercício da razão, a humanidade pode ter acesso a esses ideais imutáveis a fim de moldar o conhecimento e a vida ética e social. Junto com essa visão dualista do mundo, Platão sustentava uma visão dualista correspondente da pessoa humana. Ele fazia distinção entre um corpo material e uma alma racional: no momento da morte, o corpo chegaria ao fim, mas a alma finalmente retornaria ao mundo invisível, à esfera mais elevada de ideias universais e à fonte de ordem. Assim, Platão se voltava sempre para cima, para a esfera espiritual, e a única maneira de estar em contato com a esfera espiritual que proporcionava ordem imutável era por meio da razão. Para Platão, tanto o mundo material quanto o corpo eram obstáculos prejudiciais à verdadeira vida espiritual e racional.

Na pintura de Rafael, Aristóteles gesticula na direção do chão que o sustenta; para Aristóteles, a razão descobre verdade mediante a observação de ideias imutáveis no mundo. Examinam-se as coisas individuais e específicas (de novo, coisas como cadeiras, casamentos e atos de justiça) a fim de determinar o que é universal em todas elas. Para fazer isso, Aristóteles criou toda uma oficina cheia de ferramentas analíticas que até hoje continuam sendo importantes no pensamento ocidental.[14] Foi na filosofia de Aristóteles que a cosmovisão grega, com sua profunda "confiança no poder do pensamento humano para compreender o mundo racionalmente", alcançou sua "expressão mais plena e clímax".[15]

A cosmovisão pagã continuaria evoluindo ao longo dos períodos do Império Grego e, em seguida, do Império Romano. Cerca de quinhentos anos depois de Aristóteles, Plotino (205-270 d.C.) ressuscitou as ideias de Platão e desenvolveu no neoplatonismo a forma religiosa dessas ideias. O Império Romano estava em declínio nessa época, com agitações internas e grave fragilidade social e econômica. Cidadãos do império decadente buscavam segurança, salvação e uma fuga do mundo; muitas religiões de mistério surgiram para atender a essas

---

[14]Isso inclui coisas como a distinção entre dedução e indução; o silogismo; a distinção entre causas material, eficiente, formal e final; distinções entre sujeito e objeto, entre essencial e acidental, entre forma e matéria, entre potencial e real, entre universal e particular, entre gênero, espécie e indivíduo; e as dez categorias de substância, quantidade, qualidade, relação, lugar, tempo, posição, estado, ação e afeto.

[15]Richard Tarnas, *The passion of the Western mind: understanding the ideas that have shaped our world view* (New York: Ballantine, 1991), p. 62 [edição em português: *A epopeia do pensamento ocidental: para compreender as ideias que moldaram nossa visão de mundo*, tradução de Beatriz Sidou (Rio de Janeiro: Bertrand Brasil, 1999)].

necessidades. Plotino desenvolveu e reforçou quatro princípios centrais do pensamento de Platão:

- há uma divisão básica entre um mundo espiritual bom e um mundo material mau;
- os seres humanos são feitos de um corpo material inferior e de uma alma racional superior;
- a vida corpórea neste mundo material é inferior à vida espiritual;
- a vida humana está voltada para o transcendente e o espiritual.

Para Plotino, a salvação era a libertação da alma de sua prisão corpórea, permitindo-lhe ascender a uma esfera superior, invisível e espiritual. Essas ênfases no pensamento de Plotino vieram a influenciar profundamente a cultura medieval à medida que a cosmovisão cristã assimilava o neoplatonismo plotiniano.

As raízes da cosmovisão ocidental II: o evangelho

Foi no Império Romano do primeiro século, moldado pelo humanismo, pelo racionalismo, pelo secularismo e pelo naturalismo da cosmovisão grega pagã, que Jesus de Nazaré entrou em cena. Sua mensagem estava arraigada nas Escrituras hebraicas, que contavam a narrativa da história que culminaria com a vinda do reino de Deus. Jesus anunciou que o reino de Deus havia chegado — uma mensagem de proporções e importância assombrosas, e com toda certeza uma mensagem que não poderia ser facilmente encaixada na cosmovisão prevalecente. Jesus declarou que todo o significado e propósito da história e da vida humanas, na verdade, o propósito do cosmo todo, estavam sendo revelados em sua própria pessoa e obra. Assim, o evangelho ofereceu uma ideia abrangente acerca do mundo e do lugar do ser humano nele que conflitava radicalmente com a cosmovisão cultural dominante do humanismo clássico.

O evangelho deu origem a uma comunidade que cria que essa ideia era verdade e, por conseguinte, seguiu Jesus. Os primeiros cristãos se recusaram a ser conhecidos como seguidores de uma religião meramente privada, uma religião que oferecia salvação espiritual, individual, futura e em outro mundo. Em vez disso, a igreja declarou que ela própria era uma comunidade pública que oferecia verdade a todos: o verdadeiro sentido do mundo, da história e da vida humana.

Visto que tanto o evangelho quanto o humanismo clássico de Roma eram cosmovisões abrangentes, um embate era inevitável. A comunidade cristã primitiva poderia ter negado o alcance abrangente do evangelho e tê-lo encaixado na cosmovisão cultural predominante. Mas ela se recusou a fazê-lo: os cristãos não relegariam a fé cristã a uma esfera privada de espiritualidade qualquer sem relevância alguma para a vida pública do Império Romano. Ao confessar que Jesus, e não César, era Senhor e ao deixar claro que era uma assembleia pública e não uma seita privada, ela desafiava a maneira pagã de ver o mundo, oferecendo sua própria visão alternativa. E, por sua ousadia no testemunho, a igreja suscitou a ira de Roma e sofreu perseguição.

O evangelho é uma visão abrangente de vida, mas é também adaptável ou traduzível a todas as culturas. Ela não se apresenta apenas como uma alternativa independente à cosmovisão cultural predominante. A própria natureza do evangelho é encarnacional: isso permite — aliás, exige — que ele lide com várias formas culturais, mas sem abrir mão de suas exigências abrangentes. O propósito não era que o evangelho continuasse sendo só judaico; era que encontrasse acolhida em cada cultura para onde se deslocasse. O evangelho reconhece as percepções intuitivas genuínas de qualquer cultura, incluindo aquelas da cultura clássica pagã em que foi inicialmente introduzido.

No entanto, sempre existe o risco de o evangelho, ao assumir forma cultural, ser contaminado pela idolatria da cultura ao redor. De fato, enquanto aguardamos a revelação do reino final de Deus, o êxito de nossa luta com a idolatria cultural sempre será relativo. Podemos chamar essas tentativas de encarnar o evangelho com fidelidade e rejeitar a idolatria de "contextualizações fiéis" do evangelho, em contraste com "concessões infiéis" entre o evangelho e a idolatria da cultura prevalecente. Mas é importante reconhecer que todas as contextualizações do evangelho ficarão em algum ponto entre esses polos. Assim, constata-se nos primeiros anos da igreja a existência tanto de concessões infiéis quanto de contextualizações fiéis à medida que o evangelho penetrava um mundo comprometido com o humanismo pagão. E no desenvolvimento histórico que se seguiu na Idade Média constata-se tanto a poderosa influência do cristianismo sobre a cultura europeia[16] quanto a infiel acomodação da fé cristã à cosmovisão humanista herdada da Grécia e de Roma. Agora passemos à síntese dessas duas visões de vida conforme ela se desenvolveu nesse período.

[16]Veja, por exemplo, Rodney Stark, *The victory of reason: how Christianity led to freedom, capitalism, and Western success* (New York: Random House, 2005) [edição em português: *A vitória da razão: como o cristianismo gerou a liberdade, os direitos do homem, o capitalismo e o milagre econômico do Ocidente*, tradução de Mariana de Castro (Lisboa: Tribuna da História, 2007)].

Síntese da Idade Média Antiga: o evangelho e o neoplatonismo (do século 5 ao 10)

Durante os primeiros trezentos anos de vida da igreja, o ambiente cultural do Império Romano foi hostil à fé cristã. Quando o imperador Constantino se converteu ao cristianismo e legalizou o cristianismo (311 d.C.) e, depois disso, quando o imperador Teodósio tornou o cristianismo a única religião do império (380 d.C.), a igreja passou da periferia para o centro. Isso teve o efeito positivo de possibilitar à igreja levar o evangelho a ter influência na vida pública, mas também teve o efeito negativo de levar a igreja a abrir mão de boa parte de sua posição antitética. Assim, a igreja se tornou cada vez mais vulnerável à idolatria do império.

O homem cujo pensamento proporcionaria a estrutura para a cultura medieval foi Agostinho de Hipona (354-430 d.C.), cujo livro *A cidade de Deus* haveria de moldar o pensamento de gerações ao longo do milênio seguinte. Agostinho lutou por contextualizar fielmente o evangelho, pois este havia sido revestido de ideias herdadas da cultura grega. Mas mesmo o próprio Agostinho trazia em seu íntimo indícios de uma tensão entre cosmovisões conflitantes: antes de sua conversão havia sido um filósofo neoplatônico e se converteu sob a influência do bispo neoplatônico Ambrósio.[17] Assim, há entre os estudiosos divergências sobre até que ponto Agostinho conseguiu ser fiel a uma cosmovisão bíblica em sua contextualização do evangelho. É certo que Agostinho contestou em muitos aspectos o paganismo do neoplatonismo: ele defendeu a virtude da criação (opondo-se à ideia neoplatônica de que a criação era má); entendeu o pecado como rebelião religiosa (e não como algo arraigado na materialidade da criação); entendeu, pelo menos até certo ponto, que a redenção precisa incluir a restauração da vida humana (em oposição à ideia de ser somente uma fuga para um mundo espiritual).

No entanto, algo do espírito neoplatônico sobrevive na síntese de Agostinho, e isso haveria de ter consequências negativas para o desenvolvimento da cultura ocidental. Por exemplo, *A cidade de Deus* parece combinar elementos das Escrituras e do neoplatonismo. Embora grande parte de sua análise dê a impressão de que o objetivo da história é uma criação restaurada, outras partes revelam seu neoplatonismo, segundo o qual o objetivo do povo de Deus é ascender da

---

[17] A história de sua conversão se encontra em sua famosa obra *Confissões*, que consiste em uma série de treze obras autobiográficas escritas em 397-398. Nas primeiras dez obras, Agostinho conta sua própria história e, nas três últimas, oferece reflexões sobre o livro bíblico de Gênesis.

esfera terrena para a celestial. Richard Tarnas talvez exagere no que diz respeito às crenças do próprio Agostinho, mas ilustra bem como suas ideias foram entendidas e postas em prática por muitos que o seguiram na Europa medieval: "Escapar deste mundo para o outro, de si mesmo para Deus, da carne para o espírito, constituía o mais sublime propósito e alvo da vida humana [...] Na visão de Agostinho [...] a esfera espiritual transcendente era a única esfera que de fato importava".[18] Essa orientação vertical deixaria profundas marcas no imaginário medieval: a vida humana estava cada vez mais voltada para a esfera "espiritual".

A catedral medieval é talvez o que melhor expressa essa orientação. Ao entrarmos ali, nossos olhos são inevitavelmente atraídos para o céu; isso pode ser entendido como um incentivo a reagir fielmente a Deus, um lembrete de que a vida cultural é ordenada por Deus e sempre deve ser voltada para a glória de Deus. E às vezes é isso o que de fato significava, especialmente para muitos monges. Mas nem sempre o significado de uma catedral era percebido dessa maneira. Com demasiada frequência, as pessoas sentiam que ela ensinava que a vida neste mundo não merece o esforço humano, que não tem importância alguma em si mesma e por si mesma e que é preciso olhar para cima para encontrar significado e valor. Desse modo, a vida neste mundo costumava ser desvalorizada, visto que a vida cultural e social precisava ser alçada ao céu para ser santificada. Isso acontecia uma vez que a igreja (instituição que mais claramente pertencia à esfera "espiritual") mediava a graça para consagrar várias empreitadas culturais. Dessa maneira, a igreja teve um papel unificador e integrador na cultura medieval, orientando muitas tarefas culturais na educação, nas ciências, na arte, nos negócios e até mesmo na política.

Não há dúvida de que algumas coisas boas resultaram da cultura fortemente influenciada pela igreja na Idade Média. A luz das Escrituras com certeza recebeu bastante atenção na vida pública. A cultura europeia foi permeada com o evangelho, e isso trouxe benefícios que continuam até o presente. Mas o preço da dominância cultural da igreja foi uma depreciação não bíblica e perniciosa da vida neste mundo. A orientação medieval voltada para o céu tem, portanto, elementos tanto cristãos quanto pagãos. O elemento neoplatônico pagão produziu uma orientação transcendental e vertical que solapava o viver cristão autêntico; mesmo assim, a influência cristã no período medieval moldou aquela cultura de maneiras que trariam muitos benefícios às gerações subsequentes.

---

[18]Tarnas, *Passion of the Western mind*, p. 147.

Síntese da Idade Média tardia: cristianismo platonizado e Aristóteles (do século 11 ao século 13)

Do século 11 ao século 13, a atividade cultural na Europa aumentou, a vida social se desenvolveu no sentido vertical e a tecnologia progrediu acentuadamente. O elemento vertical e de negação do mundo característico da cosmovisão da Alta Idade Média foi confrontado por um interesse crescente neste mundo. Esse confronto se acentuou quando, no século 12, vários escritos de Aristóteles foram redescobertos e traduzidos para o latim e, por meio das universidades recém-fundadas, chegaram até a corrente dominante da cultura europeia. Isso gerou uma crise na sociedade europeia. A orientação transcendental do cristianismo platonizado, que supostamente havia sido divinamente sancionada pelas Escrituras e se expressava nos aspectos teológico e político da sociedade medieval, estava agora ameaçada pela ênfase a este mundo dada por Aristóteles.[19] Inicialmente, um concílio de bispos realizado em Paris proibiu os escritos de Aristóteles sob a ameaça de excomunhão, mas o gênio já estava fora da garrafa — e o espírito mais secular e naturalista de Aristóteles rapidamente ganhou impulso na sociedade medieval.[20] É nesse contexto que precisamos entender a tentativa hercúlea empreendida por Tomás de Aquino (1225-1274) de elaborar uma síntese meticulosa que demonstraria não só o respeito pela orientação vertical da vida cristã conforme havia sido moldada na Idade Média, mas também daria a devida importância à vida e à razão empírica neste mundo.

Tomás de Aquino estava comprometido com a autoridade da Bíblia, ao mesmo tempo que também procurava dentro de sua fé um lugar para Aristóteles. Sua motivação era integralmente cristã. Ele acreditava que a criação era boa, bela e ordenada, que a vida cultural tinha um lugar dado por Deus e que a razão empírica era um elemento da imagem divina que dava à humanidade a possibilidade de examinar a natureza da criação. Esses aspectos do testemunho bíblico tinham sido suprimidos durante séculos, e agora, ao virem à tona na Idade Média Tardia, Aquino tentava justificá-los seguindo os moldes aristotélicos. Isso não era necessariamente negativo; como temos insistido, o evangelho sempre precisa assumir forma cultural. Mas o perigo era que a idolatria de Aristóteles fosse engolida junto com o seu entendimento. Aquino sintetizou

---

[19]Hans Küng, *Christianity: the religious situation of our time*, tradução para o inglês de John Bowden (London: SCM, 1995), p. 417.

[20]Fernand van Steenberghen, *Aristotle in the West: the origins of Latin Aristotelianism*, tradução para o inglês de Leonard Johnson (Louvain: E. Nauwelaerts, 1955), p. 67.

a fé bíblica, o cristianismo platonizado e Aristóteles em um sistema de pensamento que continua a exercer notável influência até os dias atuais.

A síntese elaborada por Tomás de Aquino é complexa, mas as ideias básicas podem ser descritas como segue. A estrutura dualista do mundo da Idade Média Antiga foi mantida, tendo em seu andar inferior a natureza e, em seu andar superior (sobrenatural), a graça. Aquino preservou o conceito da superioridade do mundo transcendente, sustentando que a vida humana devia estar voltada para cima, na direção de Deus. No entanto, Aquino afirmou a virtude do nosso mundo presente, do corpo, da vida social e cultural e da razão empírica como raramente havia sido afirmada nos séculos anteriores. Ele, porém, subordinou tudo isso à alma, à igreja, à fé, à verdade revelada, à natureza ímpar da vida cristã e à teologia (veja a figura 5). No sistema filosófico de Aquino, a vida cultural ainda não é livre para se desenvolver como era o propósito de Deus.

Figura 5: Os dois andares de Tomás de Aquino

Esfera espiritual	Eterna	GRAÇA	Sobrenatural	Superior
Alma Igreja	Vida cristã	Fé	Revelação	Teologia
Esfera material	Temporal	NATUREZA	Natural	Inferior
Corpo Sociedade	Vida cultural	Razão empírica	Lei natural	Ciência

Aquino encontra no andar inferior um lugar para a razão aristotélica. Em sua opinião, o conhecimento filosófico ou científico da esfera da natureza é possível porque a razão empírica examina as leis naturais da criação. Aqui há uma importante mudança de pensamento que haveria de ter implicações de longo alcance no mundo moderno. Antes de Aquino, a razão tinha estado firmemente subordinada à fé; no mundo pós-agostiniano, a razão era entendida como o pensamento formalmente correto usado a serviço da defesa e explicação da fé cristã. Em outras palavras, a razão se tornou essencialmente um instrumento para a teologia. Com Aquino, a razão permanece subordinada à fé, mas uma nova definição de razão é introduzida: para ela é empírica, voltada para o exame e a observação de leis naturais e sociais neste mundo. Essa nova definição conduziria a um interesse cada vez maior no mundo natural e a um aumento da confiança no poder da razão de compreender este mundo. Aqui se encontram as sementes da ciência moderna.

A dificuldade na construção de uma estrutura de dois andares está em mantê-la em pé; como Hans Küng observa, "a síntese medieval cristã apresentada por Aquino é uma síntese de extrema tensão, e na dinâmica do desenvolvimento histórico ela produziu efeitos que se revelariam autodestrutivos: 'no andar de baixo' sobreviria um *movimento de secularização e emancipação* sem precedentes e todo-abrangente".[21] Aquino não deu autonomia à esfera do andar de baixo da "natureza" — ele estava demasiadamente comprometido com a cosmovisão bíblica para fazer isso. Aliás, para Aquino, a graça permeava e aperfeiçoava a natureza; além disso, Deus sustentava e governava a criação. Mas a separação entre os dois andares ocorreria nos séculos seguintes: os teólogos João Duns Scotus (1266-1308) e, em uma medida ainda maior, Guilherme de Ockham (1285-1349) separaram o andar de cima do de baixo, incapazes de manter as ênfases bíblicas e a síntese meticulosa de Aquino.

Nos séculos subsequentes, o andar de baixo — o do mundo natural, da vida cultural e da razão — foi sendo cada vez mais desvinculado do de cima. De fato, a maior parte da vida humana seria separada da autoridade de Deus e do poder do evangelho. A razão foi divorciada da fé, uma natureza autossuficiente foi divorciada da Palavra sustentadora de Deus, e a sociedade humana foi divorciada da palavra de ordenação normativa de Deus. Cada uma dessas separações desastrosas, sem exceção, teria chocado Aquino, que era profundamente cristão. Nessas divisões estão as sementes do secularismo que logo floresceria na história do Ocidente. Brian Walsh e Richard Middleton assinalam como esse processo ganhou impulso durante a Renascença: "Enquanto teólogos escolásticos [haviam] concedido um grau limitado de autonomia à esfera de nossa vida natural (e da razão natural), os humanistas renascentistas ampliaram a autonomia da natureza a tal ponto, que não havia mais qualquer necessidade da esfera da graça. Se Deus e o cristianismo já eram basicamente irrelevantes para a maior parte da vida, por que não tornar completa sua irrelevância?".[22] E, de fato, ao longo dos cinco séculos seguintes, Deus e o evangelho foram cada vez mais excluídos da vida natural e cultural do Ocidente. O secularismo que conhecemos atualmente tem sua fonte nas ideias dos teólogos escolásticos da Idade Média Tardia.

Temos analisado de maneira critica aqui a maneira como o cristianismo ficou comprometido devido à sua fusão com o humanismo grego e, por isso, também devemos assinalar o impacto positivo que o evangelho começou a ter

---

[21] Küng, *Christianity*, p. 426.
[22] Brian J. Walsh; J. Richard Middleton, *The transforming vision: shaping a Christian world view* (Downers Grove: InterVarsity, 1984), p. 115 [edição em português: *A visão transformadora: moldando uma cosmovisão cristã*, tradução de Valdeci Santos (São Paulo: Cultura Cristã, 2010)].

nesse período da história no Ocidente. Newbigin descreve o período medieval como "a primeira grande tentativa de traduzir as pretensões universais de Cristo em conceitos políticos".[23] Apesar de reconhecer os danos causados por conciliar o cristianismo e a cultura pagã, Newbigin também acredita que, como resultado daquela síntese milenar, "o evangelho foi introduzido na própria essência da vida social e pessoal [da Europa Ocidental]".[24] A experiência missionária de Newbigin em uma cultura dominada pelo hinduísmo lhe deu condições de ver que a cultura ocidental tem sido positivamente moldada pelo evangelho e "que ainda vivemos, em grande parte, do capital espiritual que ele gerou".[25]

No entanto, a síntese entre o evangelho e o humanismo clássico estava prestes a se desfazer gradualmente, e uma relação mais antitética entre eles estava para surgir. Desse assunto trataremos na próxima etapa de nossa narrativa.

---

[23]Lesslie Newbigin, *Sign of the kingdom* (Grand Rapids: Eerdmans, 1980), p. 47.
[24]Lesslie Newbigin, *The household of God: lectures on the nature of the church* (New York: Friendship Press, 1954), p. 1.
[25]Lesslie Newbigin, *Priorities for a new decade* (Birmingham: National Student Christian Press and Resource Centre, 1980), p. 6.

6

A narrativa ocidental

O crescimento da modernidade

Duas palavras que se tornaram comuns em nossa apresentação da narrativa ocidental nos dão uma indicação do que aconteceu durante os cinco ou seis séculos seguintes. A palavra *Renascença* indica que cremos que algo "nasceu de novo". A palavra *Iluminismo* implica que a "luz do mundo" chegou. Aliás, essas palavras têm sentido profundamente religioso.[1] Por si só elas contam uma narrativa: o humanismo da cultura pagã clássica renasceu e cresceu até se tornar a verdadeira luz do mundo. Neste capítulo, reconstituiremos essa história.

O Renascimento: o humanismo "nasceu de novo" (séculos 15 e 16)

Enquanto os historiadores medievais imaginavam a história dividida em duas eras — antes de Cristo e depois de Cristo —, na Renascença começou a surgir uma nova estrutura tríplice em que a história era dividida nos períodos antigo,

---

[1] Lesslie Newbigin assinala: "'Iluminação' (ou 'iluminismo') é uma palavra com profundas conotações religiosas. É a palavra que descreve a experiência decisiva de Buda. É a palavra usada nos escritos joaninos para descrever a vinda de Jesus [...] Os principais pensadores de meados do século 18 sentiam que eles próprios estavam em um desses momentos de iluminação". Essa sensação de euforia por encontrar a luz, que caracterizou esse período, "veio a partir da convicção de que aquilo que tinha estado anteriormente obscuro estava agora sendo 'explicado'. No lugar de explicações 'dogmáticas' ou 'não científicas' que não mais satisfaziam à mente, a verdadeira explicação das coisas estava agora vindo à luz" (*The other side of 1984: questions for the churches* [Geneva: World Council of Churches, 1983], p. 7-8).

medieval e moderno.² Isso é prova de que uma revolução de consciência estava tomando conta da mente desses escritores, fazendo com que vissem sua época como uma era "moderna" radicalmente nova, merecedora de designação própria para diferenciá-la da que tinha transcorrido antes. Contudo, é claro que a maior parte da Europa ainda estava muito arraigada na Idade Média. Aliás, não foi senão no final do século 19 que a Renascença começou a ser reconhecida como um período histórico distinto da Idade Média.³ Mas é evidente que, em algum momento entre os séculos 14 e 17, os fundamentos religiosos da Europa mudaram.

Durante o período medieval, a cosmovisão predominante do cristianismo platonizado havia reduzido o campo das disciplinas acadêmicas à metafísica, ao direito, à teologia e à lógica. A orientação extramundana herdada do neoplatonismo havia estabelecido limites ao desenvolvimento científico e tecnológico e restringido o escopo da maioria das artes a temas religiosos. A autoridade totalitária da igreja reduziu a liberdade humana, e uma estrutura social estática e hierárquica atrapalhou o desenvolvimento. Mas, iniciando nos séculos 14 e 15, houve um renascimento dos estudos clássicos e um interesse renovado nas ciências humanas — literatura, poesia, história e idiomas. Houve um renovado interesse no mundo presente, conforme claramente visto na investigação científica, nas invenções tecnológicas e em uma guinada para temas da natureza nas artes. Reafirmou-se o valor do indivíduo e do conhecimento deste mundo, talvez em parte em uma rebelião contra a autoridade desmedida da igreja medieval e seu neoplatonismo extramundano.

O cristão pode concordar com boa parte desse desenvolvimento, pois isso levou a cultura a se afastar de alguns dos elementos pagãos que tinham sido mantidos na síntese medieval. No entanto, no norte da Itália, uma forma radical e anticristã de humanismo surgiu com pessoas como Pico della Mirandola, Ficino e Boccaccio. Poderíamos descrever isso como o início do humanismo secular — um humanismo que, em última análise, rejeita a autoridade de Deus sobre a vida humana e natural. Isso não quer dizer que esses homens

---

²O humanista alemão Christoph Cellarius (1638-1707) foi talvez a primeira pessoa a realmente utilizar essa divisão, o que fez em sua obra do século 17 *Universal history, divided into Ancient, Medieval, and Modern time periods* [História universal, dividida em períodos de tempo: Antiga, Medieval e Moderna]. Veja Geoffrey Barraclough, *History in a changing world* (Oxford: Blackwell, 1955), p. 54.

³Johan Huizinga, *Men and ideas: history, the Middle Ages, the Renaissance; essays*, tradução para o inglês de James S. Holmes; Hans van Marle (New York: Harper & Row, 1970), p. 243-87.

rejeitaram a fé cristã; seus escritos continuam repletos de termos e temas cristãos. Contudo, a orientação de seu pensamento se opunha cada vez mais a uma cosmovisão bíblica.

Podemos assinalar quatro dimensões do humanismo secular renascentista:

(1) Havia um renovado interesse no mundo presente. John Dewey fala de uma mudança no centro de convergência "do outro mundo para este, do sobrenaturalismo característico da Idade Média para o prazer nas ciências naturais, nas atividades naturais e na interação com a natureza".[4] Os dois andares de Tomás de Aquino estavam desmoronando: o mundo natural — o *saeculum* — estava se separando da esfera da graça e também estava se tornando o ponto principal do interesse acadêmico. Em si, esse renovado prazer na boa criação de Deus foi, sem dúvida, um desenvolvimento saudável, mas que viria progressivamente à custa de diminuição ou mesmo negação do envolvimento e autoridade de Deus neste mundo.

(2) Essa ênfase renovada na esfera secular instigou em muitas pessoas a sensação de que a humanidade é autônoma.[5] Na narrativa bíblica, os seres humanos descobrem sua natureza prescrita para eles na maneira como Deus os criou e vivem totalmente sob a autoridade da palavra de Deus. O humanismo secular definiu a vida humana sem Deus, trazendo "a lei de sua existência dentro de si mesma".[6] A liberdade humana foi concebida como liberdade da autoridade de Deus. Aqui, por exemplo, está um trecho do *Discurso sobre a dignidade do homem* (1486), de Pico della Mirandola, obra em que se imagina Deus se dirigindo à humanidade por ocasião da criação:

---

[4] John Dewey, *Reconstruction in philosophy*, ed. ampl. (Boston: Beacon, 1957), p. 47-8 [edições em português: *Reconstrução em filosofia*, tradução de António Pinto de Carvalho, Série Biblioteca Universitária (São Paulo: Nacional, 1959); *Reconstrução em filosofia*, tradução de Marsely de Marco Martins Dantas, Série Fundamentos da Filosofia (São Paulo: Ícone, 2011)].

[5] Veja Romano Guardini, *The world and the person*, tradução para o inglês de Stella Lange (Chicago: Henry Regnery, 1965); originalmente publicado como *Welt und Person: Versuche zur christlichen Lehre vom Menschen* (Würzburg: Werkbund-Verlag, 1939). Guardini formula de forma esclarecedora três pontos de partida do mundo moderno que surgiram no final do período medieval e, em especial, na Renascença: natureza, sujeito e cultura. A chave para entender esses três é a autonomia, que Guardini utiliza para se referir a uma compreensão da criação, da vida humana e do desenvolvimento cultural como coisas que existem independentemente de Deus e de sua autoridade. A natureza, o objeto e a cultura no pensamento de Guardini correspondem de modo geral aos pontos 2 a 4 de nossa descrição da cosmovisão renascentista.

[6] Guardini, *The world and the person*, p. 9.

A natureza de outras criaturas, a qual foi determinada, está confinada aos limites prescritos por nós. Vós, que não estais confinados a nenhum limite, determinareis por vós mesmos vossa natureza, de acordo com vosso livre-arbítrio, em cujas mãos vos coloquei. Eu vos pus no centro do mundo, de modo que daí podeis examinar com mais facilidade tudo que há no mundo. Não vos fizemos nem celestiais nem terrenos, nem mortais nem imortais, para que, com maior liberdade e maior dignidade como moldador e criador de vós mesmos, possais modelar a vós mesmos da maneira como preferirdes.[7]

Embora Pico seja cristão, sua linguagem denuncia claramente um sentido não bíblico de autonomia humana.

(3) De acordo com a visão humanista secular, o mundo não humano tem sua própria autonomia em relação a Deus. Não só a humanidade, mas também a totalidade do andar inferior de Aquino — ao ser considerado separado do superior — perde sua ligação íntima com o Criador. "O mundo perdeu seu caráter de 'Criação' e se tornou 'natureza' [...] Ao enxergar o mundo como natureza, [o humanista] o tira das mãos de Deus e o torna independente."[8] Separada da palavra ordenadora de Deus, agora a natureza é concebida como ordenada por leis intrínsecas. A regularidade observável no mundo natural não é mais vista como sua reação ordeira à Palavra de Deus (cf. Sl 147.15), mas como condição necessária de sua própria estrutura mecânica. O universo é cada vez mais considerado somente uma máquina complexa e sofisticada que opera de maneira automática e independente, sem necessidade de qualquer envolvimento adicional de seu projetista e fabricante.

(4) Como corolário dos três primeiros pontos, era inevitável que a humanidade se lançasse à tarefa de se tornar senhora da natureza. Das três relações humanas fundamentais — com Deus, uns com os outros e com a criação não humana — a relação com Deus havia predominado durante o período medieval, enquanto a relação da humanidade com o próximo e em especial com a criação não humana tinha sido menosprezada. Mas na Renascença, cada vez mais o

> destino [humano] é percebido basicamente em sua relação com as coisas naturais deste mundo [...] A centralidade da relação do homem com a natureza [...]

---

[7]J. B. Ross; M. M. McLaughlin, orgs., *The portable Renaissance reader* (New York: Penguin, 1977), p. 478 [edição em português da obra de Pico della Mirandola: *Discurso sobre a dignidade do homem*, tradução de Maria de Lurdes Sirgado Ganho (Lisboa: Edições 70, 1986)].

[8]Guardini, *The world and the person*, p. 11.

é uma das principais características da cultura ocidental desde a Renascença [...] Nós nos destacamos como seres humanos principalmente pela forma que damos a este mundo por meio do pensamento humano e da atividade criadora, e não por meio do significado de nossa vida para outras pessoas.⁹

A cultura é moldada pela compreensão religiosa coletiva que um povo tem acerca do propósito e do significado de sua vida. Iniciando na Renascença, o desejo de controlar e dominar a criação não humana, a fim de atender a propósitos sociais humanos, haveria de se desenvolver a partir dessa semente. Guardini explica: "O próprio homem, que antes havia sido o adorador e servo, agora se tornara o 'criador'. Tudo isso se expressa na palavra 'cultura'. Nessa palavra também se encontra a reivindicação de autonomia. O homem se apodera da existência a fim de moldá-la de acordo com a sua própria vontade".¹⁰

O florescente humanismo secular da Renascença não chega ao palco da história humana como algo totalmente novo. O espírito secular não substituiu simplesmente o espírito religioso; a busca insistente pela liberdade humana não suplantou subitamente a autoridade reconhecida da igreja; uma orientação voltada para este mundo não substituiu repentinamente uma orientação voltada para Deus. As sementes de uma cosmovisão modernista surgiram primeiro entre uns poucos pensadores no norte da Itália, e tanto os pensadores quanto seus pensamentos continuaram por um longo tempo ainda em roupagem cristã. É em virtude de aquelas sementes terem começado a crescer e a se livrar de sua expressão cristã que (olhando retrospectivamente para esse período da história) podemos falar da Renascença. Ronald Wells está certo: "Em outro contexto, sem seu invólucro religioso, um novo padrão de assertividade humana *vai* (necessariamente) resultar em uma cosmovisão secular. Mas na Renascença não temos aquela ruptura definitiva. Embora o potencial de tal ruptura esteja decididamente presente, e venha a ocorrer com o tempo, ela não acontece nos séculos 14 a 16".¹¹ Assim, o humanismo "nascido de novo" no século 14 não reivindicaria a posição de "luz do mundo" senão no século 18.

---

⁹Bob Goudzwaard, *Capitalism and progress: a diagnosis of Western society*, organização e tradução para o inglês de Josina Van Nuis Zylstra (Toronto: Wedge; Grand Rapids: Eerdmans, 1979), p. 134.

¹⁰Guardini, *The world and the person*, p. 11.

¹¹Ronald A. Wells, *History through the eyes of faith: Western civilization and the kingdom of God* (San Francisco: Harper & Row, 1989), p. 75.

A Reforma: "temperando" e secularizando (século 16)

"Era uma vez duas gêmeas loiras chamadas Renascença e Reforma, perseguidas e maltratadas, que se voltaram contra sua perversa e débil madrasta, a Igreja Católica da Idade Média." Assim começa o conto de fadas jocoso de Crane Brinton, em que ridiculariza a versão da narrativa ocidental que classifica a Reforma simplesmente como mais um elemento da fábula abrangente acerca da ascensão do humanismo secular. A Reforma e a Renascença foram "gêmeas" espirituais pelo fato de que ambas procuraram se libertar das restrições impostas sobre elas pela igreja na Idade Média.[12] Embora essa forma popular de contar a narrativa seja simplista e unilateral, Brinton assinala que ela não está totalmente errada, pois em certo sentido é possível comparar a autoridade com o espírito da Idade Média e a liberdade com o espírito da Reforma e da Renascença. Mas há outra forma de apresentar a mesma narrativa, em que as duas forças espirituais — a cristã e a humanista —, que lutam pelo domínio da cultura ocidental, encontram suas raízes europeias respectivamente na Reforma e na Renascença.

Embora haja alguma verdade em ambas as narrativas, por si só, tanto uma quanto a outra podem ser enganosas. A Renascença não foi totalmente humanista, pois boa parte de sua estrutura permaneceu cristã. E a Reforma também apresenta uma mistura de elementos. Ela ajudou a recuperar grande parte da cosmovisão cristã, e essa talvez seja sua principal influência. Mas, ao mesmo tempo, a Reforma também acelerou a tendência de secularização na modernidade.

Para começarmos com os aspectos positivos da Reforma, precisamos reconhecer que foi uma renovação integralmente cristã, com a recuperação de muitas dimensões do evangelho que haviam se tornado obscuras. Os reformadores reafirmaram a virtude da criação. Reagindo ao dualismo que havia colocado monges e sacerdotes em um plano mais elevado e "sagrado", os reformadores Martinho Lutero (1483-1546) e João Calvino (1509-1564) insistiram em que servimos a Deus em todas as vocações culturais mediante o serviço ao próximo. Assim, Lutero imagina que Maria, logo após receber a visita do anjo Gabriel (Lc 1.26-38), simplesmente retorna a seus afazeres domésticos — ordenhar, cozinhar, lavar e varrer. Em outras palavras, mesmo depois da anunciação, Maria reassume seu chamado divino para ser serva. Para Lutero, cada responsabilidade humana é uma vocação sagrada — e sagrada na mesma proporção, quer

---

[12]Crane Brinton, *The shaping of the modern mind: the concluding half of ideas and men* (New York: New American Library, 1953), p. 22.

a pessoa seja chamada a gerar o menino Jesus ou a pôr o jantar na mesa. Os reformadores também insistiram na abrangência e na força do pecado, um conceito que eles criam que havia sido negligenciado no ressurgimento eufórico do humanismo. Além disso, eles ensinavam (embora nem sempre de forma consistente) que a salvação era a restauração da vida humana da criação original. Esses e muitos outros aspectos significativos do evangelho foram redescobertos e difundidos por toda a cultura ocidental em decorrência da Reforma. Richard Tarnas assinala que, embora o secularismo tenha triunfado no século 19, diversos benefícios da cosmovisão cristã continuaram moldando a cultura ocidental, incluindo-se valores éticos cristãos, uma elevada apreciação da razão e uma percepção da inteligibilidade do mundo, do chamado humano a exercer domínio, da dignidade intrínseca da humanidade e de seus direitos inalienáveis, da responsabilidade moral do indivíduo e do imperativo de cuidar dos desamparados e dos menos afortunados, além de um pensamento voltado para o futuro e uma crença no progresso histórico, e muito mais.[13]

Existe, no entanto, outro lado da Reforma: ela também ajudou a acelerar o processo de secularização em operação na cultura ocidental. Em parte isso aconteceu porque os reformadores não foram suficientemente críticos do humanismo de sua época. Mas com bastante frequência a influência secularizadora não foi intencional; aliás, às vezes ela se opunha diretamente aos interesses dos reformadores. A poderosa corrente do humanismo no Ocidente absorveria, em seu desenvolvimento, a Reforma, muitas vezes contra o próprio impulso original desta.[14]

Na seção anterior, assinalamos que dois dos princípios fundamentais do humanismo renascentista foram o zelo pela liberdade e autonomia humanas e uma vida voltada para a criação não humana. A Reforma alimentava essas tendências com frequência, embora, teoricamente, se opusesse a elas. Assim, quando pressionado a se retratar de suas ideias "heréticas", Lutero respondeu com estas palavras: "A menos que seja convencido pelas Escrituras e pela simples razão — não aceito a autoridade de papas e de concílios, pois têm

---

[13]Richard Tarnas, *The passion of the Western mind: understanding the ideas that have shaped our world view* (New York: Ballantine, 1991), p. 321 [edição em português: *A epopeia do pensamento ocidental: para compreender as ideias que moldaram nossa visão de mundo*, tradução de Beatriz Sidou (Rio de Janeiro: Bertrand Brasil, 1999)].

[14]Para uma análise ampla sobre o impacto secularizador da Reforma em uma perspectiva pouco solidária ao cristianismo, veja Tarnas, *Passion of the Western mind*, p. 237-47.

se contradito — minha consciência é escrava da Palavra de Deus. Não posso me retratar e não me retratarei de coisa alguma, pois ir contra a própria consciência não é correto nem seguro. Deus me ajude. Amém".[15] Isso poderia ser lido como uma declaração de Lutero de que se submetia à autoridade divina das Escrituras. No entanto, também poderia ser lido como uma afirmação da liberdade autônoma em relação à autoridade institucional com base na ideia de consciência pessoal; e, se suas palavras forem lidas dessa maneira, Lutero parece estar cometendo um ato de rebeldia sem precedentes. Da mesma forma, a busca dos reformadores para que a vida cultural estivesse livre da autoridade da igreja institucional — em si mesmo um desdobramento bom e pertinente — poderia ser posta a serviço da tarefa de libertar a cultura de toda a autoridade divina. De modo parecido, os reformadores reafirmaram a virtude da criação e o mérito dos esforços científicos. Mas a ciência que se desenvolveu nessa atmosfera poderia ela mesma ser posta a serviço do humanismo confessional. Assim, dessas e de muitas outras maneiras a Reforma não apenas tornou a infundir a fé cristã na cosmovisão ocidental, mas também acelerou o movimento dessa cosmovisão na direção do secularismo.

A revolução científica: a ciência e o desenvolvimento da modernidade (séculos 16 e 17)

Duas visões para a ciência: a cristã e a humanista

A ciência tem desempenhado um papel tão central no desenvolvimento da cosmovisão ocidental que Newbigin se refere à modernidade como a "cosmovisão científica moderna".[16] A ciência (tanto como corpo de conhecimento quanto como metodologia para adquirir esse conhecimento) é um instrumento poderoso, uma boa dádiva de Deus que pode ser direcionada de acordo com uma visão de vida tanto cristã quanto humanista. Na verdade, ambas as visões se evidenciaram durante o que veio a ser conhecido como Revolução Científica. Aliás, Nicolau Copérnico (1473-1543), Johannes Kepler (1571-1630), Isaac Newton (1642-1727) e a maioria dos outros grandes personagens

---

[15]Roland H. Bainton, *Here I stand: a life of Martin Luther* (1950; reimpr., New York: Penguin, 1995), p. 144.
[16]Lesslie Newbigin, *Foolishness to the Greeks: the gospel and Western culture* (Grand Rapids: Eerdmans, 1986), p. 15, 22.

dessa "revolução" eram cristãos. No entanto, no século 18 já era a visão humanista que dominaria as ciências na cultura ocidental.

Durante o período medieval, o desenvolvimento da ciência tinha sido obstruído por uma perspectiva extramundana que carecia de uma compreensão positiva tanto deste mundo como campo apropriado de investigação quanto do chamado humano a desenvolver e explorar a criação. Tanto a cosmovisão cristã quanto seu resultado humanista na Renascença contribuíram com ideias que ajudariam a remover obstáculos medievais ao avanço da ciência. Na perspectiva bíblica, os seres humanos são criaturas exclusivamente chamadas por Deus para explorar a boa criação e dela cuidar, e a ciência pode fornecer os meios para fazer bem as duas coisas. Na visão humanista, o conceito de mordomia pode ficar distorcido, fazendo parecer que a humanidade autônoma tem o direito de dominar e explorar a criação para seus próprios fins sociais. A ciência no mundo ocidental da Renascença (e posteriormente) ofereceu tanto as ferramentas quanto a tradição com os quais a humanidade poderia vir a compreender as leis da natureza. Com tal conhecimento viria um notável poder, pois a própria natureza poderia ser subordinada ao comando da humanidade. Assim, a nova ciência tinha o potencial de promover ou a mordomia cristã ou a dominação da natureza pelo humanismo confessional.

É claro que a essa altura não se fazia diferenciação nítida entre essas duas orientações espirituais. Uma mistura das cosmovisões cristã e humanista é evidente tanto nas obras de Francis Bacon (1561-1626) quanto nas de René Descartes (1596-1650). Bacon cria que "conhecimento é poder"; ele pensava que o conhecimento científico das leis da natureza capacitaria os seres humanos a prever como a criação não humana se comportaria, e a tecnologia os capacitaria a explorar os poderes da natureza para atender a propósitos sociais.[17] Bacon escreve: "O império do homem sobre as coisas se alicerça unicamente sobre as artes [tecnologia] e as ciências, pois só obedecendo à natureza é possível dominá-la".[18] Bacon acreditava que, como consequência da Queda, os seres humanos haviam perdido tanto seu relacionamento com Deus quanto seu domínio sobre a natureza. O primeiro, ele pensava, seria consertado pela religião e pela fé; o segundo seria restaurado pela ciência e tecnologia (no papel messiânico que Bacon lhes atribuía). Mas, se

---

[17] *Novum organum*, livro 1, aforisma 3 [edição em português: *Novum organum, ou, Verdadeiras indicações acerca da interpretação da natureza; Nova Atlântida*, tradução de José Aluysio Reis de Andrade. Coleção Os Pensadores (São Paulo: Abril Cultural, 1973), vol. 13].

[18] *Novum organum*, livro 1, aforisma 129.

a ciência fosse conduzir a humanidade a uma nova civilização, primeiro seria necessário estabelecer um novo entendimento do conhecimento. Era preciso um método rigoroso para purificar a mente de todas as distorções subjetivas e ideias equivocadas dos escolásticos medievais. O método de Bacon era empírico: de agora em diante o conhecimento deveria se basear solidamente no exame experimental do mundo e no raciocínio indutivo a partir das particularidades observadas.

Descartes realizou na Europa continental o que Bacon fez pela Inglaterra. Descartes tem sido chamado o "pai da modernidade" por causa do seu compromisso com a razão científica autônoma como árbitro final da verdade.[19] À semelhança de Bacon, Descartes cria que com a ciência os seres humanos conseguiriam apreender as leis da natureza e com a tecnologia conseguiriam aplicar essas leis, para se tornarem "senhores e possuidores da natureza"[20] e autores do progresso em si. Para viabilizar essa visão, ele também apresentou um método para tornar o conhecimento mais rigorosamente objetivo e purificar a mente de todos os preconceitos subjetivos: os dos sentidos, da imaginação, das emoções, da tradição, da autoridade e de opiniões. A solução de Descartes foi expressa em uma metáfora arquitetônica: a dúvida metodológica era o alicerce sólido sobre o qual se constrói uma estrutura de conhecimento; portanto, comece duvidando de tudo o que você acha que sabe. Sobre esse alicerce você pode construir um sólido edifício de conhecimento seguindo um método racional, submetendo cada assertiva de verdade ao juízo exclusivo da razão e adotando como verdade apenas o que pode ser analisado e medido em termos quantitativos. Assim, para complementar o método empírico e experimental de Bacon, Descartes apresentou um método racionalista e matemático.

Restou a Isaac Newton combinar essas duas abordagens em um método científico que deu o devido lugar tanto à observação experimental quanto à racionalidade matemática (veja a figura 6). A partir da época de Newton, a

---

[19] Veja Peter A. Schouls, *Descartes and the Enlightenment*, McGill-Queen's Studies in the History of Ideas (Kingston: McGill-Queen's University Press, 1989), vol. 13. Schouls demonstra que o pensamento de Descartes, em especial suas ideias de liberdade, poder e progresso, é fundamentalmente semelhante ao dos *philosophes* (filósofos franceses do Iluminismo, N. do T.).

[20] René Descartes, *Discourse on method*, 3. ed., tradução para o inglês de Donald A. Cress (Indianapolis: Hackett, 1993), p. 3 [edições em português do original em francês Le discours de la méthode: *Discurso do método*, tradução de Maria Ermantina de Almeida Prado Galvão, Clássicos WMF (São Paulo: WMF Martins Fontes, 2009); *Discurso do método; regras para a direção do espírito*, tradução de Pietro Nassetti, Série A Obra-prima de Cada Autor (São Paulo: M. Claret, 2004), vol. 45].

ciência haveria de ocupar um lugar central na cosmovisão ocidental; o próprio humanismo assumiu uma forma cada vez mais científica. Pareceu a muitos que agora a ciência oferecia tanto revelação quanto salvação, revelando a verdadeira natureza do mundo e salvando a humanidade das consequências do pecado. Em outras palavras, a ciência estava a caminho de se tornar o ídolo dominante do Ocidente, conforme Alexander Pope (1688-1744) insinua em sua maliciosa paráfrase de Gênesis 1.3 e João 1.4-9: "A natureza e as leis da natureza estavam ocultas na noite. Disse Deus: 'Haja Newton!' e tudo se tornou luz".[21]

Figura 6: Desenvolvimento do método

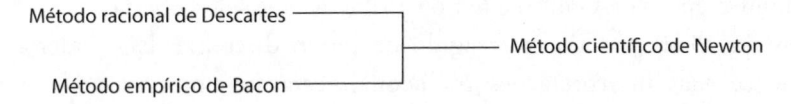

Método racional de Descartes ┐
                             ├── Método científico de Newton
Método empírico de Bacon ────┘

O triunfo do humanismo — por quê?

Poderia ter sido diferente. A ciência poderia ter equipado a humanidade para cuidar da criação e desenvolvê-la em seu devido papel de mordomo. Como foi, então, que a ciência se tornou tão atraída pelo humanismo confessional? Aqui a igreja precisa admitir alguma culpa, pois cometeu dois erros que marginalizariam cada vez mais a cosmovisão cristã.

O primeiro grande erro da igreja foi reagir de forma tão negativa à ascensão da nova ciência. Durante 1.500 anos a igreja havia entendido o mundo com base nas ideias do astrônomo grego pagão Ptolomeu (366-282 a.C.), para quem a terra era o centro imóvel do universo. E isso parecia apoiar uma cosmovisão cristã: visto que Deus havia enviado seu Filho à terra, com certeza ela devia ser o centro de sua criação. Assim, quando Copérnico, Galileu, Kepler e Newton, baseando-se nas obras uns dos outros, apresentaram provas científicas de que a terra não era o centro do universo, mas na realidade girava em seu eixo e revolvia em torno do sol, a igreja reagiu com antagonismo feroz.

A primeira oposição a essas novas descobertas na astronomia veio dos protestantes. Por causa de sua crença em *sola Scriptura*, eles interpretaram erroneamente que a Bíblia apresentava uma visão científica do mundo em textos tais como "Lançaste os fundamentos da terra, para que ela não fosse abalada em tempo algum" (Sl 104.5) e "... a terra permanece a mesma. O sol nasce, o sol

---

[21] Epitáfio de Pope a Newton.

se põe e se apressa em voltar ao lugar de onde nasce novamente" (Ec 1.4,5). Esses textos, entre muitos outros, pareciam dizer que uma terra imóvel estava no centro do cosmo. Assim, muitos na igreja protestante acreditavam que defender uma ideia heliocêntrica do universo significava contradizer as Escrituras. Foi por isso que Lutero (tendo em mente Js 10.11-13) debochou de Copérnico: "Agora é assim. Quem quer que queira ser inteligente não pode concordar com nada do que outros valorizam. Precisa inventar algo próprio. É isso que faz aquele cidadão que quer virar toda a astronomia de cabeça para baixo [...] Creio nas Sagradas Escrituras, pois Josué ordenou ao sol, e não à terra, que parasse".[22] De início, a Igreja Católica Romana reagiu com tolerância à nova ciência, mas mudou a postura durante a época de Galileu e tentou abafar as novas descobertas.

A igreja cristã poderia ter reagido de modo diferente. Ela poderia ter indagado se suas interpretações tradicionais estavam corretas; poderia ter reformulado a fé cristã para um novo tempo. O teólogo católico romano Max Wildiers comenta que, "em vez de aceitar o desafio e refletir sobre a fé com uma nova perspectiva, a igreja optou por um conservadorismo fácil, mantendo, por meio de seus anátemas, o inimigo a uma distância segura [...] Essa incapacidade de aceitar o desafio de um novo cenário mundial foi uma grande perda para a igreja e o cristianismo".[23] A igreja seria cada vez mais vista como obscurantista e obstáculo à livre investigação da verdade. Tarnas comenta: "O significado cultural essencial do conflito com Galileu foi que a igreja se opunha à ciência e, por implicação, que a religião se opunha à ciência. E na retratação imposta a Galileu [de seus estudos de astronomia] repousa a derrota da própria igreja e a vitória da ciência".[24] Mas não precisava ser assim; religião e ciência não estão em um conflito irreconciliável.

---

[22]Donald H. Kobe, "Copernicus and Martin Luther: an encounter between science and religion", *American Association of Physics Teachers* (March, 1998): 192. Essas palavras não foram escritas por Lutero; elas foram citadas de memória por um de seus amigos que esteve presente à conversa. O artigo de Kobe mostra a evolução histórica do comentário original de Lutero e como tem sido aumentado e erroneamente usado para promover a metáfora de guerra entre ciência e religião. Devo essa referência, junto com alguns esclarecimentos sobre a citação de Lutero, ao Dr. Paul Brown, professor e coordenador de estudos do meio ambiente na Trinity Western University, localizada em Langley, província de British Columbia, no Canadá.

[23]Max Wildiers, *The theologian and his universe: theology and cosmology from the Middle Ages to the present*, tradução para o inglês de Paul Dunphy (New York: Seabury, 1982), p. 140 (livro originalmente publicado em holandês com o título *Wereldbeeld en teologie: van de middeleeuwen tot vandaag* [Antwerp: Standaard, 1977]).

[24]Tarnas, *Passion of the Western mind*, p. 261.

Há ainda outra maneira com que a igreja contribuiu para a vitória do humanismo. A Reforma levou ao despedaçamento da cristandade — tanto à desintegração da própria igreja em vários grupos confessionais quanto à fragmentação da Europa em diversas unidades políticas. Como cada Estado disputava o controle total do continente, a Europa ficou encharcada com sangue cristão. E na mesma época em que cristãos estavam se matando, o paradigma científico newtoniano estava levando ao progresso do conhecimento em muitas frentes. Assim, dois processos paralelos estavam em operação na Europa: guerras religiosas ameaçavam despedaçá-la, e a ciência newtoniana (cujas descobertas eram com frequência alcançadas mediante a cooperação internacional entre cientistas) parecia prometer paz e unidade (veja a figura 7).

Figura 7: Conversão da Europa

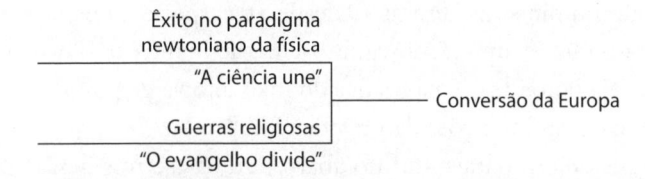

Êxito no paradigma newtoniano da física
"A ciência une" ——— Conversão da Europa
Guerras religiosas
"O evangelho divide"

Isso levaria um número cada vez maior de europeus a ver a própria razão científica como o novo centro em torno do qual seria possível construir uma sociedade europeia estável (veja a figura 8).

Figura 8: Mudança de paradigma na sociedade europeia

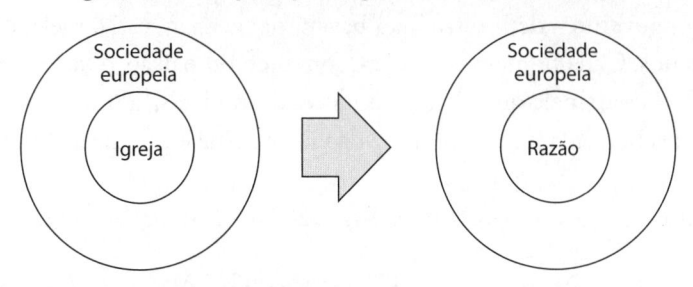

Sociedade europeia (Igreja) ⇒ Sociedade europeia (Razão)

O Iluminismo: a conversão do Ocidente a uma nova fé (século 18)

O humanismo científico que surgiu no século 17 iria se propagar pela Europa no Iluminismo do século 18, tornando-se a visão religiosa prevalecente e a cosmovisão formativa da cultura. Nesse século, a Europa se converteu a uma nova fé: o humanismo científico parecia substituir o evangelho como "a luz do mundo", e suas crenças essenciais podem ser resumidas nas seguintes categorias: (1) fé no progresso, (2) fé na razão, (3) fé na tecnologia e (4) fé em um mundo social racionalmente ordenado. Nas próximas páginas, trataremos de cada um desses itens do credo iluminista.

Fé no progresso

Agostinho havia acreditado que Deus dirigiria a história até um final apoteótico na cidade de Deus. Os escritores iluministas "demoliram a Cidade Celestial de Agostinho, apenas para reconstruí-la com materiais modernos".[25] O mito do progresso era a nova forma dada ao conceito de providência ou história universal. Immanuel Kant (1724-1804), talvez o mais importante e o mais conhecido dos personagens do Iluminismo, afirma: "O destino da espécie humana como um todo é o de progresso ininterrupto. Conseguimos isso ao manter os olhos no objetivo, o qual, embora seja puro ideal, é na prática do mais alto valor, pois dá rumo a nossos esforços, submissos às intenções da Providência".[26]

As imagens de um paraíso futuro abarrotam os escritos dessa época: Henri de Saint-Simon (1760-1825) afirma que os tempos áureos não estão atrás de nós na história, mas à nossa frente no futuro. Joseph Priestly (1733-1804) escreve: "Qualquer que tenha sido o princípio deste mundo, o final será glorioso e paradisíaco, muito além daquilo que nossa imaginação consegue agora conceber".[27] A visão de William Goodwin se parece com a da Nova Jerusalém de Apocalipse 21: "Não haverá guerras, nem crimes, nem aplicação da assim chamada justiça, nem governo. Além disso, não haverá doença, angústia, melancolia nem ressentimentos. Cada homem procurará, com inefável paixão, o bem de todos".[28]

Carl Becker assinala que, para pensadores iluministas, "a finalidade da vida é a vida em si, a boa vida na terra em vez da vida bem-aventurada após a morte".[29]

---

[25]Carl Becker, *The heavenly city of the eighteenth-century philosophers* (New Haven: Yale University Press, 1932), p. 31.

[26]Immanuel Kant, *Criticism of Herder* (1785), citado em F. S. Marvin, *The living past: a sketch of Western progress*, 4. ed. (Oxford: Clarendon, 1928), p. 217.

[27]Citado em Becker, *Heavenly city*, p. 145.

[28]William Goodwin, *Enquiry concerning political justice and its influence on morals and happiness* (Toronto: University of Toronto Press, 1946), 2:528, citado em Goudzwaard, *Capitalism and progress*, p. 41.

[29]Becker, *Heavenly city*, p. 31.

Essa boa vida na terra é sobretudo definida em termos de crescimento econômico e prosperidade material. Em 1767, o filósofo iluminista francês Mercier de la Rivière escreveu: "Humanamente falando, nossa maior felicidade possível consiste na maior abundância possível de objetos adequados para nosso prazer e na maior liberdade para desfrutá-los".[30] De modo parecido, Adam Smith acreditava que a felicidade dependia da fartura material. Lawrence Osborn assinala que, para pensadores iluministas, "o progresso é identificado com o crescimento econômico"[31] e, por conseguinte, "a economia [é] o principal instrumento na busca da felicidade na modernidade".[32] Devemos fazer uma pausa aqui para assinalar que essa obsessão com a perspectiva de abundância material é compreensível em um mundo sujeito a pobreza e catástrofes naturais, e esse era o mundo conhecido pelos economistas iluministas. Mas esse empenho pela prosperidade material — junto com o tempo de lazer e a liberdade para desfrutar dessa prosperidade — haveria de se tornar uma força propulsora em nossa própria sociedade de consumo no Ocidente nos séculos 20 e 21, em que essa mesma pobreza não é frequente.

Ronald Wright fala de "nossa fé prática no progresso" como uma "religião secular [... um] 'mito' no sentido antropológico" de uma narrativa de história universal que molda uma cultura.[33] E sejamos claros: fé no progresso *é* uma religião, uma fé real. Não há nada que prove que a cultura ocidental está caminhando rumo ao "progresso", à crescente prosperidade material para todos. Aliás, na atualidade há muitas provas que indicam o contrário.

Fé na razão

Acreditava-se que o progresso rumo a um mundo melhor seria impulsionado pela razão e pela ciência. A era do Iluminismo foi apelidada "Era da Razão" por

---

[30]Citado em John B. Bury, *The idea of progress: an inquiry into its origin and growth* (London: Macmillan, 1920), p. 173.

[31]Lawrence Osborn, *Restoring the vision: the gospel and modern culture* (London: Mowbray, 1995), p. 46.

[32]Osborn, *Restoring the vision*, p. 57.

[33]Ronald Wright, *A short history of progress*, CBC Massey Lecture Series (Toronto: House of Anansi Press, 1994), p. 4 [edição em português: *Uma breve história do progresso*, tradução de Carolina Araújo (Rio de Janeiro: Record, 2007)]; cf. Christopher Dawson, *Progress and religion: an historical inquiry* (London: Sheed & Ward, 1929), p. 3 [edição em português: *Progresso e religião: uma investigação histórica*, tradução de Fabio Faria (São Paulo: É Realizações, 2012)].

causa de sua suprema confiança na capacidade racional humana, de sua convicção de que "o homem, guiado apenas pela luz da razão e da experiência, é capaz de aperfeiçoar a boa vida na terra".[34] Tarnas acrescenta: "Para a vigorosa civilização do Ocidente no ápice da modernidade, foram a ciência e a razão, não a religião nem a crença, que impulsionaram aquele progresso. A vontade do homem, não a de Deus, era a fonte reconhecida tanto do aprimoramento do mundo quanto da libertação cada vez maior da humanidade".[35]

Na perspectiva iluminista, a razão científica devia ser *autônoma*, liberta de uma fé (cristã) cada vez mais rejeitada como obscurantista, ignorante e supersticiosa. Além disso, a razão científica devia ser *instrumental*, empregada para controlar, predizer e moldar o mundo. Por último, a razão científica devia ser *universal*, transcendendo a cultura e história humanas, discernindo leis que se aplicam a todas as pessoas em todas as épocas.

Fé na tecnologia

De acordo com o credo iluminista, o progresso chegaria quando a razão científica fosse transformada em tecnologia, para explorar as leis naturais em benefício da humanidade. O conhecimento das leis da natureza daria à humanidade controle sobre a criação não humana por meio da tecnologia e sobre a sociedade humana por meio da organização racional. No século 17, Francis Bacon havia predito a união da ciência com a tecnologia, embora isso realmente não viesse a acontecer senão no século 19. Mas a visão de controle tecnológico para fomentar o progresso e a prosperidade era incontestavelmente evidente no Iluminismo do século 18. Um dos exemplos dessa confiança na ciência e na tecnologia é extraído de um livro escrito em 1770 por Sébastien Mercier, intitulado *L'an 2440* [O ano 2440]: "Estando o homem armado com a geometria, as artes mecânicas e a química, até onde conseguirá chegar sua capacidade de aperfeiçoamento?".[36] Do mesmo modo, em sua obra *Esboço de um quadro histórico dos progressos do espírito humano*, o marquês de Condorcet (1743-1794) descreve sua visão de progresso rumo à abundância material, conduzido pela ciência e pela tecnologia.

---

[34]Becker, *Heavenly city*, p. 31; cf. Goudzwaard, *Capitalism and progress*, p. 38.
[35]Tarnas, *Passion of the Western mind*, p. 323.
[36]Veja Bury, *The idea of progress*, p. 197; Goudzwaard, *Capitalism and progress*, p. 49.

Fé em um mundo social racionalmente ordenado

No pensamento iluminista, a razão científica, se aplicada à sociedade humana, poderia organizá-la de forma racional e, assim, alcançar progresso no âmbito social. Visto que a física de Newton, baseada em suas descobertas sobre a ordem imutável no mundo não humano, havia tido êxito, talvez fosse possível detectar uma ordem semelhante também no mundo social, político, econômico e educacional. Os filósofos iluministas começaram a acreditar que conseguiriam estabelecer a cidade celestial descobrindo essa ordem exclusivamente pela razão e com base nisso organizando a sociedade e a cultura humanas. O livre exercício da razão científica deveria ser a chave para essa iniciativa ousada de organização social. Muitos pensadores iluministas acreditavam que as estruturas políticas e sociais opressivas que haviam dominado a Europa eram fruto da fé cristã. Eles se viam como soldados armados com a razão científica, envolvidos na batalha contra essas instituições repressoras e ultrapassadas, remanescentes da Idade Média.

Visto que a prosperidade material deveria ser um aspecto central da nova "cidade celestial", não é surpreendente ver o destaque dado à organização racional da vida econômica. Adam Smith (1723-1790) publicou em 1776 sua obra de enorme influência, *A riqueza das nações*, a visão iluminista de uma economia baseada na razão.[37] Smith acreditava que, se deixarmos o mercado livre, as decisões econômicas de pessoas interessadas só em si mesmas nos guiariam a um futuro melhor para todos.[38]

A razão científica foi aplicada à teoria política por John Locke (1632-1704) em *Dois tratados sobre o governo* (1689),[39] obra em que questionou o direito divino dos reis e defendeu uma política mais racional em que o direito de governar proviria do consentimento do povo. Outros pressionaram por um sistema educacional mais racional. Na verdade, "foram escritos mais estudos sobre educação

---

[37] Edições em português: *A riqueza das nações*, tradução de Alexandre Amaral Rodrigues; Eunice Ostrensky (São Paulo: WMF Martins Fontes, 2010), 4 vols.; *A riqueza das nações: uma investigação sobre sua natureza e suas causas*, tradução de Luiz João Baraúna. (São Paulo: Nova Cultural, 1996), 2 vols.].

[38] Alexander Pope ridiculariza a ideia de que a busca do interesse pessoal coincidiria com os propósitos de Deus para a vida econômica: "Assim Deus e a natureza formaram a estrutura geral; e ordenaram ao amor a si mesmo e ao amor ao próximo que fossem o mesmo" (*An essay on man: in epistles to a friend* [London: J. Wilford, 1733-1734], 4 vols., carta 3, p. 317-8).

[39] Edições em português: *Dois tratados do governo civil*, tradução de Miguel Morgado (Lisboa: Edições 70, 2006); *Dois tratados sobre o governo civil*, tradução de Júlio Fischer (São Paulo: WMF Martins Fontes, 1998).

no século 18 do que em todos os séculos anteriores somados".⁴⁰ Ainda outros, com base na obra do século anterior de Hugo Grotius (1583-1645), desenvolveram teorias a favor de um sistema legal mais racional. Em todas as áreas da sociedade pensadores iluministas apresentaram esquemas para uma sociedade racional baseada na razão científica.

Esse desejo amplamente difundido de uma sociedade racional se deveu fortemente a Newton, cujo método científico inspirou a maneira como filósofos sociais, políticos e econômicos do Iluminismo desenvolveram suas próprias teorias. Na física newtoniana, começa-se pela menor partícula com o objetivo de identificar as leis que a regem e harmonizar as relações dela com outras partículas semelhantes. Paul Tillich se refere a isso como a "razão técnica" que "analisa a realidade em seus menores elementos e, então, a partir deles interpreta outras coisas, coisas maiores".⁴¹ Esse método veio a ser aplicado à organização social quando, por exemplo, filósofos políticos e econômicos, começando com a menor unidade da sociedade — o indivíduo —, procuraram leis mediante as quais cada um desses seres humanos podia se relacionar com os demais. George Soros fez a observação de que a teoria econômica iluminista (e, poderíamos acrescentar, a teoria política, social e educacional) "se baseia em uma falsa analogia com a física".⁴² Newbigin assinala como essa falsa analogia opera na economia: "Usando o modelo do universo newtoniano, ela se tornou a ciência do funcionamento automático do mercado. A diferença era que a lei fundamental que regula seus movimentos, correspondente à lei da gravidade de Newton, é a lei da ganância pressuposta como o impulso básico da natureza humana".⁴³

Essa "teoria de leis universais" tem suas raízes (por estranho que pareça) na longa tradição cristã da teoria do "direito (ou lei) natural", recém-adaptada (no século 18) à cosmovisão iluminista. Na Idade Média, Tomás de Aquino havia dado expressão definitiva ao conceito cristão de direito natural, afirmando que

---

[40]Marvin Perry et al., *Western civilization: ideas, politics, and society*, 5. ed. (Boston: Houghton Mifflin, 1996), p. 439.

[41]Paul Tillich, *Perspectives on 19th and 20th century Protestant theology*, organização de Carl E. Braaten (London: SCM, 1967), p. 33 [edição em português: *Perspectivas da teologia protestante nos séculos XIX e XX*, tradução de Jaci Maraschin (São Paulo: ASTE, 1986)].

[42]George Soros; Jeff Madrick, "The international crisis: an interview", *The New York Review of Books* (January 14, 1999): 38, citado em Bob Goudzwaard et al., *Globalization and the kingdom of God*, organização de James W. Skillen (Washington: Center for Public Justice; Grand Rapids: Baker Academic, 2001), p. 24.

[43]Newbigin, *Foolishness to the Greeks*, p. 31.

as leis pelas quais o universo é ordenado haviam sido nele implantadas pelo Criador e, por conseguinte, refletiam os propósitos do próprio Deus para sua criação. Assim, para Aquino, o direito natural era uma prova da presença de Deus. Esse conceito teve grande influência mais ou menos até o Iluminismo, quando alguns filósofos começaram a falar do direito natural como uma ordem imanente embutida na criação e independente de Deus. Paul Hazard comenta que o "objetivo desse movimento era divorciar o direito da religião".[44] Hugo Grotius é com frequência considerado o pai dessa ideia racionalista e secular de direito natural, argumentando que essas leis são válidas em e por si mesmas, independentemente de se Deus as quis ou não. Os sucessores iluministas de Grotius seguiram sua linha de raciocínio até que o "direito natural que elaboraram se tornou totalmente secular".[45] Newbigin comenta a respeito dessa "nova compreensão do 'direito'": "Não há mais um legislador divino a cujos mandamentos se deve obedecer por serem de Deus. As leis são relações necessárias que brotam da natureza das coisas (Montesquieu). Nessa condição estão acessíveis à descoberta pela razão humana".[46]

Assim, a noção iluminista de direito natural — uma ideia que revolucionaria a sociedade — está, ironicamente, arraigada na noção cristã de ordem criada; a teoria social iluminista sobrevive à custa do capital da cosmovisão cristã. Embora, em nossa opinião, Tomás de Aquino já tivesse concedido demasiada

---

[44]Paul Hazard, *European thought in the eighteenth century: from Montesquieu to Lessing*, tradução para o inglês de J. Lewis May (Cleveland: World Publishing, 1963), p. 145; publicado originalmente em francês com o título *La pensée européenne au XVIIIème siècle: de Montesquieu à Lessing* (Paris: Boivin, 1946), 3 vols. [edição em português: *O pensamento europeu no século XVIII: de Montesquieu a Lessing*, tradução de Carlos Grifo Babo (Lisboa: Presença; São Paulo: Martins Fontes, 1974)]; veja tb. ibidem, *The European mind: 1680-1715*, tradução para o inglês de J. Lewis May (New York: World Publishing, 1963), p. 269-70; publicado originalmente em francês com o título *La crise de la conscience européenne, 1680-1715* (Paris: Boivin, 1935), 3 vols. [edição em português: *A crise da consciência europeia*, tradução de Óscar de Freitas Lopes, Série História Geral da Cultura (Lisboa: Cosmos, 1948)].

[45]A. P. d'Entrèves, *Natural law: an introduction to legal philosophy* (London: Hutchinson's University Library, 1951), p. 55.

[46]Newbigin, *The other side of 1984*, p. 12. A referência de Newbigin a Montesquieu (1689-1755) é extraída de seu famoso primeiro capítulo de *De l'esprit des lois* (*On the spirit of laws*), um ensaio sobre governo publicado pela primeira vez em 1748 [edição em português: *O espírito das leis: ou das relações que as leis devem ter com a constituição de cada governo, com os costumes, o clima, a religião, o comércio etc.*, tradução de Fernando Henrique Cardoso; Leôncio Martins Rodrigues, Série Os Pensadores (São Paulo: Abril Cultural, 1973)].

autonomia ao direito natural, ele havia acertadamente mantido sua crença de que a ordem da criação exibia os propósitos e a vontade do Criador. Quando pessoas ligadas ao Iluminismo se desfizeram de Deus, não conseguiram se desfazer tão facilmente da ordem estabelecida por Deus, que continuou sendo um conceito necessário para teorizarem sobre o ordenamento da sociedade. Se alguém está tentando criar uma instituição social, com certeza seria útil reconhecer algum tipo de ordem normativa para essa instituição! No Iluminismo, o caminho havia sido aberto para estas pressuposições: (1) essa ordem normativa havia sido estabelecida pela própria natureza; (2) a razão humana é capaz de descobrir essas leis imutáveis, universais e impessoais implantadas na natureza; e (3) os conceitos de lei revelada e legislador divino já não são necessários.

Assim, em sua compreensão tanto da criação humana quanto da criação não humana, a cosmovisão iluminista consagrava o deísmo. O deísmo é uma fé de transição entre o cristianismo e uma cosmovisão mais radicalmente secular, mantendo um mero vestígio da doutrina cristã da criação para servir de base para a sociedade humana. "De acordo com a filosofia deísta, Deus já havia desempenhado seu papel ao criar a ordem natural, e [...] pode-se, com segurança, deixá-lo de fora como um fator no presente."[47] O deísmo é a "última concessão à religião";[48] é um racionalismo com uma "fome íntima de religião".[49]

O choque entre a fé iluminista e o evangelho

À medida que a cosmovisão iluminista amadureceu, ela incorporou somente alguns elementos da cosmovisão cristã, adaptando-os para amoldá-los à sua própria narrativa e, dessa maneira, negando implicitamente a abrangência da cosmovisão cristã. À medida que a Europa ia se entusiasmando com essa nova fé, um embate com o cristianismo se tornou inevitável. Com a ideia iluminista dominando o coração e a mente dos europeus, parecia que o evangelho teria de ou ser eliminado ou ser levado a se adaptar e servir à nova ordem das

---

[47]Eduard Heimann, *History of economic doctrines: an introduction to economic theory* (London: Oxford University Press, 1945), p. 49 [edição em português: *História das doutrinas econômicas: uma introdução à teoria econômica*, tradução de Wastensir Dutra (Rio de Janeiro: Jorge Zahar, 1976)], citado em Goudzwaard, *Capitalism and progress*, p. 20.

[48]Peter Gay, *The Enlightenment: an interpretation* (New York: Knopf, 1966-1969), 2 vols., 1:149.

[49]Hazard, *The European mind*, p. 256.

coisas.⁵⁰ Tragicamente, muitas vezes foram os próprios cristãos que abriram mão das reivindicações de validade universal feitas pelo evangelho, a fim de o conciliar com sua nova condição dentro da fé iluminista. Como consequência, abandonaram a cosmovisão abrangente implícita no evangelho, permitindo que ela assumisse "um papel novo e intelectualmente bem mais limitado" e passasse a "se concentrar exclusivamente em questões espirituais pessoais".⁵¹

Em muitos de seus escritos, Newbigin assinalou essa redução na abrangência reivindicada pelos cristãos para o evangelho, ao descrever a "dicotomia fato-valor" existente na base da cultura ocidental moderna. Quando o humanismo triunfou no Iluminismo, a razão científica foi aceita como o único árbitro da verdade: qualquer pretensão à verdade que pudesse ser comprovada pela racionalidade científica estava em uma categoria superior como fato público, para ser aceito como verdade por todos na sociedade. Pretensões à verdade que não podiam ser verificadas cientificamente foram relegadas à esfera inferior de valores privados (ou questão de gosto, ou preferência), sem papel algum na vida pública da cultura. Assim, o evangelho se torna uma questão de mera preferência pessoal. (Alguém pode preferir sorvete de chocolate a sorvete de baunilha, mas afirmar que sorvete de chocolate é a verdade é confundir as categorias.) Sob esse ponto de vista, é aceitável qualquer pessoa afirmar que o evangelho é bom para ela, mas afirmar que é verdadeiro e possui autoridade na vida cultural seria apegar-se aos vestígios religiosos de uma época passada.

Podemos ilustrar isso com o diagrama a seguir (veja a figura 9). A peneira da razão científica filtra e separa pretensões à verdade. Aquelas que conseguem satisfazer os critérios da razão científica — como 1 + 1 = 2 (matemática) ou uma descrição do direito de propriedade privada (política) — alcançam a condição de fatos a serem publicamente acatados. (Um professor de escola pública que pergunta aos alunos qual é a soma de 1 + 1 não festeja a pluralidade quando alunos divergentes respondem "3" ou "4"!) No entanto, as pretensões à verdade que não conseguem satisfazer a esse padrão científico são relegadas à esfera de simples valores, preferências, gostos e opiniões: podem ser sustentados na esfera privada, mas não devem de modo algum ser proclamadas como verdade pública.

---

⁵⁰Em certo sentido, essas são duas rotas que vemos ser tomadas por sociedades capitalistas e comunistas — as duas formas que a cosmovisão iluminista por fim assumiria. A forma comunista de humanismo procura eliminar a fé cristã, enquanto a forma capitalista relega a fé cristã à esfera privada.

⁵¹Tarnas, *Passion of the Western mind*, p. 306-7.

Figura 9: Dicotomia fato-valor

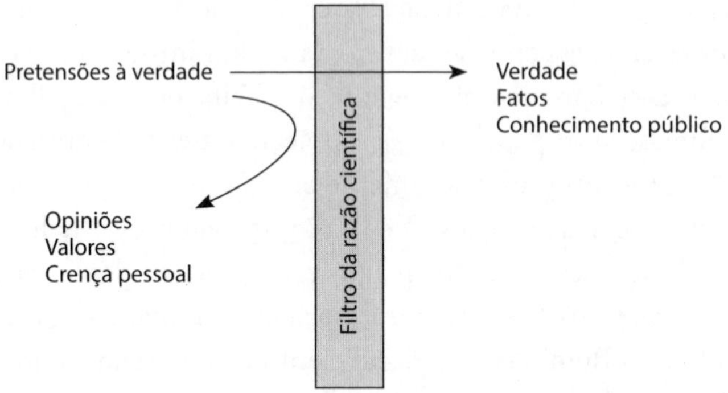

Pretensões à verdade → Verdade / Fatos / Conhecimento público

Filtro da razão científica

Opiniões / Valores / Crença pessoal

Quando o dogma do humanismo científico está em ação, o evangelho é considerado uma questão de mera preferência pessoal, que não tem papel algum na vida pública. Nossa vida em comum na cultura (segundo nos dizem) precisa seguir com base em uma racionalidade universal da qual todas as nossas subjetividades, até mesmo a fé cristã, foram removidas pelo filtro do método científico. A ciência, a política, a economia e assim por diante fazem parte do âmbito público e fatual da vida; o evangelho é banido para a esfera pessoal de valores. Dessa maneira, aqueles que defendem a cosmovisão iluminista consideram que, na esfera da vida pública, falar sobre a luz da revelação ou a autoridade das Escrituras é confundir as categorias.

Esse é, naturalmente, um obstáculo devastador para o envolvimento cristão na esfera pública. Na visão iluminista, o evangelho é excluído e não pode mais operar como um poder orientador da vida social e cultural. Quando permitimos que o evangelho seja domesticado pelo humanismo científico, na verdade abandonamos o evangelho revelado nas Escrituras.

A era da revolução: conformando a sociedade à fé iluminista (séculos 19 e 20)

"O Ocidente havia 'perdido sua fé [em Deus]' — e encontrou uma nova, na ciência e no ser humano."[52] Mas nenhum compromisso de fé de verdade pode ficar para sempre somente no coração ou na mente, na teoria ou na afirmação verbal; ele sempre se encarnará nos planos social, político e econômico. Para aqueles que sustentam que a visão iluminista é verdadeira, "o estabelecimento

---

[52]Tarnas, *Passion of the Western mind*, p. 286.

de *novas* instituições sociais não é uma tarefa entediante e incidental, mas uma necessidade premente e um elevado imperativo ético. Nesse caso, o caminho estreito até o paraíso perdido só pode ser o caminho da *revolução social*".[53] Foi assim que a cosmovisão iluminista foi incorporada na cultura ocidental em uma série de revoluções — nacionais, industrial, sociais e políticas — nos séculos 18, 19 e início do 20. Aqui examinamos rapidamente alguns aspectos significativos das Revoluções Industrial e Francesa que são importantes para a compreensão de como se desenvolveu a cosmovisão ocidental.[54]

Antes da Revolução Industrial, a unidade econômica básica tinha sido a família. A residência era tanto oficina quanto local de negócios. O trabalho era manual, não especializado e em grande medida sem subdivisão de tarefas. A maioria das pessoas vivia na zona rural. Tudo isso haveria de mudar durante a Revolução Industrial, pois as máquinas assumiram tarefas manuais, o trabalho foi subdividido em tarefas e tornou-se especializado e passou da residência para a fábrica, da zona rural para a cidade industrial. A fábrica é um exemplo brilhante da organização racional e do controle tecnológico da sociedade surgidos como resposta à supremacia da cosmovisão iluminista.

Na Revolução Industrial, a ciência e a tecnologia se tornaram realmente unidas: "Apesar de Francis Bacon ter anunciado o casamento da ciência com as artes mecânicas no início do século 17, o casamento só se consumou quase três séculos depois. Na prática, ambos continuaram sendo empreendimentos essencialmente distintos [...] No século 19, já havia começado a busca de um caminho mais direto entre a ciência e a tecnologia. A intensa interação ocorrida resultou em uma tecnologia científica".[55] Em posição vantajosa por estar no século 20, Lynn White reflete sobre esses acontecimentos passados e afirma que o "casamento entre a ciência e a tecnologia [...] talvez marque o maior acontecimento da história humana [...] Pouco mais de um século atrás a ciência e a tecnologia — até então atividades totalmente separadas — se uniram para dar à humanidade poderes que, a julgar por muitas das consequências ecológicas, estão fora de controle".[56]

---

[53] Goudzwaard, *Capitalism and progress*, p. 50-1.
[54] A Guerra de Independência dos Estados Unidos também poderia ser aqui considerada uma revolução que implementou a cosmovisão iluminista.
[55] Stephen Monsma et al., *Responsible technology: a Christian perspective* (Grand Rapids: Eerdmans, 1986), p. 85, 91.
[56] Lynn White, "The historical roots of our ecologic crisis", *Science* 155 (1967): 1203-7.

Essa tecnologia foi direcionada principalmente para atividades econômicas. O motor a vapor, a máquina de fiar movida a água e a máquina de fiar com múltiplos fusos foram — todos eles — postos a trabalhar na indústria têxtil de algodão. As máquinas aumentaram enormemente a capacidade do trabalho humano — o motor a vapor dava a uma única pessoa o poder de produção de uma multidão de trabalhadores. Acrescentou-se a esse controle tecnológico uma organização mais eficiente da mão de obra em que se implantou a especialização de tarefas, que também foram organizadas na fábrica de modo a obter produção máxima. E a combinação da especialização com a mecanização resultou em uma produtividade notável.

No período de 1840 a 1900, quando a Grã-Bretanha se industrializou, seu produto interno bruto (PIB) *per capita* triplicou, passando de pouco mais de 300 dólares para cerca de 900 dólares; durante o mesmo período, o PIB *per capita* de Portugal (que não havia se industrializado) aumentou apenas ligeiramente, de aproximadamente 250 dólares para 260 dólares.[57] Parecia que isso era sólida evidência de que a visão iluminista de progresso rumo a uma sociedade próspera — progresso produzido pelo controle científico e pelo desenvolvimento tecnológico — estava se concretizando. Isso reforçou a fé recém-descoberta da Europa de que "a ciência [tinha] as respostas para os problemas do mundo", porque "do ponto de vista da era do vapor, a partir do final do século 19, parecia que o progresso era a essência do universo e a ciência era a chave que podia desvendar os segredos da felicidade utópica".[58]

A tecnologia e o trabalho haviam sido organizados, principalmente, em prol do crescimento econômico e da prosperidade material, mas logo essa ordenação econômica passou a moldar todos os outros aspectos da vida social com base na estrutura social do capitalismo. David Wells acredita que o capitalismo "reorganizou a estrutura social para atender aos objetivos de manufatura, produção e consumo [...] concentrou a população em cidades e produziu sistemas imensos de finanças, bancos, leis, comunicações e transporte. Em suma, mudou a forma de nosso mundo [...] [E] a *tecnologia* facilita o processo do capitalismo e racionaliza todos os aspectos da vida".[59]

---

[57]Norman J. G. Pounds, *An historical geography of Europe, 1800-1914* (Cambridge: Cambridge University Press, 1985), p. 32.

[58]Andrew Walker, *Telling the story: gospel, mission, and culture* (London: SPCK, 1996), p. 57.

[59]David Wells, *God in the wasteland: the reality of truth in a world of fading dreams* (Grand Rapids: Eerdmans, 1994), p. 7.

À semelhança da Revolução Industrial, a Revolução Francesa labutou para reconstruir a sociedade com base no credo iluminista. O grito da revolução era "Liberdade, igualdade e fraternidade". Esse lema foi mais do que palavras: tais ideais levaram a um imenso derramamento de sangue e, em seguida, moldaram as reformas da Assembleia Nacional Constituinte Francesa, quando se reuniu em 1789. A assembleia acreditava que a maneira de alcançar esses ideais era abolir o direito divino dos reis, os privilégios da nobreza e a autoridade da igreja — vestígios de uma cristandade antiquada e hierárquica. Em lugar da antiga ordem estavam os direitos inalienáveis de cada cidadão, a subordinação da igreja ao estado, um governo constitucional, reformas administrativas e judiciais, legislação comercial e educação pública de acesso universal. A Declaração dos Direitos do Homem e do Cidadão fez uma afirmação universal sobre a liberdade e a igualdade de todos os seres humanos e se tornou uma influência formativa em todo o Ocidente nos dois séculos seguintes.

As mudanças iniciadas pelas Revoluções Industrial e Francesa transformaram a sociedade no estado moderno, baseado no humanismo confessional. Andrew Walker assinala que, em certo sentido, o estado moderno é um "filho da modernidade". Mas, assim que nasce, essa criança encarna a fé da modernidade: "No mundo moderno, o estado é a principal e mais poderosa força institucional na comunidade internacional e, provavelmente, o mais bem-sucedido promotor institucional do processo de modernização".[60]

Seria fácil ler essa narrativa como o triunfo dos atraentes ideais humanistas sobre a religião obscurantista. Mas essa seria uma interpretação errônea daquilo que realmente aconteceu. A sociedade que experimentou uma reviravolta com o triunfo da modernidade não era propriamente cristã, mas a cristandade medieval — uma mistura de elementos cristãos e pagãos. Tal qual os humanistas, os cristãos estão propensos a rejeitar a hierarquia da Idade Média e o poder excessivo da igreja, mas farão isso por razões diferentes. A maioria dos cristãos há de concordar com os humanistas que várias instituições sociais devem ficar livres do controle da igreja, mas pode muito bem discordar quanto à resposta para a pergunta "Com base em que autoridade devemos, então, moldar aquelas áreas da vida que foram emancipadas?". Deve ser de acordo com os ditames da razão ou de acordo com a revelação de Deus? Além disso, o humanismo moderno continua vivendo à custa do capital acumulado do evangelho, pois a cosmovisão cristã tem desempenhado um papel importante na formação de muitas daquelas coisas que

---

[60]Walker, *Telling the story*, p. 110-1.

hoje consideramos extremamente atraentes, o que inclui os direitos humanos, a liberdade, a igualdade, o aumento na produtividade e a educação. Esses aspectos nunca foram desenvolvimentos exclusivamente humanistas.

Duas narrativas diferentes de progresso: a liberal e a marxista

No entanto, após as revoluções, nem tudo estava bem. A Revolução Industrial certamente produziu resultados ambíguos. Acompanhada da crescente riqueza veio muita miséria: muitas das famílias que haviam se mudado da zona rural para a cidade começaram a se desintegrar; uma enorme massa de pessoas se amontoava em moradias improvisadas e insalubres; homens, mulheres e crianças eram vergonhosamente explorados nas fábricas, onde os turnos eram desumanamente longos, e os salários, desumanamente baixos. Um contraste sombrio com as profecias iluministas do paraíso na terra! O que havia acontecido com a fé e a esperança do século 18?

Uma fé profundamente arraigada, mesmo que seja fé em um deus falso, não é facilmente destruída. A fim de manter a fé na narrativa iluminista, apesar das evidências cada vez mais pessimistas da Revolução Industrial, aqueles que criam fielmente no progresso sentiram a necessidade de reunir todos os sinais visíveis de miséria humana em um mito maior. E duas narrativas pós-iluministas que surgem no século 19 procuram fazer exatamente isso, ambas mantendo a fé no progresso por meio da ciência e da tecnologia[61] e interpretando o testemunho contrário como parte daquela narrativa. Essas duas narrativas são o liberalismo e o marxismo.

O liberalismo, a primeira grande força ideológica desencadeada no século 19, oferecia um projeto de sociedade baseado na soberania do indivíduo.[62] Em sua forma econômica, o liberalismo valoriza a liberdade do indivíduo em questões econômicas; em sua forma política, valoriza os direitos humanos individuais.

---

[61]Mark Poster escreve: "Nas perspectivas liberal e marxista, os discursos sobre a sociedade têm a intenção de promover emancipação. O conhecimento promove liberdade. Essa pressuposição básica caracteriza o discurso desde o Iluminismo" (*Foucault, Marxism and history: mode of production versus mode of information* [Cambridge: Polity, 1984], p. 160).

[62]A palavra *liberalismo* foi usada pela primeira vez na língua inglesa por volta de 1819. Mas os princípios fundamentais dessa filosofia aparecem muito antes. Talvez John Locke possa ser considerado o pai do liberalismo. Mas o liberalismo como narrativa plenamente desenvolvida surge no século 19 de uma maneira semelhante àquela como David Wells define o capitalismo.

A respeito dos sofrimentos chocantes do século 19, os liberais apresentaram pelo menos duas respostas. A primeira foi dada por Herbert Spencer (1820-1903), que afirmou simplesmente (e sem piedade alguma) que o sofrimento era o preço do progresso evolutivo. Outros liberais, como John Stuart Mill e Thomas Hill Green, apresentaram um liberalismo com maior consciência social e se esforçaram por harmonizar a liberdade humana com a responsabilidade do governo de buscar a justiça. Mas ambas as respostas liberais sustentaram a fé no progresso, e ambas explicaram o sofrimento humano como parte da narrativa.

De modo análogo, Karl Marx (1818-1883) apresentou uma narrativa de progresso que explicava o sofrimento. Alguém poderá achar que Marx é mais compassivo do que os liberais; é verdade que seus escritos demonstram uma indignação moral contra o sofrimento com que ele depara. No entanto, tal como Spencer, ele apresenta uma explicação racional acerca do sofrimento que também se baseia em Darwin. No pensamento político de Marx, a observação de Darwin da conquista via luta no mundo natural é traduzida em termos sociais: a história é impelida pelo conflito de classes. A narrativa de progresso é uma história de sucessivas revoluções de classe que, no final, conduzirão à igualdade e à distribuição justa e equitativa de toda a riqueza criada pelo desenvolvimento econômico.

O liberalismo e o marxismo, duas noções opostas de progresso histórico com raízes no humanismo do século 19, haveriam de se apoderar do mundo durante a maior parte do século 20 — um com sede em Washington; outro, em Moscou.[63]

A reação romântica (século 19)

Visto que Deus sustenta a ordem de sua criação, reprimir uma parte de sua boa criação é como conter firmemente uma mola: ela acabará saltando com muita força. Talvez essa seja a melhor maneira de entender a reação romântica do século 19 àquelas visões de vida que imediatamente a precederam. O Iluminismo havia transformado em ídolos muitos aspectos bons da criação de Deus, ao mesmo tempo que depreciava outros. O Romantismo foi um movimento em que algumas daquelas dimensões da vida que haviam sido reprimidas

---

[63]Veja Newbigin, *Foolishness to the Greeks*, p. 106. Acerca dessas visões, Newbigin assinala que "ambas são ateias. Uma tenta, sem sucesso, impor o ateísmo no âmbito privado bem como no público. A outra permite a crença em Deus como opção para a vida privada, mas a exclui de qualquer papel de controle na vida pública".

e desvalorizadas no Iluminismo forçaram seu retorno à cultura ocidental. O Romantismo haveria de se tornar uma grande força, interagindo de forma complexa com a visão iluminista. De início, esteve em uma posição secundária em relação à visão dominante do Iluminismo, mas voltou a ser importante durante todo o século 20.

Visto que tanto o Romantismo quanto o Iluminismo tinham forma basicamente humanista, no nível mais profundo o Romantismo não constituía um desafio ao Iluminismo.[64] Mas o humanismo romântico foi em certa medida uma revolta contra o reducionismo do Iluminismo. O compositor alemão Franz Schubert chamou o Iluminismo de "esqueleto feio e sem vida", pois reduzia os seres humanos à condição de seres meramente racionais.[65] Os românticos acreditavam que isso negava a riqueza da experiência humana e a complexidade da pessoa humana. Emoções, imaginação, criatividade e instinto voltam com força e destaque na reação romântica. O Iluminismo havia semelhantemente reduzido a natureza a uma máquina sem vida, ao passo que os autores românticos acreditavam que a natureza precisava ser entendida como um organismo vivo e complexo. O Iluminismo havia reduzido nossa relação com a natureza à de mera observação, experimentação, explicação teórica e exploração. Os românticos protestaram contra a mediocridade dessa relação com a natureza, crendo que as pessoas devem se alegrar com a natureza e ficar maravilhados por ela, permitindo que ela permeie as emoções e a imaginação. Também acreditavam que a humanidade não está acima da natureza como seu senhor, mas faz parte da natureza.

Diante do fato de que o Iluminismo havia reduzido o conhecimento àquilo que era possível saber mediante o distanciamento do objeto estudado e o método analítico, William Wordsworth (1770-1850) escreve em um protesto furioso: "Nosso intelecto interferente distorce as belas formas das coisas — nós matamos com o objetivo de dissecar".[66] Ele dá a entender que não é a distância, mas a comunhão com a natureza e o exercício da imaginação empática que proporcionam uma compreensão mais verdadeira do mundo; não é a razão, mas a imaginação, a criatividade, a emoção e o instinto que dão o conhecimento verdadeiro.

---

[64]Enquanto falamos de duas formas de humanismo, Arthur Holmes fala de quatro formas de humanismo: científica, romântica, existencialista e marxista (*Contours of a world view*, Studies in a Christian World View [Grand Rapids: Eerdmans, 1983], vol. 1, p. 21-7). Como já sugerido, o marxismo é uma das formas que o humanismo científico assume. O humanismo existencialista é um dos movimentos que segue a vertente romântica do humanismo.

[65]Citado em Wells, *History through the eyes of faith*, p. 188.

[66]Do poema de Wordsworth "The tables turned".

John Keats afirma: "Não tenho certeza de nada senão da santidade das afeições do coração e da verdade da imaginação. Ah, quem me dera ter uma vida de sensações em vez de uma vida de pensamentos".[67] Para o romântico, o conhecimento que une imaginação e sentimento à razão proporciona uma compreensão mais profunda da criação do que o faz qualquer método meramente racional.

O Iluminismo havia reduzido a verdade a mera ciência. Para o romântico, a verdade é complexa, multifacetada, plural e subjetiva, e, por isso, a ciência não é a melhor maneira de obter a verdade. Em vez disso, a poesia, a literatura, o desenho, a pintura e a música trazem à superfície as misteriosas complexidades do mundo. O olhar do Iluminismo havia sido dirigido para fora a fim de entender o mundo exterior com o objetivo de transformá-lo; o romântico se volta para dentro a fim de compreender a si mesmo e as profundezas da alma humana — seus humores e motivações, amores e desejos, medos e angústias, conflitos e contradições do íntimo, sonhos e o subconsciente, fantasia e êxtase. E, por fim, enquanto a tradição iluminista tinha visto apenas a virtude da humanidade, o romântico, ao se voltar para dentro, explora também o lado mais sombrio da humanidade, suas motivações irracionais e más.

Tudo isso significava que o Romantismo estava mesmo desafiando a visão iluminista da vida. No entanto, não era um substituto; na verdade, conviveria com o progresso iluminista. No Romantismo, o objetivo do ser humano era desenvolver as potencialidades peculiares à personalidade de cada um: o "ideal geral para o homem não era a propagação do conhecimento racional, mas sim o pleno desenvolvimento das potencialidades peculiares de cada homem [...] Afirmava-se que a finalidade plena da cultura e da vida era o desenvolvimento da liberdade, da individualidade e da autoexpressão da pessoa. 'Seja você mesmo; cultive sua personalidade'".[68] Assim, o humanismo moderno se dividiu em "duas culturas".[69] A cosmovisão iluminista continuaria a dominar

---

[67]John Keats, *The letters of John Keats, 1814-1821*, organização de Hyder E. Rollins (Cambridge: Harvard University Press, 1958), 2 vols., 1:184-5.

[68]John Herman Randall, *The making of the modern mind* (Cambridge: Riverside, 1940), p. 415; veja Newbigin, *The other side of 1984*, p. 13.

[69]Essa categorização aparece no título de uma famosa obra de C. P. Snow que explora as duas culturas da vida universitária — as ciências naturais e as artes — produzidas por essas duas formas de humanismo (*The two cultures and the scientific revolution* [Cambridge: Cambridge University Press, 1959]) [edição em português: *As duas culturas e uma segunda leitura: uma versão ampliada das duas culturas e a revolução científica*, tradução de Geraldo Gerson de Souza; Renato Rezende (São Paulo: EDUSP, 2005)].

o desenvolvimento cultural e a vida pública; o romantismo formaria uma vertente cultural subordinada que influenciaria a vida pessoal e teria um impacto cada vez mais forte na cultura ocidental, com um ressurgimento especial no final do século 20.

A modernidade tardia: as conquistas e a decadência do humanismo liberal (séculos 20 e 21)

Ao longo do século 20, o humanismo científico ou liberal, temperado pelo evangelho, fez alguns avanços notáveis pelos quais podemos ser gratos. A investigação científica alargou significativamente as fronteiras do conhecimento; o progresso vertiginosamente rápido da tecnologia tem proporcionado à maioria de nós uma vida muito mais confortável do que a que nossos pais ou avós conheceram. Quantos de nós gostariam de retroceder a uma época antes dos refrigeradores, dos computadores ou da tecnologia médica contemporânea? O desenvolvimento industrial e econômico tem proporcionado prosperidade material sem precedentes a muitas pessoas, especialmente no Ocidente. Muitos outros avanços políticos, econômicos e educacionais poderiam ser citados como marcos do progresso do século 20. No entanto, essas observações contam apenas uma parte da história, pois, ao mesmo tempo que o progresso material parecia avançar, a própria cosmovisão moderna se encontra em uma crise que foi se aprofundando ao longo do século 20.

O sonho iluminista começou a se desfazer primeiro na Europa, pois os horrores de duas guerras mundiais minaram a confiança das nações ocidentais nas antigas profecias de paz e prosperidade sempre crescentes. Depois da "Grande Guerra" de 1914-1918, o psicólogo Carl Jung expressou o que muitos europeus sentiam:

> Creio que não estou exagerando quando digo que o homem moderno sofreu, psicologicamente falando, um choque quase fatal e, como consequência, caiu em profunda incerteza [...] A revolução em nossa perspectiva consciente, provocada pelos resultados catastróficos da Guerra Mundial, se revela em nossa vida íntima no despedaçamento de nossa fé em nós mesmos e em nosso próprio valor [...] Percebo muitíssimo bem que estou perdendo a fé na possibilidade de uma organização racional do mundo; o velho sonho do milênio, em que a paz e a harmonia deveriam dominar, se esvaneceu.[70]

---

[70]Carl Jung, *Modern man in search of a soul* (New York: Harcourt and Brace, 1933), p. 231, 234-5.

A situação foi acentuadamente diferente na América do Norte, especialmente depois da Segunda Guerra Mundial (1939-1945), quando um enorme surto de crescimento econômico parecia confirmar a antiga visão de progresso. Apesar de que os europeus "não estavam preparados para ouvir conversa ingênua e inocente sobre o progresso e o futuro", a situação na América do Norte era diferente. "Nos Estados Unidos, e de modo parecido no Canadá, houve um espírito perceptivelmente diferente, nascido de experiências diferentes. Nos Estados Unidos houve, depois de 1945, um senso de confiança e otimismo que foi uma reafirmação das ideias ocidentais históricas sobre o progresso. Na era do pós-guerra, os Estados Unidos se tornaram o novo campo de teste do Iluminismo e de sua fé."[71]

Embora na América do Norte continue havendo maior confiança no mito do progresso, no início do século 21 também ali a fé na narrativa moderna está em declínio. A fé na cosmovisão iluminista tem diminuído à medida que o Ocidente começou pouco a pouco a entender estas cinco evidências de seu profundo fracasso: (1) pobreza, (2) degradação ambiental, (3) proliferação de armas, (4) problemas psicológicos e (5) problemas sociais e econômicos.

Pobreza. Em 1960, as Nações Unidas anunciaram que a nova década seria uma "década de desenvolvimento", uma oportunidade para países em desenvolvimento participarem do progresso tecnológico e econômico modernos. Em seguida, as décadas de 1970 e 1980 foram igualmente denominadas "décadas de desenvolvimento", mas a visão de progresso para todas as pessoas do mundo continuava a empalidecer com o passar do tempo. As estatísticas sobre a desigualdade entre ricos e pobres mostram que na prática não se alcançou quase nada durante essas "décadas de desenvolvimento": em 1960, os 20% mais ricos do mundo eram trinta vezes mais ricos do que os 20% mais pobres; em 1990, depois de trinta anos de desenvolvimento, os ricos eram quase sessenta vezes mais ricos;[72] em 1999, os 20% mais ricos do mundo já eram quase 86 vezes mais ricos do que os 20% mais pobres; e a desigualdade continua a crescer.[73] O sonho de prosperidade material era, pelo que se vê agora, apenas para a minoria.

Degradação ambiental. Estima-se hoje que, se o mundo inteiro fosse consumir os recursos naturais no mesmo ritmo dos norte-americanos, os recursos

---

[71]Wells, *History through the eyes of faith*, p. 218.

[72]United Nations Development Programme, *Human Development Report 1992* (New York: Oxford University Press, 1992), p. 34.

[73]United Nations Development Programme, *Human Development Report 1999* (New York: Oxford University Press, 1999), p. 2.

durariam só mais uns dez ou vinte anos.⁷⁴ Com toda certeza, uma cosmovisão que, caso posta em prática por todos, destruiria a criação não pode ser uma cosmovisão que uma pessoa ética deva abraçar.

Proliferação de armas. O acúmulo de enormes quantidades de armas capazes de destruir o mundo é resultado direto do desenvolvimento tecnológico moderno. E isso consome enorme quantidade de tempo, dinheiro e materiais. Se o dinheiro gasto em armamentos no mundo inteiro em um único dia fosse, em vez disso, despendido em alimentos, poderia saciar a população faminta do mundo por anos.⁷⁵

Problemas psicológicos. Kenneth Gergen enumera mais de vinte descrições de problemas mentais ou psicológicos que surgiram só depois do início do século 20, incluindo anorexia, bulimia, estresse, baixa autoestima, exaustão emocional e depressão. Gergen sugere que são principalmente as tecnologias do século 20 que têm contribuído para a carência psicológica apontada por esses sintomas.⁷⁶

Problemas sociais e econômicos. A desagregação da família e o aumento da criminalidade e do desemprego são alguns dos muitos sintomas do colapso social no Ocidente moderno que também minam a confiança na cosmovisão modernista, segundo a qual tais coisas deviam ser facilmente superadas. Uma vez mais, muitos desses sintomas podem ser atribuídos à cultura cada vez mais tecnológica que se desenvolveu no século passado.

À medida que nos aproximamos da segunda década do século 21, parece que a narrativa moderna fracassou em cumprir muitas de suas promessas mais importantes. Perguntas não faltam:

- A humanidade tem a capacidade de renovar o mundo? Ou será que, quando afirmou que a fé na humanidade havia sido despedaçada, Jung sabia de fato o que estava acontecendo com a humanidade ocidental?

---

⁷⁴Bob Goudzwaard; Mark Vander Vennen; David Van Heemst, *Hope in troubled times: a new vision for confronting global crises* (Grand Rapids: Baker Academic, 2007), p. 153.

⁷⁵Compare Stockholm International Peace Research Institute, "Recent trends in military expenditures", disponível em: http://www.sipri.org/contents/milap/milex/mex_trends.html, acesso em: 5 abr. 2008; World Food Programme, "Hunger facts", disponível em: http://www.wfp.org/aboutwfp/facts/hunger_facts.asp, acesso em: 5 abr. 2008; e Feed the Children, "Hungry and poor...", disponível em: http://www.feedthechildren.org/site/PageServer?pagename=org_nicaragua, acesso em: 5 abr. 2008.

⁷⁶Kenneth J. Gergen, *The saturated self: dilemmas of identity in contemporary life* (New York: Basic Books, 1991), p. 13.

- A razão científica conseguirá, de fato, nos dar conhecimento verdadeiro? Ao longo do século 20, em disciplinas como antropologia, sociologia, história e linguística, os estudiosos destacaram a relatividade do conhecimento humano. Nosso conhecimento é moldado por uma série de fatores sociais (tradição, comunidade, idioma, cultura, história, fé) e fatores pessoais (sentimentos, imaginação, subconsciente, gênero, classe social, raça). A certeza de que o conhecimento é verdadeiro não parece mais tão certa.
- Somos realmente capazes de dominar a natureza para construir um mundo melhor? Ou vamos continuar destruindo o ambiente não humano até que ele não consiga mais nos sustentar?
- A tecnologia pode realmente nos libertar? Acaso ela não nos desumanizou, não contribuiu com inúmeros problemas sociais, não promoveu a degradação ambiental e não produziu armas de destruição em massa?
- Existe um futuro? Ou nosso crescente pessimismo sobre o futuro nos levará a nos retirar a uma vida de "presente eterno", a nos entulhar de entretenimento e a buscar todo e qualquer meio de fuga da realidade?
- O crescimento econômico e a prosperidade material realmente trazem um futuro de felicidade? Ou o preço elevado que agora estamos pagando, no que diz respeito ao colapso psicológico e relacional, é o verdadeiro resultado de nosso investimento?

Escrevendo em um contexto histórico diferente, mas um contexto em que a igreja também enfrentava enorme mudança e desafio, Lesslie Newbigin fez este comentário proveitoso:

> A verdadeira pergunta é: *O que Deus está fazendo nesses acontecimentos extraordinários de nossa época?* Como haveremos de entendê-los e interpretá-los para os outros, a fim de que nós e eles possamos desempenhar nossa parte nesses acontecimentos como colaboradores de Deus? Tanto a nostalgia do passado quanto o medo do futuro não convêm ao cristão. Requer-se dele que, na situação em que Deus o coloca, entenda os sinais dos tempos à luz da realidade do reino presente e vindouro de Deus e dê testemunho fiel acerca do propósito de Deus para todos os homens.[77]

Quando indagamos o que Deus está fazendo nos acontecimentos críticos de nossa época, a resposta que ouvimos precisa ser a mesma resposta que certa vez

---

[77] Lesslie Newbigin, "Rapid social change and evangelism" (artigo não publicado, 1962), p. 3.

Deus deu ao profeta Isaías: "Eu sou o Senhor; este é o meu nome! Não darei a minha glória a outro, nem o meu louvor a ídolos" (Is 42.8, NIV). Brian Walsh indaga "quem apagou as luzes" da visão iluminista e responde à sua própria pergunta da seguinte maneira: "Em um sentido, elas se apagaram sozinhas [...] Mas, em um nível ainda mais absoluto, quem apagou as luzes? Deus apagou! Deus está apagando historicamente as luzes desta cultura da mesma maneira como sempre apaga as luzes de culturas idólatras".[78] "Estamos começando a perceber que, à medida que avançamos rumo ao desconhecido, o mundo moderno, *como o temos conhecido*, está desaparecendo de nosso espelho retrovisor."[79]

---

[78]Brian Walsh, *Who turned out the lights? The light of the gospel in a post-Enlightenment culture* (Toronto: Institute for Christian Studies, 1989), p. 15.

[79]Walker, *Telling the story*, p. 143 (grifo deste autor).

7

Que horas são?

*Quatro sinais de nosso tempo
na narrativa ocidental*

O avanço da pós-modernidade e da globalização e um notável aumento no crescimento tanto do cristianismo no hemisfério sul quanto da fé islâmica — esses são alguns dos marcos do início do século 21. Que visão de história poderia ligar esses desdobramentos aparentemente tão diferentes? Há pontos em comum no meio de diversidade tão grande?

Cremos que aqui há um tema comum, um tema que é possível compreender melhor retornando-se à pergunta cosmovisional de N. T. Wright: "Que horas são em nossa cultura?" Como já pudemos explorar em *The drama of Scripture* [O drama das Escrituras], o quinto "ato" do drama cósmico já iniciou, e bem agora estamos nos preparando para o sexto e último ato, em que Cristo voltará para retomar plenamente sua criação, restaurando-a para que esteja de acordo com os planos que tem tido para ela desde "antes da fundação do mundo". Neste quinto ato da história do nosso mundo, a corrente rebelde à qual temos denominado de cosmovisão iluminista, ou (mais sucintamente) modernidade, está em sérios apuros. Na pós-modernidade vemos o desmoronamento da modernidade, à medida que suas tensões internas e contradições básicas sofrem ataques inesperados, especialmente nas nações ocidentais. Como cosmovisão a modernidade foi moldada pelo mito do progresso, que afirmava que a humanidade, por fim, por seu próprio empenho e capacidade, concretizaria um paraíso na terra. A pós-modernidade sugere que o ídolo do progresso tinha pés de barro — uma descoberta que bem poucos leitores da Bíblia achariam pessoalmente inesperada. Mas a pós-modernidade não é a única opção. No dia a dia a modernidade ainda molda boa parte de nossa vida social, política e econômica. Muitos não podem ou não querem crer que o segredo da felicidade humana não reside em uma prosperidade material sempre crescente. E, assim, a globalização é um movimento que está propagando por todo o mundo a narrativa liberal moderna.

Embora a modernidade (e sua propagação com a globalização) e a pós-modernidade (ainda que de forma bem diferente) afirmem ser religiosamente neutras, vimos que isso é impossível, pois ambas procuram estabelecer uma cultura defensável com base em certas crenças. Elas pressupõem a autonomia da humanidade em relação a Deus e rejeitam suas normas criacionais para o mundo. No lugar de Deus, elas têm colocado a razão humana, ou a linguagem humana, ou o progresso material, ou algum outro ídolo — mas é sempre e somente um ídolo. No século 21 estamos testemunhando o ressurgimento tanto do cristianismo (especialmente no hemisfério sul) quanto do islamismo. Embora se oponham fundamentalmente uma à outra, essas duas religiões compartilham uma aversão radical a ídolos ocidentais. À medida que homens e mulheres fora da esfera de influência do Ocidente observam o desmoronamento do sonho modernista, eles parecem estar se voltando cada vez mais para a fé bíblica no Deus da criação e da redenção ou então para a cosmovisão alternativa do islamismo (mas igualmente abrangente).

Se quisermos viver e encarnar o evangelho em nosso tempo e lugar, precisamos praticar aquilo que John Stott chamou de "audição dupla" — um ouvido atentando para o que as Escrituras e a tradição cristã dizem, e o outro atentando para aquilo que está se passando na cultura ao redor. Só dessa forma estaremos devidamente equipados para viver para Cristo. Visto que uma cosmovisão surge de uma narrativa sobre o mundo e que narrativas tratam da relação entre acontecimentos no tempo, uma pergunta central para nós é: "Que horas são em nossa cultura?"

Neste capítulo examinaremos o que está acontecendo na cultura ocidental de hoje, procurando entender como esses acontecimentos estão relacionados com as crenças religiosas que impulsionam nossa cultura. Embora possa ser difícil conseguirmos um distanciamento básico da cultura complexa ao nosso redor, isso é essencial para nosso chamado como cristãos. Deixar de perceber que horas são em nossa cultura nos deixará sem condições de discernir a intersecção em que somos chamados a viver para Cristo. Tal fracasso pode muito bem nos induzir a erro, levando-nos a aceitar, mesmo que involuntariamente, os ídolos da cultura contemporânea. Pode também nos levar a perder as coisas realmente boas que a vida contemporânea proporciona.

Passaremos em revista quatro "sinais dos tempos" que nós, como cristãos que buscam vivenciar as implicações de uma cosmovisão formada e permeada pelo evangelho, precisamos discernir com clareza: (1) o surgimento da pós-modernidade; (2) o consumismo e a globalização; (3) o renascimento do cristianismo no hemisfério sul; e (4) o ressurgimento do islamismo. Começaremos considerando o fenômeno da pós-modernidade à medida que procuramos responder à pergunta "Que horas são em nossa cultura?".

Sinal n.º 1: a pós-modernidade

O que é pós-modernidade?

O debate contemporâneo sobre a pós-modernidade teve início nas décadas de 1950 e 1960 como reação ao modernismo nas artes e logo se ampliou, tornando-se uma crítica da cultura moderna como um todo.[1] A modernidade, como vimos, esposava esta grande narrativa ou metanarrativa: o progresso, baseado na razão e na ciência, conduziria a humanidade a um novo mundo de paz e prosperidade. Mas um acontecimento após outro no século 20 destroçou esse otimismo ingênuo, até que, em meados do século, para muitas pessoas, a grande narrativa do próprio progresso já parecia ser a fonte dos nossos problemas. Alguns críticos da modernidade adotaram a designação "pós-moderno" para sinalizar sua rejeição total da metanarrativa modernista, e Jean-François Lyotard (1920-1998) cunhou a expressão "incredulidade para com metanarrativas" como um dos elementos definidores do novo espírito.[2] Para Lyotard, metanarrativas são aquelas grandes histórias ou narrativas abrangentes que visam explicar de modo abrangente todos os acontecimentos e perspectivas; aliás, para Lyotard, esse termo se torna quase um sinônimo de "narrativa cosmovisionária". Sua crítica era especialmente voltada à confiança da modernidade na razão para explicar a realidade de forma abrangente, à busca, pela modernidade, de critérios universalmente válidos com os quais pudesse organizar a sociedade e à confiança cega da modernidade na capacidade da ciência e da tecnologia de libertar a humanidade de todos os tipos de mal.

[1] Sobre os primeiros usos do termo *pós-moderno*, veja Hans Bertens, *The idea of the postmodern: a history* (London: Routledge, 1995), p. 20; Margaret Rose, *The post-modern and the post-industrial: a critical analysis* (Cambridge: Cambridge University Press, 1991), p. 3-20.

[2] Jean-François Lyotard, *The postmodern condition: a report on knowledge*, Theory and History of Literature (Manchester: Manchester University Press, 1984), vol. 10, p. xxiv [edição em português do original francês: *A condição pós-moderna*, tradução de Ricardo Corrêa Barbosa (Rio de Janeiro: José Olympio, 1998).

A incredulidade para com metanarrativas tem sérias implicações para aqueles que procuram adquirir conhecimento confiável. Para Lyotard, grandes narrativas arraigadas na ciência e na razão simplesmente já não eram mais críveis; em vez disso, ele sustentou que tudo o que temos são jogos de linguagem, diferentes interpretações linguísticas do mundo, e essas são sempre locais, jamais universais. Seguindo Lyotard, o filósofo americano Richard Rorty (1931-2007) argumentou que todo conhecimento é "transmitido por tradição" e que o conceito da representação exata da realidade — que está por trás da preocupação ocidental com o conhecimento — é um mito.[3] Para Rorty, todas as formas de conhecimento estão mais próximas da criação do que da descoberta, e, por esse motivo, ele considera que a obsessão de pensadores ocidentais com a busca do verdadeiro conhecimento do mundo faz parte de uma cosmovisão que se tornou simplesmente ultrapassada.

Assim, a filosofia pós-modernista levanta todo tipo de questão epistemológica: nossa capacidade de conhecer a realidade, a maneira como a conhecemos e a possibilidade de representá-la com exatidão. Muitos pensadores pós-modernos consideram inviável chegar a um conhecimento universal e objetivo — a meta tão fundamental da modernidade. Conforme Kenneth Gergen, "aqui não estamos tratando de dúvidas quanto ao que se assevera sobre a verdade do caráter humano, mas do abandono total do conceito de verdade objetiva".[4]

O corolário desse ceticismo tem sido uma profunda suspeita dos interesses ocultos do denominado conhecimento moderno neutro. Aquilo que modernistas tinham afirmado que era objetivo e sem juízo de valor passou a ser visto por muitos pós-modernistas como uma máscara para ideologias poderosas.[5] Os pós-modernistas têm sido muito bem-sucedidos em mostrar que aquilo que na modernidade era apresentado como verdade objetiva estava, na verdade, carregado de bagagem ideológica, incluindo engajamentos com o patriarcalismo, o colonialismo, o eurocentrismo, o racionalismo e o antissemitismo. Por exemplo, afirmar que "Colombo descobriu a América" não é uma declaração histórica neutra, mas sim uma afirmação eurocêntrica, visto que (de acordo com aqueles

---

[3]Richard Rorty, *Philosophy and the mirror of nature* (Oxford: Blackwell, 1980) [edição em português: *A filosofia e o espelho da natureza*, tradução de Antônio Trânsito (Rio de Janeiro: Relume-Dumará, 1994)].

[4]Kenneth J. Gergen, *The saturated self: dilemmas of identity in contemporary life* (New York: Basic Books, 1991), p. 82.

[5]Acerca disso, veja em especial a obra de Michel Foucault. Para um panorama de suas ideias, veja David Naugle, *Worldview: the history of a concept* (Grand Rapids: Eerdmans, 2002), p. 184-6.

que já viviam na América Central) Colombo não descobriu o país, mas, na verdade, o invadiu. Jean-François Lyotard e Michel Foucault (1926-1984) entendiam que a própria razão estava indissociavelmente ligada a jogos de poder e, por conseguinte, era uma ferramenta não confiável.[6]

A consequência desse ceticismo é uma consciência do inevitável pluralismo dentro do conhecimento. Atualmente, muitos encaram com grande desconfiança a própria certeza e a própria verdade. A pós-modernidade questionou profundamente a confiança da modernidade de que, por meio da razão e da ciência, é possível conhecer o mundo exatamente como ele é. Para os pós-modernos, o verdadeiro conhecimento do mundo está simplesmente indisponível. E, uma vez que o conhecimento do mundo está indissociavelmente ligado à visão de mundo, aqui também a pós-modernidade tem solapado o amplo consenso da modernidade. Na cultura ocidental do século 19 surgiu o historicismo — a ideia de que não há ordem alguma estabelecida por Deus para a história, mas, sim, que a história é um processo de fluxo e mudança. De acordo com essa ideia, a cultura toda é somente um produto de forças históricas. Tal ideia é comum entre pensadores pós-modernos. Outra noção comum é que a linguagem é o aspecto mais fundamental da realidade: é a linguagem que define o que é a realidade. O filósofo francês Jacques Derrida (1930-2004) foi um destacado defensor dessa ideia.

Essas abordagens, como a maior parte da teoria pós-moderna, deixam pouco espaço para qualquer noção de que haja uma ordem no mundo real independentemente da construção humana. O mundo é aquilo que criamos, e criamos um número tão grande de mundos diferentes que é impossível afirmar qual ideia da realidade é a correta. Ironicamente, o ceticismo acerca do conhecimento humano anda de mãos dadas com o elevado conceito da comunidade humana como a entidade que constrói os mundos em que vivemos. Isso também reflete uma cosmovisão que, no fundo, nega para toda a realidade a existência da ordem criacional de Deus.

A pós-modernidade também questiona a noção modernista do significado de ser humano. A ideia racionalista da autonomia do ser humano que foi tão predominante na modernidade foi desde então solapada, e muitas alternativas têm sido propostas. Rorty, por exemplo, sugere que devamos pensar no ser moral como "uma rede de crenças, desejos e emoções sem nada por trás dele — sem substrato algum por trás dos atributos. Para fins de decisão e diálogo nos

---

[6] Veja Bertens, *The idea of the postmodern*, p. 134-7.

âmbitos político e moral, uma pessoa é somente aquela rede".⁷ Emoções, desejos, crenças — aspectos de humanidade que na modernidade haviam sido suprimidos pela exaltação da razão — agora estão encontrando uma vida nova. Seres humanos não têm uma natureza que lhes foi dada, mas, na realidade, são uma construção. Foucault destaca o grau com que nossa ideia — até mesmo a ideia do que significa ser humano — é um construto, uma ficção:

> É bem surpreendente que o homem [...] provavelmente não seja mais do que uma espécie de ruptura na ordem das coisas ou, seja como for, uma configuração cujos contornos são determinados pela nova posição que ele recentemente assumiu no campo do conhecimento [...] O homem é apenas uma invenção recente, um personagem que ainda não tem dois séculos, um novo desdobramento de nosso conhecimento [...] que desaparecerá assim que o conhecimento tiver descoberto uma nova forma.⁸

Na pós-modernidade, dúvidas sobre nossa capacidade de conhecer a verdade, de perceber a realidade e até mesmo de ter certeza acerca do que é ser humano solapam os alicerces da modernidade. A cosmovisão iluminista parece em perigo de desabar definitivamente.

Uma reação cristã à pós-modernidade

Como os cristãos devem reagir à pós-modernidade? Tendo iniciado nas artes e na filosofia, a pós-modernidade agora já se espalhou em todas as outras disciplinas acadêmicas e na cultura popular. Quer você esteja estudando literatura, psicologia, arte, teologia, economia, direito, história, ciência, medicina, teatro ou qualquer outro assunto, descobrirá que hoje há uma série de livros e artigos sobre pós-modernidade *e* o assunto específico que você estuda. Por exemplo, se você estuda literatura inglesa, encontrará cursos sobre teoria crítica que incluem muita filosofia pós-modernista (muitas vezes incompreensível). Você provavelmente também encontrará um curso sobre romance pós-modernista. Atualmente existe também toda uma gama de literatura que trata de pós-modernidade e estudos

---

⁷Richard Rorty, "Postmodernist bourgeois liberalism", *Journal of Philosophy* 80, n. 10 (1983): 585-6.
⁸Michel Foucault, *The order of things: an archaeology of the human sciences* (London: Tavistock, 1970), p. xxiii [edição em português: *As palavras e as coisas: uma arqueologia das ciências humanas*, tradução de Salma Tannus Muchail, 8. ed., Coleção Tópicos (São Paulo: Martins Fontes, 1999)].

acadêmicos da Bíblia. A influência se estende por toda a cultura popular, alcançando cinema, arquitetura (na arquitetura pós-modernista ocorre uma sobreposição de estilos), urbanismo, pintura, música, paisagismo e projeto de jardins, entre muitos outros. A pós-modernidade tem atraído a atenção de um número incontável de pessoas na cultura ocidental.

Uma abordagem cristã da pós-modernidade não deve ser ingênua. A pós-modernidade tem aspectos bons e maus. No lado positivo, a pós-modernidade percorreu um longo caminho para expor a modernidade como uma cosmovisão específica com seus próprios compromissos ideológicos: atualmente é bem mais difícil pressupor que a atividade modernista — tanto acadêmico-teórica quanto prática — seja objetiva e neutra. A pós-modernidade tem ajudado a mostrar que cada pessoa tem, de fato, uma cosmovisão, e do ponto de vista cristão, isso é algo para se comemorar. Mas a forte oposição da pós-modernidade a que se declare que alguma cosmovisão específica é verdadeira pode conduzir a um relativismo perigoso. David Harvey observa que, ao mesmo tempo que havia rejeitado a tradição e a autoridade religiosa, a modernidade havia se apegado à esperança de que unicamente a razão nos conduziria à verdade.[9] Os pós-modernistas têm (com razão) abandonado a ilusão de que a razão humana nos conduzirá à verdade, mas eles não reabilitaram a tradição e, com certeza, não reabilitaram a autoridade religiosa. Em vez disso, os pós-modernistas confiantemente festejam e "brincam" em meio às limitações e finitude da humanidade, em uma espécie de niilismo radiante. É claro que isso é incompatível com uma cosmovisão cristã — é, aliás, muito perigoso.

Da mesma forma também há grande perigo na ideia de que o mundo é aquilo que criamos. O filósofo cristão Alvin Plantinga identifica as origens desse aspecto da pós-modernidade no idealismo de Kant, ou (aquilo que Plantinga denomina) "antirrealismo criativo":

> Essa é a ideia de que é o comportamento humano — em particular o pensamento e linguagem humanos — que de algum modo é responsável pela estrutura fundamental do mundo e pelos tipos básicos de entidades existentes. Mas de um ponto de vista teísta o antirrealismo criativo universal é, na melhor das

---

[9]David Harvey, *The condition of postmodernity: an enquiry into the origins of cultural change* (Oxford: Blackwell, 1990) [edição em português: *A condição pós-moderna: uma pesquisa sobre as origens da mudança cultural*, tradução de Adail Ubirajara Sobral; Maria Stela Gonçalves (São Paulo: Loyola, 1992)].

hipóteses, uma bravata ridícula. Pois é claro que Deus não deve sua existência nem suas propriedades a nós e à nossa maneira de pensar; a verdade é exatamente o oposto. E, no que diz respeito ao universo criado, embora ele de fato deva sua existência e natureza à atividade por parte de uma pessoa, com certeza essa pessoa não é uma pessoa humana.[10]

Uma das contribuições positivas dada pela pós-modernidade à cultura ocidental tem sido a de levar o tema da religião de volta ao debate acadêmico sério. Vários pensadores pós-modernistas têm tratado de temas religiosos em seus escritos. Agora temas como perdão e oração estão presentes na programação de conferências acadêmicas conceituadas, o que teria sido impensável apenas vinte anos atrás. Devemos saudar esses desdobramentos, mas também precisamos observar que o tipo de "religião" expresso por esses pensadores está muito longe de qualquer coisa parecida com a crença cristã ortodoxa. Os pós-modernistas podem ter abandonado a confiança na razão, mas isso não significa que abandonaram um desejo idólatra de autonomia humana. Nem reabilitaram a confiança na tradição e no Deus vivo — pelo contrário.

Em sua resistência a cosmovisões ou grandes narrativas os pós-modernistas rejeitam a possibilidade de descobrir a verdade sobre o mundo. Por isso, muitos afirmam com toda veemência que não têm absolutamente cosmovisão alguma e que, em vez disso, agem a partir de uma sobreposição de elementos que consideram úteis. Mas não é assim tão fácil escapar de ter uma cosmovisão. Ironicamente, a própria negação de cosmovisões pelos pós-modernistas esconde seu compromisso com uma cosmovisão bem específica. A pessoa que afirma "Não podemos conhecer a verdade" deseja, ainda assim, que aquela afirmação seja aceita como verdade e pressupõe enxergar com clareza aquela verdade![11] Embora os pós-modernistas vistam o manto da humildade, sua afirmação implícita — eles são a exceção à sua própria regra — está longe de ser humilde. Pois é irônico que a pós-modernidade esteja absolutamente convicta de que a proposição "a verdade não pode ser encontrada" é ela própria verdadeira.

---

[10]Alvin Plantinga, "Advice to Christian philosophers", *Faith and Philosophy* 1, n. 3 (1984): 269 [edição em português: "Conselho aos filósofos cristãos", tradução de Vitor Grando, disponível em: http://despertaibereanos.blogspot.com.br/2010/03/conselho-aos-filosofos-cristaos-alvin.html, acesso em: 20 abr. 2015].

[11]Veja o relato de Lesslie Newbigin sobre os elefantes e os cegos em *The gospel in a pluralist society* (Grand Rapids: Eerdmans, 1989), p. 9-10 [edição em português: *O evangelho em uma sociedade pluralista*, tradução de Valéria Lamim Delgado Fernandes (Viçosa: Ultimato, 2016)].

Assim, embora a pós-modernidade professe menosprezar cosmovisões, é irônico que ela seja justamente o que professa menosprezar!

Além disso, é muito importante assinalar que, em uma perspectiva cristã, as raízes da modernidade, embora atacadas por muitos desses filósofos pós-modernistas, nunca foram totalmente abandonadas por eles. Por exemplo, o ideal da autonomia humana tende, como sempre, a se manter firmemente arraigado. Conforme a filósofa da ciência Mary Hesse destaca com perspicácia, "o consenso liberal se estabeleceu com tanto sucesso como a ideologia da cultura intelectual ocidental, que se tornou quase invisível como pressuposição de cada debate pós-modernista".[12] E a pós-modernidade é basicamente um fenômeno secular ocidental; mesmo no Ocidente ela continua sendo uma cosmovisão minoritária, competindo, para ser considerada, com muitas cosmovisões alternativas. Pegue a literatura inglesa como exemplo. Participar de uma conferência sobre esse tema é, muitas vezes, mais parecido com participar de uma conferência sobre filosofia pós-modernista, em que são apresentados o desconstrucionismo, o feminismo radical e uma miscelânea de formas alternativas de ler e escrever romances. Mas muitos professores universitários da língua inglesa, até mesmo catedráticos, bem como autores nesse idioma têm resistido à abordagem pós-modernista na literatura. O mesmo vale para outras disciplinas: hoje existem exemplos famosos de arquitetura pós-modernista, mas definitivamente nem todos os arquitetos seguiram essa tendência. Outros estilos de arquitetura permanecem lado a lado da forma pós-modernista, rivalizando com ela e, muitas vezes, reagindo contra ela.

Uma das razões pelas quais a pós-modernidade continua sendo uma cosmovisão minoritária é que suas ideias radicais são impraticáveis ou inviáveis. A vida depende de que haja uma ordem escrita nas profundezas da criação; nem o conhecimento acadêmico nem a vida diária conseguem operar por muito tempo sem essa pressuposição. Na filosofia, por exemplo, embora o pós-modernista Jacques Derrida tenha escrito alguns livros bem incomuns — por exemplo, um em que o texto está em várias colunas, cada uma em um idioma diferente, ou outro em que os trechos de Derrida e de outros autores são justapostos, deixando com o leitor a tarefa de tentar descobrir as conexões — simplesmente não é assim que livros são escritos. Aqueles que escrevem *sobre* Derrida costumam escrever com clareza e organizar seus textos da maneira como livros

---

[12]Mary Hesse, "How to be postmodern without being a feminist", *The Monist* 77, n. 4 (1994): 457.

geralmente funcionam, com uma introdução, capítulos bem claros com desenvolvimento lógico e uma conclusão.

Assim, no século 21 muitas cosmovisões ocidentais disputam o predomínio. Como David Lyon assinala, para os cristãos a pós-modernidade é valiosa porque os alerta para questões-chave relativas à época em que vivemos, no final do período histórico em que a cosmovisão iluminista tem sido tão prevalecente. "A pós-modernidade oferece uma oportunidade de reavaliar a modernidade, de ler os sinais dos tempos como indicadores de que a própria modernidade é instável e imprevisível e de abandonar o futuro garantido que outrora ela parecia prometer."[13] Mas, para os cristãos, a pós-modernidade é, no entanto, inaproveitável porque, embora tenha abandonado boa parte dos conceitos-chave da modernidade, ela nunca abandonou os instáveis alicerces seculares sobre a qual a modernidade foi construída. Por causa disso, as fraquezas da própria pós-modernidade são consideráveis.

Sinal n.º 2: consumismo e globalização

Consumismo

Nossa cultura é uma cultura em busca de sentido. A fragmentação que a pós-modernidade infligiu à nossa cultura e o seu solapamento da modernidade deixam a cultura ocidental cada vez mais sem uma base sólida em que possa encontrar sentido para si e fundamentar suas práticas. A pós-modernidade reduziu a grande narrativa da modernidade a "um montão de imagens quebradas", meros fragmentos desconectados. Mas a chegada da pós-modernidade não deve, nem por um instante, nos levar a pensar que a modernidade realmente foi embora. "É preciso fazer a distinção", afirma Edward Casey, "entre, de um lado, no nível teórico a crítica cada vez mais convincente da modernidade [...] e, de outro, no nível prático o fato de que continuamos totalmente enredados na modernidade, em grande parte devido ao controle tirânico que a tecnologia, o enteado de modernidade, tem sobre nossa vida diária".[14]

---

[13]David Lyon, *Postmodernity* (Minneapolis: University of Minnesota Press, 1994), p. 70 [edição em português: *Pós-modernidade*, tradução de Euclides Luiz Calloni, Série Temas de Atualidade (São Paulo: Paulus, 1998)].

[14]Edward S. Casey, *Getting back into place: toward a renewed understanding of the place-world*, Studies in Continental Thought (Bloomington: Indiana University Press, 1983), p. 389-90.

Um vazio no centro de uma cultura clama por ser preenchido, e há maneiras em que, longe de desaparecerem, aspectos da modernidade têm permanecido nesse centro ou voltaram a ele. Peter Heslam identifica um desses pertinazes remanescentes do modernismo no âmago da cultura ocidental: uma ideia pragmática e consumista da vida humana. Ele assinala que as "ideologias ascendentes do capitalismo e do consumismo [...] são apresentadas como os únicos sistemas que funcionam, e é 'aquilo que funciona' [...] que adquire posição de destaque na cosmovisão pós-modernista".[15] Richard Bauckham faz um comentário perspicaz: "A suposta incredulidade para com metanarrativas tem certa plausibilidade na sociedade ocidental contemporânea, mas pode desviar a atenção da poderosíssima grande narrativa do modernismo tardio do individualismo consumista e da globalização de livre mercado, a qual [...] enriquece os ricos e ao mesmo tempo deixa os pobres mais pobres e destrói o meio ambiente. Dessa forma, ela perpetua o tipo de opressão que as metanarrativas modernas de progresso sempre legitimaram".[16]

Aliás, Susan White sustenta que o consumismo se tornou um dos principais candidatos à posição de nova narrativa definidora da cultura ocidental, e ela reconstitui suas linhas básicas com poucas e hábeis pinceladas:

> Se existe uma metanarrativa abrangente que reivindica explicar a realidade no final do século 20, essa é, sem dúvida, a narrativa da economia de livre mercado. No princípio dessa narrativa se encontra o ser humano autorrealizado e autossuficiente. E no final dessa narrativa se encontram a casa ampla, o carro vistoso e as roupas caras. No entretempo se encontra a luta pelo sucesso, a ganância, o comprar e gastar em um mundo em que não existe algo assim como almoço grátis. Para a maioria de nós, essa tem se transformado tão cabalmente em "nossa narrativa" que dificilmente temos consciência de sua influência.[17]

A cultura de consumo é uma cultura em que os valores fundamentais se originam cada vez mais do consumo, em vez do contrário. Em princípio, tudo se torna um produto que pode ser comprado e vendido. Como Don Slater observa, "se não há princípio algum que restrinja quem pode consumir o quê, logo também não há princípio algum que impeça o que pode ser consumido:

---

[15]Peter Heslam, *Globalization: unravelling the new capitalism*, Grove Ethics Series E125 (Cambridge: Grove, 2002), p. 7-8.

[16]Richard Bauckham, "Reading Scripture as a coherent story", in: Ellen F. David; Richard B. Hays, orgs., *The art of reading Scripture* (Grand Rapids: Eerdmans, 2003), p. 46.

[17]Susan J. White, "A new story to live by?", *Transmission* (Spring, 1998): 3-4.

todas as relações sociais, atividades e objetos podem, em princípio, ser trocadas como mercadorias. Essa é uma das mais avassaladoras expressões de secularização encenadas pelo mundo moderno".[18] A sexualidade pode servir de exemplo daquilo que Slater quer dizer. Em uma perspectiva cristã, a sexualidade é uma imensa dádiva de Deus, para ser plenamente desfrutada dentro do casamento. Embora a pornografia sempre tenha transformado o sexo em um produto comercializável, atualmente a publicidade e a internet têm acentuado esse processo de maneira sem precedentes, de modo que uma enorme variedade de pornografia de qualquer país está imediatamente disponível para consumo. Não é de admirar que o vício em pornografia venha crescendo exponencialmente.

Uma cultura de consumo é, além disso, uma cultura em que a liberdade é associada à escolha individual e à vida privada. Slater salienta que a liberdade de escolher qualquer produto que desejar em qualquer área da vida substituiu, em grande medida, a ideia iluminista da razão como o recurso que a pessoa era incentivada a usar contra a autoridade da tradição e da religião. Um bom exemplo de como a "liberdade de comprar" ameaça concretamente derrotar outras liberdades da democracia é visto na campanha da rede de lojas Wal-Mart para forçar sua entrada na cidade de Flagstaff, estado do Arizona.[19] A câmara de vereadores de Flagstaff aprovou uma regra denominada Proposta n.º 100, que proibia a construção de qualquer loja com mais de 11.600 metros quadrados. O Wal-Mart, que desejava abrir uma nova e grande loja em Flagstaff, publicou no jornal diário *Arizona Daily Sun* uma peça publicitária que comparava os defensores da Proposta n.º 100 aos nazistas que queimaram livros. Anthony Bianco observa com argúcia que, "ao equiparar uma lei aprovada pelos representantes eleitos por uma cidade à supressão violenta da liberdade de expressão e ao colocar compras a preços baixos em pé de igualdade com as liberdades fundamentais declaradas na Carta dos Direitos dos Estados Unidos, [o Wal-Mart] desrespeitou não somente seus opositores locais, mas todos os norte-americanos".[20]

Por último, uma cultura de consumo é uma cultura em que as necessidades são ilimitadas e insaciáveis. Isso é irônico, porque, embora o consumismo

---

[18]Don Slater, *Consumer culture and modernity* (Oxford: Polity, 1997), p. 27 [edição em português: *Cultura do consumo & modernidade*, tradução de Dinah de Abreu Azevedo (São Paulo: Nobel, 2002)].

[19]Veja Anthony Bianco, *The bully of Bentonville: how the high cost of Wal-Mart's Everyday Low Prices is hurting America* (New York: Doubleday, 2007), p. 166-9.

[20]Bianco, *The bully of Bentonville*, p. 169.

prometa, de forma sem precedentes, satisfazer às nossas necessidades, sua existência ininterrupta depende de nossas necessidades nunca serem totalmente atendidas: "Por isso, a sociedade de mercado está eternamente assombrada pela possibilidade de as necessidades serem satisfeitas ou então de não haver recursos para satisfazê-las".[21]

Como assinalado com frequência, o resultado do predomínio do consumismo é que o *shopping center* se tornou a catedral de nossos dias. Na Idade Média a catedral era o centro das cidades, um lembrete simbólico de que a vida da cidade devia estar voltada para Deus; em contraste, atualmente os *shopping centers* são a âncora das cidades. Como James Rouse (um arquiteto que projetou mais de sessenta *shopping centers*) observou, "é no espaço de compras que todas as pessoas se reúnem — ricos e pobres, jovens e idosos, brancos e negros. É o espaço democrático, unificador e universal que dá espírito e personalidade à cidade".[22]

No entanto, o problema com o *shopping center*, conforme Jon Pahl assinala, é que

> ele nos incentiva a esquecer de quaisquer ideais de vida coletiva significativa fora daqueles que o mercado cria. O *shopping center* não cria comunidade duradoura alguma, não se apoia em tradição alguma e não promove valor algum além daqueles determinados por empresas para as quais os consumidores não passam de peças anônimas ou alvos. "Estamos unidos" pelo lugar somente na hierarquia determinada pela nossa capacidade de consumir. Não é por acaso que essa hierarquia — em que os ricos ganham ainda mais e os pobres vão para o olho da rua — também controla a política norte-americana.[23]

Globalização econômica

O desenvolvimento do consumismo como cosmovisão desde a década de 1950 está intimamente ligado à globalização, a qual "abrange muitas coisas: o fluxo internacional de ideias e conhecimentos, o intercâmbio de culturas, a sociedade civil global e o movimento ecológico mundial".[24] E, no coração da globalização,

---

[21]Slater, *Consumer culture and modernity*, p. 29.
[22]Rouse é citado em Jon Pahl, *Shopping malls and other sacred spaces: putting God in place* (Grand Rapids: Brazos, 2003), p. 70.
[23]Pahl, *Shopping malls*, p. 79.
[24]Joseph E. Stiglitz, *Making globalization work* (New York: Norton, 2006), p. 4 [edição em português: *Globalização: como dar certo*, tradução Pedro Maia Soares (São Paulo: Companhia das Letras, 2007)].

há um mercado global, que se tornou possível devido à revolução nas comunicações. Por meio da tecnologia de comunicação as grandes empresas de hoje espalham sua influência ao redor do mundo. Nesse processo essas empresas estão se distanciando cada vez mais do modelo multinacional (com uma sede em determinado país, mas filiais em outros países) para o transnacional, que não tem vínculos específicos com país algum em particular, mas, para maximizar os lucros, é capaz de transferir seus escritórios e fábricas ao redor do mundo. Enormes quantidades de capital global podem ser rapidamente transferidas (eletronicamente) para um país, mas também podem ser rapidamente retiradas, o que tem o potencial de provocar grandes prejuízos, em especial nos países mais pobres.

No âmago da globalização está a economia de mercado, que faz do processo de compra e venda um forte candidato à força propulsora da cultura ocidental. Como consequência, para entendermos que horas são em nossa cultura hoje, precisamos examinar com atenção o tipo de economia que está personificado no consumismo. E um exame atento revela, surpreendentemente, que o consumismo é tudo menos pós-modernista![25]

O economista cristão Bob Goudzwaard salienta que a cosmovisão iluminista moderna surgiu em uma época de grande insegurança na Europa. Católicos e protestantes vinham guerreando por toda a Europa, de maneira que parecia que a religião não oferecia base estável alguma para a vida social. A modernidade surgiu, então, como uma reação ao medo, como resposta à necessidade percebida de segurança: "A modernidade, podemos dizer, trouxe de volta a segurança humana. E o fez, primeiramente, no campo da lógica e na certeza das leis da matemática e da física. Mas mais tarde [...] também procurou superar essa insegurança mediante um esforço racional e sistemático em organizar, reorganizar e recriar a sociedade humana".[26] E esse impulso organizador incluiu o mecanismo de mercado, que continua impelindo a globalização.[27]

A teoria econômica clássica (agora com dois séculos de existência) lançou os alicerces da economia que desde então a maior parte da sociedade ocidental

---

[25] Sobre a ligação entre globalização e modernidade, veja Bob Goudzwaard; Mark Vander Vennen; David Van Heemst, *Hope in troubled times: a new vision for confronting global crises* (Grand Rapids: Baker Academic, 2007), p. 143-6.

[26] Bob Goudzwaard, "Globalization, economics, and the modern world-and-life view" (texto não publicado).

[27] No texto a seguir, somos profundamente devedores às ideias de Bob Goudzwaard e Harry M. de Lange em *Beyond poverty and affluence: toward a Canadian economy of care* (Toronto: University of Toronto Press, 1995).

tem adotado, e dois dos seus princípios mais importantes continuam exercendo grande influência ainda hoje. O primeiro é o utilitarismo, que levou à conclusão de que a felicidade é proporcionada de modo mais adequado quando certa quantidade de trabalho tem o máximo rendimento possível. Nessa perspectiva, a fonte da felicidade humana está diretamente ligada à quantidade de bens e serviços produzidos e vendidos no mercado. O segundo princípio do pensamento econômico clássico é a crença de que o livre mercado é inerentemente justo, a convicção de que precisamos acompanhar o mercado por onde quer que vá, pois inevitavelmente nos guiará a um futuro melhor. "Aliás, o livre funcionamento do mercado se encontra bem perto do centro da autodefinição da sociedade ocidental: no Ocidente não cabe ao governo interferir no mercado, porque isso significa um passo atrás em uma 'sociedade livre' e um passo à frente na direção de uma 'sociedade totalitária'."[28]

Os economistas neoclássicos contemporâneos têm tido a preocupação de não serem vistos recomendando qualquer caminho específico para a sociedade. Assim, "a economia contemporânea procura somente oferecer explicações, assim como as ciências naturais procuram apenas explicar a realidade, à medida que busca leis universalmente válidas e fatos inegáveis que podem ser ligados entre si de uma forma objetiva e imparcial". O resultado é que necessidades, motivos e desejos humanos são deliberadamente excluídos dos cálculos econômicos porque "o economista precisa se limitar a analisar rigorosamente os processos das regras de mercado".[29] O resultado é uma cosmovisão terrivelmente distorcida porque (1) simplesmente aceita todas as necessidades como pressuposto, (2) acredita que por natureza as necessidades humanas são ilimitadas, (3) enxerga a natureza e o meio ambiente como simples "dados" e, portanto, os exclui de seu campo de estudo, e (4) reduz o trabalho (humano) a nada mais do que um de vários fatores de produção. A crítica de Goudzwaard e de Lange a essa teoria prevalecente é devastadora:

> Visto que opera em função do mercado, ela ignora completamente os grandes bolsões de pobreza que o mercado é incapaz de perceber; visto que aborda o problema de escassez apenas em função dos preços, ela não consegue estimar o valor econômico do problema ecológico; e, visto que enxerga o trabalho somente como um fator pago de produção, ela passa por alto o problema da quantidade e da qualidade do trabalho. A economia neoclássica não foi concebida para ajudar a resolver esses

---

[28] Goudzwaard; de Lange, *Beyond poverty and affluence*, p. 48.
[29] Goudzwaard; de Lange, *Beyond poverty and affluence*, p. 51, 53.

problemas. Ela procura entender e comprovar só aquilo que diz respeito à produção, ao consumo, à renda e aos bens em uma economia de mercado [...]

Nossa atual economia é uma economia de "cuidado postergado"; nela nós nos envolvemos no mais alto nível de consumo e de produção possível e só mais tarde procuramos minorar as crescentes necessidades de cuidado com modos de compensação que muitas vezes são extremamente caros.[30]

Isso não quer dizer que a globalização seja irremediavelmente má ou que o capitalismo seja de todo ruim. Tanto coisas boas quanto ruins têm advindo da globalização.

A globalização está, no entanto, arraigada em uma ideia sobre a humanidade que privilegia a racionalidade, a autonomia e o individualismo humanos. Embora tenha desafiado essas crenças, a pós-modernidade não apresentou alternativa real alguma. Embora possa perder a esperança de conseguir conhecer a verdade sobre o mundo, até um ser humano totalmente secularizado e autônomo ainda consegue consumir! Assim, é irônico que a pós-modernidade tenha criado espaço para o predomínio do pragmatismo, para o predomínio daquilo que funciona ao invés daquilo que é racional. E, para a maioria dos ocidentais, a globalização funciona: ela aumentou os itens disponíveis para consumo e tornou o Ocidente mais rico como um todo. O resultado tem sido que o consumismo, estimulado por um compromisso com a globalização, se tornou a cosmovisão predominante de nossos dias.

Todavia, há sinais de que nem tudo vai bem com a globalização. A primeira reação significativa aconteceu em 30 de novembro de 1990, quando Organização Mundial do Comércio (OMC) se reuniu na cidade de Seattle (estado de Washington, Estados Unidos) e simplesmente viu suas negociações comerciais (que, de qualquer maneira, não foram bem-sucedidas) serem ofuscadas por imensas manifestações de rua. O prefeito de Seattle declarou estado de emergência e impôs toque de recolher, enquanto o governador do estado convocou a Guarda Nacional. Embora cuidadosamente protegidas dos manifestantes, as reuniões subsequentes da OMC não tiveram resultado muito melhor; o mundo em desenvolvimento tinha acordado para as implicações da globalização e estava pronto para expor suas queixas.

Embora se afirme que a globalização diz respeito ao "livre comércio", Joseph Stiglitz defende que "o livre comércio não tem funcionado porque nós ainda não

---

[30] Goudzwaard; de Lange, *Beyond poverty and affluence*, p. 61, 65.

o experimentamos: acordos comerciais do passado não eram livres nem justos".[31] A agricultura fornece o exemplo mais claro. A economia de boa parte do mundo em desenvolvimento é agrícola em vez de tecnológica, e nações ocidentais têm sistematicamente se recusado a deixar de proteger a agricultura nacional (por meio de subsídios), na prática impedindo uma concorrência justa entre seus próprios produtores agrícolas e aqueles dos países em desenvolvimento. Na Europa, cada vaca recebe um subsídio médio de dois dólares por dia; é trágico que mais da metade da população do mundo em desenvolvimento viva com menos do que isso. Esses subsídios impedem que agricultores africanos compitam em mercados mundiais. "Os Estados Unidos e a Europa têm aperfeiçoado a arte de defender o livre comércio e simultaneamente buscar acordos comerciais em que se protegem das importações de países em desenvolvimento."[32]

Stiglitz identifica seis áreas em que a globalização está precisando de reforma urgente: (1) a necessidade de dar atenção à pobreza; (2) a necessidade de ajuda externa e perdão da dívida; (3) a necessidade de tornar o comércio justo em vez de "livre"; (4) a necessidade de reconhecer limites reais à capacidade da abertura do mercado de países em desenvolvimento ao "livre comércio"; (5) a necessidade de dar atenção às crises ambientais, inclusive à ameaça de aquecimento global; e (6) a necessidade de um sistema saudável de governança global.[33] À lista de Stiglitz podemos acrescentar um sétimo item: a necessidade de limitar a disseminação da cultura ocidental, que com tanta frequência entra em conflito com os valores culturais autóctones do mundo em desenvolvimento.

Para encarnar uma cosmovisão cristã nos dias de hoje, precisamos desenvolver uma crítica séria sobre a globalização e boas propostas para reformá-la. O mercado terá de perder algo de sua autonomia, a fim de inseri-lo no contexto de uma narrativa mais humana (e humanitária), e para nós é claro que essa é a narrativa bíblica. Goudzwaard, Vander Vennen e Van Heemst iniciaram esse tipo de trabalho nas reformas biblicamente bem fundamentadas que defendem em *Hope in troubled times* [Esperança em tempos conturbados]:

---

[31]Stiglitz, *Making globalization work*, p. 62.
[32]Stiglitz, *Making globalization work*, p. 78-9.
[33]Stiglitz (*Making globalization work*, p. 11) assinala que, com exceção da China, a pobreza aumentou nos países em desenvolvimento ao longo das últimas duas décadas. Cerca de 40% das 6,5 bilhões de pessoas do mundo vivem em situação de pobreza (um aumento de 36% em relação a 1981), com cerca de um sexto (877 milhões) em situação de extrema pobreza (3% a mais do que em 1981). A situação mais precária está na África, onde o número de pessoas que vive em extrema pobreza duplicou, passando de 164 milhões para 316 milhões.

Por que não aceitar um nível mínimo de renda e consumo e nos acostumarmos a um nível do que é razoável de modo que nosso processo de produção possa ficar livre de pressões extremas, passar a satisfazer às necessidades dos pobres e investir na verdadeira preservação da cultura e do meio ambiente? De fato, nossas empresas, sindicatos de trabalhadores, partidos políticos, outras organizações e até nós mesmos precisamos urgentemente nos desviar do crescimento material infinito e, em vez disso, nos mover na direção de economias verdadeiramente sustentáveis.[34]

Sinal n.º 3: O renascimento do cristianismo

Visto que o pós-modernismo partilha com o modernismo muitos pressupostos humanistas seculares, também partilha muitos pontos cegos. A religião, transformada em algo "privado" na cosmovisão modernista, raras vezes (desde o Iluminismo) tem sido levada a sério como força cultural.[35] Embora tenha trazido a religião de volta como tema de debate, a pós-modernidade tem mantido a religião firmemente dentro das fronteiras que haviam sido determinadas pelas pressuposições seculares da modernidade.[36] Mas a verdade é que a religião vem se tornando cada vez mais uma importante força cultural em nossa época: "No momento estamos vivendo um dos momentos de transformação na história da religião em todo o mundo."[37] Um dos exemplos dessa transformação é o renascimento do cristianismo, em especial no hemisfério sul, onde, desde meados do século 20, o número de crentes fiéis a Cristo tem crescido extraordinariamente. Hoje os cristãos são maioria ou uma minoria expressiva em muitos dos países de crescimento mais rápido no mundo, inclusive as Filipinas, a Nigéria, o México, o Brasil e a China. Se tomarmos por base as estatísticas atuais, por volta do ano 2050 "possivelmente haverá em torno 2,6 bilhões de cristãos, dos quais 633 milhões estarão vivendo na

---

[34]Goudzwaard; Vander Vennen; Van Heemst, *Hope in troubled times*, p. 191.
[35]Veja, p. ex., Stephen L. Carter, *The culture of disbelief: how American law and politics trivialize religious devotion* (New York: Anchor Books, 1993).
[36]Veja, p. ex., Gianni Vattimo, *Belief*, tradução para o inglês de Luca D'Isanto; David Webb (Stanford: Stanford University Press, 1999); publicado originalmente em italiano com o título *Credere di credere* (Milan: Garzanti, 1996) [edição em português: *Acreditar em acreditar*, tradução de Elsa Castro Neves (Lisboa: Relógio d'Água, 1998)].
[37]Philip Jenkins, *The next Christendom: the coming of global Christianity* (Oxford: Oxford University Press, 2002), p. 1 [edição em português: *A próxima cristandade: a chegada do cristianismo global*, tradução de Vera Ribeiro (Rio de Janeiro, Record, 2004)].

África, 640 milhões, na América Latina, e 460 milhões, na Ásia. A Europa, com 555 milhões, possivelmente cairá para o terceiro lugar".[38]

Vale ressaltar a natureza da fé que tem crescido de forma tão vigorosa no mundo em desenvolvimento, pois é predominantemente um cristianismo ortodoxo e conservador com um conceito elevado da Bíblia e uma forte consciência social. Philip Jenkins explorou isso em pormenores em *The new faces of Christianity: believing the Bible in the Global South* [As novas faces do cristianismo: crença na Bíblia no Sul Global]. Como epígrafe de seu capítulo a respeito de "Poder no Livro", Jenkins cita Martinho Lutero: "A Bíblia é viva — tem mãos e me agarra, tem pés e corre atrás de mim". Os cristãos do hemisfério sul experimentam as Escrituras como a Palavra de Deus viva e verdadeira: "Quaisquer que sejam suas divergências sobre questões específicas, para as novas igrejas a Bíblia é uma fonte confiável e abrangente de autoridade; e isso se aplica a todo o texto bíblico, a ambos os testamentos".[39] E nos países em desenvolvimento esse elevado respeito pela autoridade da Bíblia não tem estado amarrado a um conservadorismo político que busca consolidar o *status quo*. Aliás, são líderes de igrejas que lutam por reformas e pelos direitos humanos, mesmo à custa de sua própria segurança.

Igrejas do hemisfério norte têm encontrado dificuldade em se adaptar ao pós-modernismo. Como é que alguém vive e proclama o evangelho no meio de uma cultura em que "tudo é permitido", em que a tolerância é a principal virtude e em que o direito da pessoa de escolher seu próprio estilo de vida precisa ser respeitado acima de tudo? Não causa surpresa descobrir que atualmente a questão mais controversa em igrejas tradicionais do hemisfério norte é qual atitude tomar em relação à homossexualidade. Em uma cultura profundamente secular, que decidiu que a liberdade de escolha é de suprema importância, qualquer crítica à homossexualidade é vista como homofóbica e como uma negação da igualdade do "outro". O cristianismo do hemisfério sul deveria nos ajudar a ter uma ideia melhor sobre a questão e a fortalecer nosso compromisso com a narrativa bíblica, lembrando-nos de que nossa primeira responsabilidade é para com Deus e com sua revelação, ao passo que nossa responsabilidade para com o próximo é secundária. Não podemos deixar que a reivindicação de liberdade de escolha pelo nosso próximo — seja de orientação sexual, ou de aborto, ou de pornografia, ou de consumismo

---

[38]Jenkins, *The next Christendom*, p. 3.
[39]Philip Jenkins, *The new faces of Christianity: Believing the Bible in the global South* (Oxford: Oxford University Press, 2006), p. 41.

ou de uso dos recursos naturais — determine a agenda dos cristãos hoje. Antes de qualquer outra consideração, somos chamados a ser fiéis a Deus.

O florescente cristianismo ortodoxo do mundo em desenvolvimento pode desafiar o cristianismo frequentemente comprometido de nações ocidentais, especialmente porque a fé tem sido relegada à esfera dos assuntos estritamente privados e pessoais. "Para muitos cristãos fora do Ocidente, não é óbvio que a religião deva ser um assunto pessoal ou privatizado, que a igreja e o Estado devam estar separados, que valores seculares devam prevalecer em algumas esferas da vida ou que as Escrituras devam ser avaliadas de acordo com os critérios acadêmicos de estudo da história."[40] Cristãos do hemisfério sul, por conseguinte, estão desafiando o restante de nós a recuperar o evangelho por aquilo que ele é: uma cosmovisão que abarca a totalidade da vida. Tanto do cristianismo do hemisfério norte tem capitulado à privatização da religião que se torna difícil imaginar o que uma cosmovisão cristã realmente repleta de vida possa abarcar. O que significa seguir a Cristo nas artes, na educação, na política, no casamento e na sexualidade, na economia, nos negócios? Embora cristãos do hemisfério sul ainda tenham de desenvolver na teoria e na prática uma cosmovisão cristã completa, sem dúvida é verdade que eles estão, como profetas, nos chamando a recuperar a abrangência da fé cristã e a nos unir a eles para levar o evangelho todo ao mundo todo.[41] Jenkins observa que o maior desafio que a igreja dos países em desenvolvimento no hemisfério sul pode trazer para nosso mundo global

> provavelmente afetará nossa pressuposição, oriunda do Iluminismo, de que a religião deve ser confinada a uma esfera isolada de vida, diferente da realidade do dia a dia. Na perspectiva ocidental [...] a vida espiritual é basicamente uma atividade íntima privada, um assunto para a mente da pessoa. Para os norte-americanos em particular, a suposição comum é que a igreja e o Estado, o sagrado e o profano, são empreendimentos totalmente separados e devem ser mantidos separados como água e óleo. Entretanto, na maioria dos períodos históricos tal distinção não se aplica e é até mesmo incompreensível.[42]

---

[40]Jenkins, *The next Christendom*, p. 181-2.
[41]Aqui estou me referindo à definição de missão apresentada no Manifesto de Manila. O Manifesto de Manila é um aprofundamento do texto evangélico conhecido como Pacto de Lausanne (1974). Ele foi elaborado pelos participantes de Lausanne II, o Segundo Congresso Internacional sobre Evangelização Mundial, realizado em Manila em 1989.
[42]Jenkins, *The new faces of Christianity*, p. 141, 142.

Essa distinção também não é compreensível na África, na América Latina e na África.

Que horas são em nossa cultura? A igreja de Cristo no mundo em desenvolvimento afirma que é hora de recuperarmos o senso do senhorio de Cristo sobre a vida toda, para afirmarmos com convicção que "Jesus é o segredo do céu e da terra, do cosmo criado por Deus".[43] Eles exigem que voltemos a ver Cristo como a chave para toda a criação e que busquemos essa chave incansavelmente.

Sinal n.° 4: O ressurgimento do islamismo

Em *The clash of civilizations and the remaking of world order*, Samuel Huntington chama nossa atenção para o notável crescimento recente do islamismo, o que apresenta semelhanças com o crescimento do cristianismo no hemisfério sul.[44] O islamismo cresceu de 12,4% da população mundial em 1900 para 19,6% em 1993. Esse ressurgimento do islamismo, que teve início na década de 1970, agora alcança diretamente cerca de um quinto ou mais da humanidade e tem implicações significativas para o restante do mundo. Por exemplo, Jenkins assinala que das 25 maiores nações do mundo, até 2050 vinte serão predominantemente ou totalmente cristãs ou muçulmanas.[45] Nove desses países serão no todo ou em sua maior parte muçulmanos, outros oito serão no todo ou em sua maior parte constituídos de cristãos, e os três restantes estarão profundamente divididos entre as duas religiões. Até meados do século 21 nada menos do que 10 dos 25 maiores países do mundo podem ser palco de graves conflitos entre seguidores do islamismo e do cristianismo.

Em termos políticos, uma característica importante do ressurgimento do islamismo é a guinada para a lei islâmica (*sharia*) em lugar da lei ocidental como a chave para uma vida plena e um governo bem-sucedido. O islamismo ressurgente tem uma atitude profundamente crítica em relação ao Ocidente e está, portanto, procurando em suas próprias tradições soluções para os desafios da modernidade.

---

[43]Karl Barth, *Church dogmatics*, vol. 3, *The doctrine of Creation, Part 1* (Edinburgh: T&T Clark, 1958), p. 21.

[44]Samuel P. Huntington, *The clash of civilizations and the remaking of world order* (New York: Simon & Schuster, 1996) [edição em português: *O choque de civilizações e a recomposição da ordem mundial*, tradução de M. H. C. Côrtes (Rio de Janeiro: Objetiva, 1998)].

[45]Jenkins, *The next Christendom*, p. 166. É importante observar que Jenkins quer dizer que a população será predominantemente muçulmana ou cristã, e não necessariamente o estado e a sociedade como um todo.

No islamismo ressurgente não há dicotomia sagrado-profano alguma; todos os aspectos da vida são levados a sério como questão de fé. Conforme Khurshid Ahmad assinala, "o islamismo não é uma religião na acepção comum e distorcida da palavra, limitando seu alcance à vida privada do homem [...] O islamismo proporciona orientação para todos os setores da vida — individual e social, material e moral, econômica e política, jurídica e cultural, nacional e internacional. O Alcorão ordena ao homem que entre para o islamismo sem qualquer reserva e siga a orientação de Deus em todas as áreas da vida".[46]

Embora o islamismo ressurgente esteja em grande parte dentro da corrente principal, também há dentro dele um elemento radical, fundamentalista ou puritano. O islamismo radical fomenta grupos terroristas islâmicos, muitos dos quais manifestaram "o objetivo abrangente de restauração de uma comunidade política muçulmana mundial unificada, a *ummah*, governada por uma autoridade islâmica central, o califado, orientado por uma versão reacionária da lei islâmica, a *sharia*, e organizado para travar guerra, a *jihad*, contra o restante do mundo".[47]

O islamismo ressurgente apresenta dois grandes desafios ao cristianismo. Em primeiro lugar, desafia o cristianismo a, de uma vez por todas, se livrar do dualismo sagrado-profano. O islamismo rejeita o dualismo que tanto inquieta a reflexão cristã sobre, por exemplo, a atividade acadêmica e a educação. Por esse motivo, o capítulo inicial de *Philosophy and science in the Islamic world* [Filosofia e ciência no mundo islâmico], de Chaudhry Abdul Qadir, declara que "a teoria islâmica do conhecimento [...] se assenta sobre a concepção espiritual do homem e do universo que ele habita, enquanto que [a teoria ocidental] é secular e desprovida do senso do sagrado. De acordo com pensadores muçulmanos, é justamente por essa razão que a teoria do conhecimento representa um dos maiores desafios para a humanidade".[48] A crença islâmica na soberania de Alá "significa que o senso do sagrado, o qual proporciona a base última para o conhecimento, precisa, em todas as fases, acompanhar e permear o processo educativo. Alá está não apenas no início do conhecimento, está também no final e também acompanha todo o processo de aprendizagem e nele infunde graça".[49]

---

[46]Khurshid Ahmad, *Islam: its meaning and message* (London: Islamic Foundation, 1975), p. 37.

[47]Paul Marshall, prefácio de *Radical Islam's rules: the worldwide spread of extreme shari'a law*, organização de Paul Marshall (Lanham: Rowan & Littlefield, 2001), p. 1.

[48]Chaudhry Abdul Qadir, *Philosophy and science in the Islamic world* (London: Croom Helm, 1988), p. 1.

[49]Qadir, *Philosophy and science*, p. 5-6.

Assim, o islamismo tem tido bem mais sucesso do que o cristianismo em resistir ao secularismo da modernidade. Na resposta do islamismo à pós-modernidade, ouvem-se ecos das preocupações expressas por cristãos sérios, como ilustra esta passagem da obra de Akbar Ahmed: "Os muçulmanos estão sendo testados em como preservar a essência da mensagem do Alcorão [...] sem que ela seja reduzida a um refrão antigo e vazio em nosso tempo; como participar da civilização global sem que sua identidade seja destruída. É um teste apocalíptico; o exame mais difícil. Os muçulmanos se encontram na encruzilhada".[50]

Em um sentido, o islamismo e o cristianismo se encontram na mesma encruzilhada, tendo a mesma decisão diante de cada um: como preservar a natureza abrangente de sua fé ao mesmo tempo que esta é relacionada com a ultra-modernidade do Ocidente. No entanto, o islamismo tem um histórico melhor de continuar crendo na abrangência de sua fé. Ziauddin Sardar, um jornalista muçulmano que vive em Londres, afirma que uma das razões pelas quais os muçulmanos são céticos para com o cristianismo é que ele "se tornou uma serviçal do secularismo [...] Pelo que parece, o cristianismo sempre escolhe conforme o secularismo quer".[51] Sardar reconhece não apenas que o secularismo é ele próprio profundamente religioso, mas também que o cristianismo bíblico não é dualista e deveria ser uma "antítese ao secularismo".[52] Sardar diagnostica esse dualismo como prova das concessões históricas do Cristianismo ao platonismo e ao racionalismo, com a consequência de que "a propagação do cristianismo no terceiro mundo caminha de mãos dadas com a introdução do secularismo liberal e do capitalismo ocidental em sociedades em desenvolvimento [...] O cristianismo atende, portanto, aos interesses do secularismo no terceiro mundo; apesar de ruidosas declarações de amor e de uma aparência de autenticidade, com frequência a atividade missionária propaga uma forma desumanizadora da cultura ocidental e do capitalismo".[53]

Uma compreensão do ressurgimento do islamismo deve ajudar os cristãos a alcançar uma perspectiva mais correta da pós-modernidade e da globalização. Agora, mais do que nunca, não podemos harmonizar o evangelho

---

[50]Akbar S. Ahmed, *Postmodernism and Islam: predicament and promise* (London: Routledge, 1992), p. 264 [edição em português: *Pós-modernismo e islão: situação presente e futura*, tradução de Maria José Figueiredo (Lisboa: Instituto Piaget, 1997)].

[51]Ziauddin Sardar, "The ethical connection: Christian-Muslim relations in the postmodern age", *Islam and Christian-Muslim relations* 2, n. 1 (June, 1991): 59.

[52]Sardar, "Ethical connection", p. 59, 68.

[53]Sardar, "Ethical connection", p. 61-2.

em todos os aspectos com a cultura secular ocidental, pois fazê-lo nos deixaria na companhia de pessoas simpáticas que não acreditam praticamente em nada. É tempo de recuperar os elementos fundamentais da fé e permanecer firmes neles. A renovação do islamismo representa um desafio profético aos cristãos a que recuperem todas as dimensões de sua fé. Aliás, é até possível que, ao fazê-lo, cristãos possam trabalhar junto com muçulmanos moderados no desenvolvimento de sociedades que permitam que religiões se expressem plenamente, evitando assim a opressiva "liberdade de religião" formulada por democracias liberais. No entanto, isso só poderá acontecer se o islamismo aceitar o desafio de um verdadeiro pluralismo que admita que outra fé, como o cristianismo, prospere lado a lado. "Aqui a questão fundamental é saber se o islamismo e o cristianismo podem coexistir."[54]

E isso apresenta o segundo desafio para o cristianismo: será que cristãos e muçulmanos conseguirão viver juntos e em paz em um mundo global? O ataque às torres gêmeas em 11 de setembro de 2001 levou muitos a indagar se o islamismo é capaz de encontrar dentro de si espaço para tolerância, um verdadeiro espírito fraterno e a capacidade de declarar com firmeza os direitos humanos fundamentais. E, embora a história do cristianismo, bem como a do islamismo, registre acontecimentos de terrível opressão e coerção, a questão crucial é até que ponto a coerção é inerente a cada um deles. Lesslie Newbigin afirma, com razão na nossa opinião, que:

> O que é peculiar ao evangelho cristão é que aqueles que são chamados a ser suas testemunhas estão comprometidos com a afirmação pública de que ele é verdadeiro — verdadeiro para todos os povos em todas as épocas — e ao mesmo tempo estão proibidos de usar de coerção para impor isso. Por isso, exige-se deles que sejam tolerantes com a negação [...] não no sentido de que precisamos tolerar todas as crenças porque a verdade é incognoscível e todos têm direitos iguais. A tolerância exigida do cristão não é algo que ele precisa exercer *apesar de* sua convicção de que o evangelho é verdadeiro, mas justamente *por causa* dessa crença. Este caracteriza um dos mais importantes pontos de diferença entre islamismo e cristianismo.[55]

---

[54]Jenkins, *The next Christendom*, p. 168.
[55]Lesslie Newbigin, "Part four: a light to the nations: theology in politics", in: Lesslie Newbigin; Lamin Sanneh; Jenny Taylor, *Faith and power: Christianity and Islam in "secular" Britain* (London: SPCK, 1998), p. 148-9.

A história de violência do islamismo radical contra aqueles que procuram ampliar os direitos humanos ou os direitos das mulheres ou contra aqueles que simplesmente se opõem à sua plataforma política não é, digamos, muito boa. Esses militantes radicais se dedicam a uma evangelização militante, mas se recusam a ser evangelizados ou a dar a muçulmanos o direito de se converter a outra religião. Jacques Ellul sustenta que "a guerra é um dever de todos os muçulmanos [...] A guerra é inerente ao islamismo. Está inscrita em seus ensinos".[56] A fim de entender a atitude islâmica em relação à violência, precisamos considerar o conceito de *jihad*, ou luta, que pode ser interna ou externa e (caso seja externa) pode ser defensiva ou ofensiva. Bernard Lewis comenta: "Durante a maior parte dos catorze séculos de história islâmica registrada, a interpretação mais costumeira de *jihad* foi que era uma luta armada para a defesa ou a promoção do poder muçulmano".[57] Pensadores como Peter Riddell e Peter Cotterell veem no Alcorão uma tensão entre abordagens defensiva e ofensiva: "Será o islamismo uma religião de paz como muçulmanos moderados [...] afirmam, ou é uma religião mais propensa à violência e à guerra santa, como declarações de grupos radicais sugerem? [...] A resposta não está em somente uma dessas afirmações, mas sim numa resposta tanto-quanto. Os textos islâmicos podem ser interpretados das duas maneiras. A interpretação depende de como cada muçulmano deseja lê-los".[58]

O islamismo radical tem recebido uma variedade de respostas cristãs. Alguns, como Riddell e Cotterell, defendem que no âmago do problema se encontra a teologia islâmica e que isso precisa ser resolvido por muçulmanos moderados para que se chegue a uma coexistência pacífica entre muçulmanos e outros. Outros, como John Esposito, reconhecem a ambiguidade das escrituras e tradição islâmicas e aceitam a interpretação majoritária dos muçulmanos de que o terrorismo é proibido e não islâmico.[59]

---

[56]Jacques Ellul, *The subversion of Christianity*, tradução para o inglês de Geoffrey W. Bromiley (Grand Rapids: Eerdmans, 1986), p. 100.

[57]Bernard Lewis, *The crisis of Islam: holy war and unholy terror* (New York: Random House, 2004), p. 37 [edição em português: *A crise do islã: guerra santa e terror profano*, tradução de Maria Lúcia de Oliveira (Rio de Janeiro: Zahar, 2004)].

[58]Peter G. Riddell; Peter Cotterell, *Islam in context: past, present, and future* (Grand Rapids: Baker Academic, 2003), p. 192.

[59]John L. Esposito, *Unholy war: terror in the name of Islam* (Oxford: Oxford University Press, 2003), p. 19.

Pensamos firmemente que o islamismo precisa enfrentar diretamente a questão de até que ponto o Alcorão legitima a violência como meio de promover sua fé. Ao mesmo tempo, afirmamos a necessidade vital de buscar entender as questões que "terroristas" islâmicos têm levantado, embora rejeitemos completamente os métodos violentos que empregam. Isso implicará sermos mais críticos de nosso próprio papel nos assuntos mundiais e do papel dos nossos governos. À semelhança de Cristo, precisamos ter paixão pela justiça. Esposito afirma com razão: "O câncer do terrorismo global continuará afetando a comunidade internacional enquanto não tratarmos de suas causas políticas e econômicas, causas que, de outra forma, continuarão sendo um terreno fértil para o ódio e o radicalismo, para o surgimento de movimentos extremistas e para recrutas para os Bin Ladens deste mundo".[60]

Colin Chapman assinala, como exemplo, a injustiça que Israel tem perpetrado contra a Palestina: "Elias predisse fome, mas também condenou Acabe por assassinar Nabote e roubar sua vinha. Para mim é uma experiência muito dolorosa visitar atualmente a Cisjordânia, porque há dezenas ou mesmo centenas de vinhas de Nabote — assentamentos israelenses ilegais em quase todo topo de colina".[61] Ele passa, então, a dizer: "Pessoalmente creio que uma tentativa séria por parte do Ocidente (e especialmente dos Estados Unidos) de entender a ira dos palestinos, árabes e muçulmanos e de lidar com o conflito israelense-palestino de forma mais imparcial ajudaria — talvez bastante mesmo — a aplacar a ira que muitos muçulmanos sentem em relação ao Ocidente".[62]

Conclusão

É fascinante e complexa a época em que vivemos. Na pós-modernidade a modernidade está sob ataque, mas ao mesmo tempo está se propagando por todo o mundo no processo de globalização. Tanto a pós-modernidade quanto a globalização parecem estar alimentando uma cultura de consumo. O crescimento global do cristianismo no hemisfério sul e do islamismo traz seus

---

[60]Esposito, *Unholy war*, p. 24.

[61]Colin Chapman, *"Islamic terrorism": is there a Christian response?*, Grove Ethics Series E139 (Cambridge: Grove, 2005), p. 23.

[62]Chapman, *"Islamic terrorism"*, p. 22. Veja tb. o importante livro de Jimmy Carter, *Palestine: Peace not apartheid* (New York: Simon & Schuster, 2006).

próprios desafios. Como consequência, a cultura ocidental contemporânea se encontra em uma época de crise e incerteza.

É nesse contexto que a igreja é chamada a viver na encruzilhada, na intersecção do drama das Escrituras com as narrativas de nossa cultura. É claro que essa não é uma tarefa fácil. Embora tenha solapado as cosmovisões da modernidade e tenha tornado mais fácil que uma perspectiva cristã seja ouvida, a pós--modernidade é ao mesmo tempo profundamente intolerante com cosmovisões em si e com certeza não abre espaço algum para a afirmação cristã de que o evangelho é verdadeiro. E durante todo esse tempo, enquanto o secularismo mantém seu domínio sobre o Ocidente, a igreja cristã está experimentando crescimento extraordinário no mundo em desenvolvimento. Como, então, deve ser nossa vida nessa intersecção?

8

Vivendo na intersecção

Um testemunho fiel e relevante

Uma visão abrangente do envolvimento cultural

Ao longo deste livro destacamos duas verdades que cremos serem essenciais para a tarefa cultural dos cristãos. A primeira verdade é sobre quem é Jesus Cristo: ele é o Criador e o Redentor de todas as coisas, controla toda a história e a conduz para o fim que determinou (Cl 1.15-20; Ap 4 e 5). Jesus é o Senhor. A segunda verdade é que a salvação bíblica é abrangente em seu alcance e restauradora em sua natureza: o propósito de Deus na salvação é restaurar a totalidade da vida da humanidade no contexto de uma criação renovada. Se cremos que Jesus é o Senhor, precisamos dar testemunho acerca do senhorio de Cristo em todas as áreas da vida e cultura humanas. Se cremos que a salvação é realmente abrangente, precisamos corporificar a salvação de Cristo em todas as áreas da vida e cultura humanas. Seguir o Senhor Jesus e testemunhar acerca de sua salvação é servi-lo em todas as coisas, confessando o domínio de Cristo sobre a sociedade e a cultura em seu todo, tomando posição contra todo o mal que impede esse domínio.

Nos últimos cinquenta anos, a igreja evangélica nos Estados Unidos tem feito progressos significativos para recuperar o alcance abrangente do evangelho. Nesse processo, ela vem se afastando do tipo de piedade que limitou imensamente o âmbito do envolvimento cultural cristão na primeira parte do século 20, quando o evangelicalismo havia se tornado em grande medida individualista, extramundano e dualista, confinando o evangelho às dimensões íntima e privada da vida.

Com frequência, eram princípios elevados que motivavam esse recuo de envolvimento cultural: muitos líderes evangélicos procuraram evitar aquilo que havia acontecido em um número excessivo de igrejas "liberais": a redução do evangelho a uma mensagem de atividade meramente social e política. Em vez de repensar o envolvimento social e político à luz do evangelho, eles abandonaram seu chamado social. Os evangélicos acabaram adotando uma falsa distinção entre as esferas "sagrada" e "secular" da experiência humana. Ao limitar seus interesses às questões "sagradas" (oração, estudo bíblico, evangelismo e salvação pessoal), a igreja evangélica em grande parte abandonou a reivindicação de Cristo de ser senhor sobre a esfera "secular". Isso traz à mente a parábola do homem que, temeroso de cair de seu cavalo pelo lado esquerdo, se inclina tanto para o outro lado que cai pelo lado direito.

A tradição evangélica no início do século 20 simplesmente não via o evangelho como um poder transformador da cultura humana. David Bosch descreve como esse desejo de se retirar da vida pública tem sido uma tentação permanente para a igreja:

> À medida que aumenta nossa preocupação com a secularização desenfreada, podemos, ao elaborarmos uma missiologia da cultura ocidental, ser facilmente seduzidos a nos concentrar somente no aspecto "religioso" [da cultura], deixando o restante para os poderes seculares, especialmente porque esses poderes exercem enorme pressão sobre a igreja para que ela se limite à alma do indivíduo. Afinal de contas, isso está em consonância com a cosmovisão iluminista: a religião é um assunto privado, suas pretensões à verdade são relativas e não têm lugar algum na esfera pública dos "fatos". Mas a própria teologia cristã também contribuiu para essa noção, ao individualizar, interiorizar, "eclesiasticizar" e privatizar cada vez mais a salvação.[1]

A partir de meados do século passado, vários evangélicos começaram a se sentir cada vez menos à vontade com essa postura não bíblica. Em 1947, Carl F. H. Henry desafiou a comunidade evangélica (ele a chamou de "fundamentalista") a levar a sério mais uma vez seu chamado social, tendo em vista os enormes problemas que surgiam ao redor do mundo.

Enquanto no passado o evangelho redentor havia sido uma mensagem de transformação do mundo, agora estava reduzido a uma mensagem de resistência ao

---

[1] David Bosch, *Believing in the future: toward a missiology of Western culture* (Valley Forge: Trinity Press International, 1995), p. 34.

mundo [...] Ao se revoltar contra o Evangelho Social, parecia que o fundamentalismo também estava se revoltando contra o imperativo social cristão [...] Ele não desafia as injustiças dos totalitarismos, os secularismos da educação moderna, os males do ódio racial, as injustiças das relações trabalhistas e as bases inadequadas das relações internacionais.[2]

No entanto, ainda levariam algumas décadas antes que isso começasse a fincar raízes. Em 1974, em Lausanne,[3] por ocasião do maior encontro de líderes evangélicos já realizado, o documento oficial daquela conferência (o "Pacto de Lausanne") declarou que o envolvimento social, político e econômico é, na realidade, importante para o chamado da igreja. O Pacto de Lausanne incluiu uma seção especial sobre a responsabilidade social cristã e expressou pesar pela histórica omissão da igreja com a preocupação social. "A salvação que proclamamos deve estar nos transformando (2Co 3.18) na totalidade de nossas responsabilidades pessoais e sociais. A fé sem obras é morta (Tg 2.14-26)".[4] Uma década depois, uma declaração redigida em 1983 pela World Evangelical Fellowship em Wheaton, nos Estados Unidos, reafirmou o compromisso de evangélicos de se envolverem com suas culturas: "O mal não está somente no coração humano, mas também em estruturas sociais [...] A missão da igreja inclui tanto a proclamação do evangelho quanto sua demonstração. Devemos, portanto, evangelizar, reagir a necessidades humanas imediatas e lutar pela transformação social".[5]

Atualmente, um número crescente de evangélicos reconhece que a missão da igreja é tão ampla quanto a cultura humana, tão ampla quanto a própria criação. A atividade social, econômica, ecológica e política entre esses cristãos

---

[2]Carl F. H. Henry, *The uneasy conscience of modern fundamentalism* (1947; reimpr., Grand Rapids: Eerdmans, 2003), p. 30, 33, 42.

[3]"Lausanne" se refere ao Congresso Internacional de Evangelização Mundial ocorrido de 16 a 25 de julho de 1974 em Lausanne, na Suíça. Reuniram-se mais de 2.700 participantes de 150 diferentes países. Cerca de metade dos participantes veio do mundo não ocidental. Lausanne foi, na história contemporânea, a maior reunião dedicada à missão da igreja. Um resultado desse encontro foi uma declaração de quinze artigos intitulada "Pacto de Lausanne", que "tinha o propósito de definir a necessidade, as responsabilidades e as metas da propagação do evangelho". É um dos documentos mais influentes já produzidos pelos evangélicos da atualidade.

[4]Pacto de Lausanne, "Responsabilidade social cristã", parágrafo 5 [edição em português: "Pacto de Lausanne", disponível em: http://www.ultimato.com.br/pagina/pacto-de-lausanne, acesso em: 20 abr. 2015].

[5]Declaração de Wheaton 83, parágrafo 26.

tem aumentado em um ritmo impressionante nas últimas décadas. No entanto, evangélicos às vezes têm sido seletivos nas questões que trataram, evitando algumas áreas da vida em que há grande necessidade de testemunho do evangelho. Por exemplo, questões relativas à sexualidade, à família, à ética médica e à moralidade pessoal estão agora firmemente na ordem do dia dos evangélicos (como deveriam estar), mas a igreja não tem sido tão crítica em relação às injustiças do sistema econômico capitalista nem em relação aos perigos do humanismo na educação pública e no meio acadêmico.[6]

Vida na intersecção: descobertas a partir da missão

A comunidade cristã que vive no quinto ato do drama das Escrituras deve ser moldada por sua missão: dar testemunho acerca do reino vindouro de Deus com a vida, palavras e ações. Mas também fazemos parte de uma comunidade cultural cuja identidade está em outra narrativa, uma narrativa que é em grande medida incompatível com a narrativa bíblica. Uma vez que nossa corporificação do reino de Deus precisa assumir forma cultural em nosso próprio tempo e lugar, nós nos encontramos na intersecção em que ambas as narrativas afirmam ser verdadeiras e cada uma reivindica nossa vida por inteiro. Como podemos ser fiéis à narrativa bíblica aqui e agora?

    A igreja primitiva se empenhou por viver de um modo que fosse fiel ao evangelho no meio do Império Romano, que era pagão. Mesmo depois da conversão de Constantino ao cristianismo no século 4, cristãos fiéis que viviam no Ocidente descobriram que viver uma vida autenticamente cristã e levar o evangelho a influenciar suas culturas muitas vezes requeria escolhas difíceis. Durante a Idade Média, muitas instituições públicas foram moldadas pela fé cristã, e as ordens monásticas ofereciam suas próprias versões fiéis da vida cristã no meio de culturas por vezes hostis. À medida que a exploração e a colonização foram se expandindo do século 15 em diante, sérios conflitos com a questão do envolvimento cultural tornaram a aparecer quando missionários, primeiramente católicos romanos e depois protestantes, alcançaram culturas até então intocadas pelo evangelho. Como se vê, nossa situação no ambiente cada vez mais anticristão do início do século 21

---

[6]Veja Brian J. Walsh; J. Richard Middleton, *The transforming vision: shaping a Christian world view* (Downers Grove: InterVarsity, 1984), p. 150-1 [edição em português: *A visão transformadora: moldando uma cosmovisão cristã*, tradução de Valdeci Santos (São Paulo: Cultura Cristã, 2010)].

não é singular. No entanto, permanece a questão de como viver autenticamente na intersecção de duas culturas.

Por mais de meio século a obra *Christ and culture* [Cristo e cultura], de H. Richard Niebuhr, tem proporcionado categorias úteis para enfrentar a questão da relação do evangelho com a cultura.[7] Mais recentemente, a missiologia, em especial nos crescentes estudos sobre "contextualização", ofereceu diversas descobertas excelentes para aqueles que procuram relacionar fielmente o evangelho à própria cultura.[8]

Lesslie Newbigin foi um dos primeiros a aplicar as descobertas da contextualização à cultura ocidental. Ele havia passado quarenta anos como missionário na Índia, lutando para contextualizar o evangelho no meio de uma cultura hindu. Ele aplicou as descobertas alcançadas com aquela experiência, juntamente com sua vasta leitura de textos sobre contextualização, à tarefa de levar o evangelho a influenciar a cultura ocidental. Newbigin assinala que estudos teológicos sobre a relação do evangelho com a cultura, como aqueles feitos por Niebuhr e Tillich, não foram feitos por quem tinha a perspectiva de uma experiência concreta na transmissão do evangelho a uma cultura bem diferente.[9] Além disso, estudos de contextualização têm tratado basicamente de culturas não ocidentais e, como Newbigin afirma, têm "em grande parte ignorado a cultura que é a mais difundida, poderosa e convincente entre todas as culturas contemporâneas [...] [a saber] a cultura ocidental moderna".[10] Ele tentou mostrar como a experiência de missionários na transmissão transcultural do evangelho e a reflexão sobre esse processo (contextualização) pode ajudar cristãos criteriosos a levar o evangelho a ter influência sobre suas próprias culturas. Consideramos útil a literatura de contextualização e utilizaremos suas descobertas em nossa busca de uma abordagem fiel para viver na intersecção.

---

[7]H. Richard Niebuhr, *Christ and culture* (New York: Harper, 1951) [edição em português: *Cristo e cultura*, tradução de Jovelino Pereira Ramos, Série Encontro e Diálogos (Rio de Janeiro: Paz e Terra, 1967), vol. 3].

[8]Missiologia é a disciplina acadêmica que estuda missão. Embora passe por um processo de mudança na atualidade, no passado estudava principalmente missões transculturais.

[9]Veja Paul Tillich, *Theology of culture*, edição de Robert C. Kimball (New York: Oxford University Press, 1964) [edição em português: *Teologia da cultura*, tradução de Jaci Correia Maraschin (São Paulo: Fonte Editorial, 2009)]. Também podemos incluir Emil Brunner, *Christianity and civilisation* (New York: Scribner, 1948-1949), 2 vols.

[10]Lesslie Newbigin, *Foolishness to the Greeks: the gospel and Western culture* (Grand Rapids: Eerdmans, 1986), p. 2-3.

Alguns exemplos iniciais

O povo de Deus que vive na intersecção está envolvido em um embate missionário em que duas narrativas absolutas e abrangentes — a narrativa bíblica e a narrativa cultural — se chocam.[11] Se cremos que o evangelho oferece a verdadeira narrativa do mundo e estamos, portanto, empenhados em moldar nossa vida inteira em conformidade com ele, então nos envolveremos de fato com a narrativa cultural que está sendo vivida ao nosso redor. Vivenciaremos as boas-novas do reino de Cristo como uma alternativa crível ao modo de vida de nossos contemporâneos, convidando-os a deixar as crenças idólatras da narrativa cultural ocidental e a compreender o mundo e viver nele segundo a luz do evangelho. Mas, antes de refletirmos mais profundamente sobre a dinâmica desse embate missionário, consideremos alguns exemplos concretos de cristãos que enfrentam escolhas difíceis na intersecção da cultura.

(1) Uma executiva cristã trabalha como gerente de nível intermediário de uma grande empresa. Para ela é cada vez mais evidente que a obsessão pelo lucro domina sua empresa com a exclusão de todas as outras considerações — o resultado financeiro é tudo o que realmente importa. Mas ela reconhece que essa ambição pelo lucro significa manter estruturas econômicas injustas que agravam a pobreza em países em desenvolvimento e devastam o meio ambiente. Como essa executiva deve reagir, caso queira manter o emprego e enfrentar essa injustiça?

(2) Um aluno cristão de pós-graduação está fazendo seu doutorado em uma universidade pública. Para ele se torna cada vez mais evidente que o relativismo molda o próprio referencial teórico de seu tema de pesquisa. Seus professores e colegas estudantes se recusam dogmaticamente a até mesmo considerar a possibilidade da existência de alguma metanarrativa verdadeira, incluindo a bíblica. No entanto, a visão que eles têm do mundo é ela própria uma visão profundamente comprometida, na qual se baseiam para condenar de forma vigorosa e veemente aquilo que consideram os "pecados" de heterossexismo, patriarcalismo, racismo e etnocentrismo. Exigem dogmaticamente que todo e qualquer acadêmico participe do jogo de acordo com as regras deles. Como um estudante cristão ponderado deve agir para trilhar seu caminho nesse mundo acadêmico?

---

[11]Veja Lesslie Newbigin, *The other side of 1984: questions for the churches* (Geneva: World Council of Churches, 1983), p. 31, 47, 54; ibidem, "Can the West be converted?", *Princeton Seminary Bulletin* 6, n. 1 (1985): 25, 36; ibidem, *Foolishness to the Greeks*, p. 1.

(3) Uma assistente social cristã passa a trabalhar em um hospital psiquiátrico. Ela fica sabendo que a política do hospital foi totalmente moldada por uma compreensão do ser humano que nega categoricamente o fato da pecaminosidade humana. Todos os problemas, de acordo com essa ideia da cultura, podem ser atribuídos ao ambiente em que vivemos; jamais se considera que alguém tenha alguma responsabilidade pela própria condição. Mas essa assistente social cristã está convicta de que o enfoque da cultura dos médicos está tirando a dignidade humana das pessoas a quem ela serve e está, na verdade, atrapalhando a solução de seus problemas. Ela acredita que seria muito mais proveitoso um enfoque que leve a sério a ideia de que a humanidade foi criada à imagem de Deus e ao mesmo tempo é pecadora. No entanto, toda a cultura de sua profissão rejeita esse enfoque. Como ela pode atuar nesse ambiente de compromissos conflitantes?

(4) Uma professora cristã é contratada para lecionar história em uma escola pública de ensino fundamental. A direção da escola deixa claro a ela que não deve de forma alguma permitir que sua fé "interfira" em seu trabalho: ela deve lecionar história exatamente como está narrada no livro didático. Mas ela logo descobre que esse livro escolar conta uma narrativa que se choca com a narrativa que seria contada se alguém começasse com o evangelho. A "história" oficial a ser contada em sua escola pressupõe o progresso e a evolução da humanidade, especialmente por meio da ciência e da tecnologia. O que ela faz?

(5) Um atleta cristão finalmente realiza seu sonho de se tornar jogador profissional de beisebol. Ele adora as disputas esportivas e as considera uma dádiva de Deus, mas está se sentindo cada vez menos à vontade com a questão financeira do esporte profissional. Alguém vale o salário de dezenas de milhões de dólares que recebe? É possível justificar salários tão vultuosos em um mundo em que muitas pessoas lutam para apenas sobreviver? Ele começa a ver que os salários são negociados não devido a uma percepção da real necessidade dos esportistas (ou da consciência de que suas carreiras podem ser bem curtas); pelo contrário, as exigências salariais são impulsionadas pelo egoísmo e por pura ganância. Em um ambiente assim, ele se pergunta o que poderia significar jogar beisebol "para a glória de Deus".

(6) Uma cristã entra na política e é eleita para um cargo público. Ela quer promulgar leis que realmente contribuam para a justiça pública. No entanto, à medida que se envolve cada vez mais no processo político, percebe que a ideologia liberal prevalecente, que defende a liberdade do indivíduo a qualquer preço, está na prática contribuindo para a injustiça. Ela também observa que

com frequência o exercício da política é mais influenciado pelo dinheiro e pela pressão política do que por uma preocupação real com a justiça. Ao redor dela ninguém parece incomodado com isso — são os pressupostos normais da vida política. Será que essa mulher consegue resistir à pressão para se conformar e ainda assim atuar de modo eficiente na política?

Esses seis exemplos de cristãos que buscam viver e fazer escolhas fiéis na intersecção da cultura se baseiam em histórias reais. São pessoas de verdade, que conhecemos pessoalmente. As lutas delas são lutas reais de cristãos que vivem hoje na cultura ocidental, tentando descobrir como a fidelidade ao evangelho se expressa na intersecção. Eles levantam a pergunta que queremos abordar neste capítulo: Como um cristão pode permanecer fiel à narrativa bíblica ao mesmo tempo que vive em uma cultura que foi, em grande medida, moldada por uma narrativa bem diferente?

"No mundo, mas não do mundo": participação crítica

Para vivermos fielmente a narrativa bíblica, precisamos nos tornar participantes críticos das culturas que nos rodeiam. Como participantes, nossa relação com a cultura é positiva: fazemos parte dela e nos identificamos com ela, procurando (como membros, concidadãos, participantes) "amar e apreciar toda a sua virtude criada".[12] No entanto, como participantes críticos da cultura, estaremos com frequência nos opondo a ela, rejeitando e desafiando a idolatria que deforma e distorce seu desenvolvimento. Há, portanto, dois lados nesse envolvimento fiel: afirmação e rejeição, participação e oposição, solidariedade e separação. Frequentemente, isso tem sido expresso como estar "no mundo", mas não ser "do mundo" (Jo 17.13-18).

Nossa participação e solidariedade são exigidas por dois segmentos da narrativa bíblica. Deus criou os seres humanos para viverem em coesão social e cultural (Gn 1.26-28), e assim, na condição de criaturas comunitárias, aqueles que fazem parte do povo de Deus devem com alegria e disposição desempenhar seus papéis na sociedade, contribuindo para o desenvolvimento cultural. Além disso, porque Jesus é Senhor, em seu serviço somos chamados a lutar por tudo o que ele reivindica como seu. Abraham Kuyper declarou isso persuasivamente: "Não há um centímetro quadrado de toda esfera da vida humana da qual Cristo,

---

[12]Lesslie Newbigin, "What is a 'local church truly united'?", *Ecumenical Review* 29 (1977): 119.

o Soberano, não diga: 'Isso é meu!'"¹³ Se Cristo é, de fato, Senhor de cada cultura humana, então seus seguidores não devem simplesmente se retirar; em vez disso, devem defender ali as legítimas reivindicações de Cristo. No entanto, a narrativa bíblica exige também o outro lado. O apóstolo Paulo nos ordena: "Não vos amoldeis ao esquema deste mundo" (Rm 12.2). Para Paulo, "mundo" é a cultura desfigurada pela idolatria. Assim, nossa afirmação da cultura precisa ser acompanhada de rejeição.

A cruz ilustra maravilhosamente os dois lados da responsabilidade de participação cristã na cultura. De um lado, a cruz foi a expressão máxima de Deus do seu amor pelo mundo, um ato de solidariedade para com o mundo corrupto e sofredor que ele amava e veio salvar. Mas a cruz também foi a expressão máxima da condenação divina do pecado e da idolatria do mundo, a absoluta rejeição divina de tudo aquilo que busca destruir o *shalom* de sua criação.[14] Crentes que têm ouvido o chamado de tomar a cruz e seguir Jesus têm de pressupor a mesma relação com o mundo que é ilustrada por aquela mesma cruz. "Parece-me que, em cada situação, precisamos sempre estar lutando com ambos os lados dessa realidade: que a igreja está em prol do mundo contra o mundo. A igreja está contra o mundo em prol do mundo. A igreja está em prol da comunidade humana naquele lugar, naquela vila, naquela cidade, naquela nação, no sentido de que Cristo está em prol do mundo. E esse precisa ser o critério determinante em cada situação."[15] Como a executiva cristã pode se opor ao endeusamento do lucro e ao mesmo tempo se posicionar favoravelmente à uma vida de negócios sadia? Como o universitário cristão pode enfrentar o ídolo do relativismo e ao mesmo tempo reconhecer as muitas descobertas sobre a criação feitas pelo mundo acadêmico "secular"?

"Uma tensão insuportável"

O ponto de partida para a relação da igreja com a cultura é o reconhecimento: vivemos solidariamente com nossos contemporâneos culturais. Visto que Deus

---

[13]Abraham Kuyper, *Souvereiniteit in eigen kring: rede ter inwijding van de Vrije Universiteit den 20sten October 1980 gehouden in het Koor der Nieuwe Kerk te Amsterdam* (Amsterdam: Kruyt, 1880), p. 32 (tradução dos autores).

[14]Veja Lesslie Newbigin, *The good shepherd: meditations on Christian ministry in today's world* (Grand Rapids: Eerdmans, 1977), p. 98.

[15]Lesslie Newbigin, *A word in season: perspectives on Christian world missions* (Grand Rapids: Eerdmans, 1994), p. 54.

amou o mundo, também precisamos fazê-lo. Entretanto, esse reconhecimento não diminui o profundo sentimento daquilo que Newbigin chama a "tensão insuportável" que é resultado de ser membro de duas comunidades ancoradas em "duas narrativas diferentes e incompatíveis".[16] Essa "tensão insuportável" existe entre o evangelho e a narrativa cultural. Hendrik Kraemer crê que, para a igreja ser fiel, ela precisa nutrir uma consciência dessa tensão e aceitá-la plenamente. "Quanto mais profunda a consciência da tensão e o impulso de tomar esse jugo sobre si forem sentidos, mais saudável a igreja será. Quanto mais alheia a igreja estiver a essa tensão, quanto melhor estiver instalada neste mundo e quanto mais à vontade se sentir nele, mais correrá o perigo mortal de ser o sal que perdeu o sabor."[17] No entanto, muitos cristãos na cultura ocidental perderam essa percepção da tensão entre o evangelho e a narrativa cultural deles.[18] Isso pode acontecer quando começamos a aceitar, de forma consciente ou não, o mito de que a cultura ocidental contemporânea é realmente uma cultura "cristã" e, por isso, não representa ameaça alguma à fé cristã. Mas isso, na verdade, é um mito: nenhuma cultura é (nem jamais foi) verdadeiramente cristã. Também podemos perder a percepção saudável da tensão entre o evangelho e a cultura quando aceitamos outro mito predominante de nossa época: o de que, do ponto de vista religioso, a cultura contemporânea é neutra, seja porque é secular, seja porque é pluralista.[19] Mas isso também é um mito, pois a cultura ocidental (como todas as culturas humanas) tem sido moldada por crenças absolutas. Conforme Newbigin, "Nenhum Estado pode ser completamente secular no sentido de que aqueles que exercem o poder não têm crença alguma sobre o que é verdadeiro e compromisso algum com o que acreditam que é certo. É dever da igreja indagar quais são essas crenças e compromissos e expô-los à luz do evangelho".[20]

---

[16]Lesslie Newbigin, "Unfaith and other faiths" (palestra não publicada apresentada a Division of Foreign Missions, National Council of the Churches of Christ in the U.S.A., 1962); ibidem, *The gospel in a pluralist society* (Grand Rapids: Eerdmans, 1989), p. 15-6 [edição em português: *O evangelho em uma sociedade pluralista*, tradução de Valéria Lamim Delgado Fernandes (Viçosa: Ultimato, 2016)].

[17]Hendrik Kraemer, *The communication of the Christian faith* (Philadelphia: Westminster, 1956), p. 36.

[18]Veja Michael Goheen, "The surrender and recovery of the unbearable tension", *Journal of Education and Christian Belief* 11, n. 1 (Spring, 2007): 7-21.

[19]Veja Denys Munby, *The idea of a secular society, and its significance for Christians* (Oxford: Oxford University Press, 1963).

[20]Newbigin, *Foolishness to the Greeks*, p. 132.

Aliás, as crenças fundamentais do humanismo são disfarçadas justamente por essa reivindicação de neutralidade religiosa. Há anos, T. S. Eliot advertiu que a maioria dos cristãos de sua época não tinha consciência do fato de que estava vivendo em uma cultura que era perigosa para o cristianismo.

> O problema de viver a vida cristã em uma sociedade não cristã é hoje bem real para nós. Não é somente o problema de uma minoria de pessoas numa sociedade que sustenta uma crença estranha. É o problema que resulta de nosso envolvimento em uma rede de instituições das quais não podemos nos dissociar; instituições cujo funcionamento não parece mais ser neutro, mas não cristão; e, *quanto ao cristão que não tem consciência de seu dilema — e ele faz parte da maioria —, ele está se tornando cada vez mais descristianizado por todo tipo de pressão inconsciente*; o paganismo agora ocupa todos os espaços publicitários mais valiosos.[21]

Maneiras infiéis de solucionar a tensão

É claro que, recorrendo às estratégias de retraimento, conformação ou dualismo, os cristãos poderiam evitar a tensão de viver em duas culturas. Poderíamos tentar nos retirar totalmente da cultura "secular" e nos refugiar em um gueto cristão, abandonando o Ocidente a seus ídolos. Mas, visto que Deus nos fez criaturas culturais e encarregou seu povo a ser sal e luz no mundo presente, o a retraimento não é uma opção fiel. Poderíamos nos conformar à cultura contemporânea, lembrando-nos de que Deus ama seu mundo, e fechar totalmente os olhos para a verdade igual e oposta de que Deus não ama o pecado que tem deformado e arruinado a cultura humana desde seus alicerces. Nenhum cristão pode considerar que a conformação seja uma opção fiel.

A terceira abordagem, adotar uma espécie de dualismo, é perigosamente sedutora e também bastante difundida. O tipo de dualismo que aqui temos em mente faz distinção clara entre "área controversa" e "território neutro" no choque entre cosmovisões conflitantes. Segundo essa abordagem, embora talvez tenhamos de admitir que o cristianismo tem algumas coisas específicas (e difíceis) a dizer sobre, por exemplo, ética médica, talvez as práticas econômicas contemporâneas do capitalismo sejam neutras. Embora sejamos contrários ao aborto, a educação pública é considerada uma área neutra. Assim, nós nos envolvemos

---

[21]T. S. Eliot, *The idea of a Christian society* (New York: Harcourt, Brace & World, 1940), p. 20 (grifo deste autor) [edição em português disponível na coletânea *Ensaios escolhidos*, tradução de Maria Adelaide Ramos (Lisboa: Cotovia, 1992)].

ativamente com a cultura em certas áreas, mas em outras simplesmente nos encaixamos. Essa espécie de dualismo não enxerga o fato de que as crenças religiosas em que as culturas se fundamentam são todo-abrangentes. A rebelião humana contra os propósitos de Deus para a criação tem seguramente moldado a economia, a política e a educação da mesma forma como tem moldado os padrões éticos contemporâneos. Se queremos de fato encarnar uma cosmovisão bíblica, não podemos (ao adotar a atitude dualista da mente dividida) entregar grandes áreas do território reivindicado por nosso Rei.

Uma abordagem fiel

Se rejeitarmos essas três abordagens, como podemos viver fielmente nessa "tensão insuportável" de narrativas, defendendo o desenvolvimento cultural, que Deus ama, mas rejeitando ao mesmo tempo a idolatria que também a deturpou à medida que ela se desenvolveu?

Um ponto de partida proveitoso é lembrar da importante distinção, mencionada no capítulo 4, entre estrutura e direcionamento, ou propósito da criação e poder espiritual. Todos os produtos, instituições, relacionamentos e padrões culturais manifestam algo do propósito ou estrutura da criação original de Deus. O pecado nunca deforma qualquer produto cultural ou instituição social de tal modo que neles não reste coisa alguma da virtude da criação; Deus sustenta fielmente a sua criação com a sua palavra. Ao mesmo tempo, um poder espiritual que se opõe a Cristo atingiu e maculou cada um daqueles mesmos produtos, instituições, relacionamentos e padrões culturais. Dessa forma, por exemplo, na esfera política reconhecemos muito do propósito de Deus na criação para o governo: almejar a justiça pública. Mas ainda assim podemos ver como o poder espiritual de uma ideologia liberal pode corromper esse propósito e levar à injustiça. Na esfera econômica, podemos reconhecer nas empresas algo do propósito divino de que haja boa mordomia e eficiência no compartilhamento dos recursos mundiais, mas ao mesmo tempo percebemos como os poderes espirituais da idolatria econômica e a motivação pelo lucro têm distorcido a vida econômica, de maneira que os recursos naturais são consumidos com desperdício e a pobreza é agravada. Na vida acadêmica, podemos reconhecer muitas verdades e descobertas nos estudos daqueles cujos trabalhos não se baseiam no evangelho, mas também podemos ver como os poderes espirituais de racionalismo, naturalismo e relativismo têm distorcido as descobertas de muitos estudiosos. Em qualquer coisa que examinemos criticamente, descobriremos algo da boa estrutura da criação divina e também indícios de como ela tem sido deformada pelo pecado. Uma encarnação fiel do evangelho em nossos próprios contextos culturais exige que discirnamos entre a estrutura e o propósito da criação em todas as coisas e o desencaminhamento e a rebelião religiosos que corrompem a boa criação de Deus.

Aqui é possível aprender muito a partir da experiência transcultural missionária nos últimos duzentos anos. Quando uma missionária vai para uma cultura em que os pressupostos de crença dominantes estão arraigados em uma religião claramente hostil à fé cristã, ela precisa analisar com cuidado aquela cultura com o objetivo de compreender os pressupostos dominantes e as crenças religiosas basilares dessa cultura. Ela estará ciente de que em uma cultura hindu ou muçulmana, por exemplo, as crenças culturais centrais serão incompatíveis com o evangelho; a antítese será clara. Mas, ao mesmo tempo, ela procurará encarnar o evangelho buscando meios nos quais as estruturas culturais existentes sustentam a criação. Como ela sabe que sua tarefa é dar testemunho acerca do evangelho em uma cultura que está em conflito com o evangelho, ela tomará o cuidado de não ser assimilada pelos pressupostos dominantes daquela cultura; mas, como deseja corporificar as boas-novas para aquele povo naquela cultura, ela desejará que o evangelho também seja familiar àquela cultura. E, assim, ela viverá com a tensão de estar simultaneamente à vontade e em conflito com a história cultural. Essa consciência constante produzirá nela um diálogo íntimo entre a narrativa das Escrituras e a narrativa cultural, um diálogo que a ajudará a se proteger contra os perigos gêmeos do retraimento e da assimilação. Ela aprenderá a viver tão plenamente nas duas tradições e nas duas comunidades que o debate entre elas se internaliza. Como cristã, ela estará comprometida em viver plenamente na narrativa bíblica, tornando sua aquela narrativa, de modo a conseguir enxergar sua cultura anfitriã através das lentes da Bíblia. Para ela, esse diálogo interno se tornará um modo de vida, um estado mental, uma constante em seus relacionamentos com a cultura. Assim, uma tensão constante pode se tornar a âncora da fidelidade.

Para uma missionária essa tensão é essencial. Concessão e conformação a deixariam sem nenhum evangelho para compartilhar, sem outra razão alguma para ser missionária. Todavia, se a sua apresentação do evangelho o faz parecer totalmente estranho para o povo a cuja cultura ela quer trazer o evangelho, este seria rejeitado. O evangelho precisa brilhar por meio da vida e das palavras da própria missionária de uma forma familiar para aqueles cujas vidas ela busca iluminar. Assim, ter uma consciência missionária significa estar alerta, por um lado, para o bom propósito da criação e, por outro lado, para a idolatria.

Exemplos neotestamentários de contextualização fiel

O apóstolo Paulo foi um missionário transcultural. Ele abordou a cultura romana idólatra de sua época fazendo distinção entre propósito na criação e idolatria cultural.[22] A instituição social básica do Império Romano era o *oikos*, um termo geralmente traduzido por "casa", mas com o sentido de relações econômicas e autoridade política em uma estrutura familiar estendida. O pai (*paterfamilias*) detinha poder absoluto: ele era o *kyrios* ou senhor da casa. O *oikos* todo era moldado pela ideia abusiva e hierárquica de autoridade existente no Império Romano.

Em vez de simplesmente rejeitar ou confirmar a instituição cultural da casa romana, Paulo discerne os relacionamentos da criação dentro dela — marido e mulher, pais e filhos. Em seguida, ele trabalha para transformá-los, para remoldá-los pelo poder do evangelho. Podemos ler Efésios 5 nessa perspectiva. A exortação de Paulo ao marido — de amar sacrificialmente a esposa, criar os filhos com amor e tratar os escravos com respeito — foi totalmente radical para aquela época, aquele lugar e aquele povo. Paulo está exortando o *paterfamilias* a usar sua autoridade de maneira amorosa e sacrificial. Quando Paulo fala a mulheres e a escravos, ele lhes restaura a dignidade, exortando-os a optar por se submeter. E a motivação de todos os membros do *oikos* deve passar a ser uma nova motivação: tudo isso deve ser feito por causa do Senhor. O *oikos* "não deve mais ser uma instituição patriarcal, mas [...] [deve ser] redefinida pelo amor sacrifical de Cristo pela igreja [...] uma alternativa visível ao modelo cultural prevalecente".[23] Assim, a estratégia missionária de Paulo foi chamar a igreja a viver dentro das instituições existentes da cultura, mas com uma presença crítica e transformadora.

Aquilo que Paulo pede que aconteça dentro das instituições sociais do Império Romano, João faz com a linguagem, utilizando as próprias palavras e formas de pensamento da cultura helenista. Ele inicia com a declaração "No princípio era o *logos*" (Jo 1.1). Para um leitor grego, esse *logos* pareceria referência

---

[22]Veja Dean Flemming, *Contextualization in the New Testament: patterns for theology and mission* (Downers Grove: InterVarsity, 2005), p. 146-9, 228-9.
[23]Flemming, *Contextualization in the New Testament*, p. 148, 228.

a uma racionalidade imaginária e invisível que permeava o mundo, colocando-lhe ordem. João inicia com a ratificação de que o *logos* é de fato responsável por criar e manter a ordem no mundo. Mas, em seguida, ele subverte o conceito grego idólatra, declarando que esse *logos* não é o ídolo dos gregos, mas, na verdade, é o homem Jesus Cristo. O *logos* se fez carne (*sarx*), afirma João (Jo 1.14). Assim, o apóstolo sustenta a realidade criacional da ordem expressa no termo *logos*, mas passa a desafiar e contradizer as ideias religiosas errôneas desse conceito que haviam se desenvolvido no mundo clássico. Dessa maneira, João é ao mesmo tempo relevante e fiel: relevante, porque emprega categorias conhecidas para expressar lutas existenciais; fiel, porque desafia a cosmovisão idólatra que havia moldado essas categorias.

O evangelho diz ao mesmo tempo sim e não a cada forma cultural: sim ao propósito ou estrutura da criação; não ao poder religioso idólatra que distorceu esse propósito.

Como discernir propósito da criação, idolatria cultural e ação curativa

Portanto, a contextualização fiel exige discernimento em três dimensões: (1) propósito da criação, (2) idolatria cultural e (3) potencial curativo. Considere os exemplos do início do capítulo. Para a executiva que está no impasse com a busca do lucro, que é a mola propulsora de sua empresa, a primeira pergunta é: "Qual é o propósito da criação ou a responsabilidade característica dos negócios?". Ela poderá chegar a uma conclusão como esta: fazer negócios é amar o próximo fornecendo bens e serviços com boa mordomia e de forma justa. Para o aluno de doutorado que enfrenta o enfoque humanista no meio acadêmico, a pergunta pode ser: "Qual é o propósito e o chamado dos estudos acadêmicos?". Ele poderá concluir que é fazer descobertas sistemáticas e históricas do mundo de Deus. Para a cristã envolvida na política, a pergunta seria: "Qual é o dever específico do governo?". Ela poderá responder que é administrar os assuntos públicos de determinada área geográfica de acordo com leis justas. É claro que essas descrições são bastante concisas e precisariam ser elaboradas com muito mais detalhes. No entanto, implícita ou explicitamente, nosso ponto de partida para um envolvimento cristão fiel na cultura será ter alguma compreensão do propósito para o qual aquela instituição cultural específica existe e uma ideia de como a arte, os esportes, as relações internacionais, o trabalho, o casamento ou a família podem parecer se estiverem orientados para esse propósito.

A fidelidade nessa zona de intersecção incluirá, em segundo lugar, compreender a idolatria cultural e a maneira como ela corrompe a criação de Deus. Todas as empresas, escolas e governos expressam reações humanas aos propósitos que Deus tem para eles, e nessas respostas a obediência estará entrelaçada com a desobediência. Cada empresa fornecerá bens e serviços com alguma medida de boa mordomia e justiça, mas cada empresa também evidenciará como tem sido moldada pelos ídolos subjacentes de sua cultura. O lucro é um aspecto legítimo do mundo dos negócios quando está devidamente subordinado a outras intenções; mas quando o lucro se torna a única razão dos negócios, o seu ídolo, então essa empresa será desvirtuada por sua própria idolatria. Toda pesquisa acadêmica desvenda algo do mundo de Deus; contudo, quando a ilusão da objetividade e neutralidade científicas ou o ídolo pós-moderno do relativismo fornece a estrutura para as pesquisas acadêmicas, suas descobertas ficarão distorcidas. Cada governo poderá almejar de um modo geral implementar leis justas, mas o entendimento de justiça em cada governo humano será até certo ponto desfigurado por sua idolatria subjacente. Quando a liberdade dos indivíduos — que por si mesma é uma consideração necessária de justiça pública — passa a ser questão prioritária, como acontece no liberalismo, outros aspectos de justiça (como os direitos da comunidade, dos pobres e da criação não humana) são passíveis de serem negligenciados. Em cada caso é preciso discernir não apenas a ordem criada da instituição social em consideração, mas também como aquela estrutura cultural foi deformada pela idolatria.

Por último, uma testemunha fiel saberá discernir a ação curativa apropriada em cada situação em particular. A executiva prestará atenção a vislumbres de justiça e de boa mordomia manifestados na maneira como sua empresa fornece produtos e serviços, e se empenhará para desenvolvê-los e aperfeiçoá-los. O aluno de doutorado acolherá estrategicamente as descobertas verdadeiras proporcionadas pela sua disciplina e, ao mesmo tempo, rejeitará as premissas falsas sobre as quais parte da teoria pode estar se apoiando. A mulher envolvida na política se esforçará para identificar quais leis dão forma concreta à justiça pública. A tarefa é se esforçar para caminhar na direção de melhor mordomia, mais discernimento, mais justiça pública. Aqui a tarefa será altamente contextual. O que precisa ser feito dependerá do cargo do cristão, do grau de distorção visível em sua esfera cultural e das oportunidades que podem existir para o testemunho fiel acerca de uma cosmovisão alternativa. Mas o cristão que trabalha no meio de uma cultura hostil pode se animar ao refletir que Deus mantém sua criação unida e em harmonia, e que a alegria e o *shalom* na vida humana dependem de nos conformarmos à sua sabedoria.

Reagindo a quatro perigos

A ideia de envolvimento cultural que esboçamos até aqui está sujeita a pelo menos quatro possíveis críticas. A primeira é que essa ideia é individualista, ressaltando o chamado individual de crentes na sociedade e negligenciando o testemunho comunitário da igreja. A segunda é que, ao tentar fazer com que as diversas instituições sociais e culturais estejam em maior conformidade com o propósito de Deus, existe o perigo de que as pessoas marginalizadas por essas instituições sejam esquecidas. A terceira é que essa abordagem pode deixar os cristãos mais vulneráveis às tentações de triunfalismo e coerção: é tentador se esforçar para construir o reino aqui e agora, empregando diversos métodos de coerção para construir uma sociedade "cristã". E, por fim, há o perigo sempre presente de se fazer concessões: à medida que o crente procura interagir com a cultura em que está inserido, é perigosamente provável que ele seja transformado pelos ídolos poderosos que operam ali, em vez de levar o poder transformador do evangelho a influenciar a cultura. São especialmente pessoas das tradições anabatista e da teologia da libertação que têm insistido nessas preocupações válidas; dar uma resposta a elas aprofundará nossa compreensão daquilo que está envolvido em viver na intersecção.

Um testemunho comunitário

Dois dos mais destacados missiólogos de nossa época têm defendido enfaticamente a importância da vocação de crentes individuais na cultura. "Um embate missionário com o Ocidente terá de ser basicamente um ministério de leigos", afirma David Bosch,[24] concordando com Lesslie Newbigin: "O principal testemunho acerca da soberania de Cristo precisa ser dado, e só pode ser dado, no trabalho secular comum de homens e mulheres leigos nos negócios, na política, em atividades profissionais, como agricultores, operários de fábricas e assim por diante".[25] Embora estejamos de pleno acordo com Newbigin e Bosch quanto à importância de cada cristão tornar o evangelho relevante nas áreas em que interage com a cultura ao redor, também queremos levar a sério as advertências manifestadas por outros pensadores cristãos.

---

[24]Bosch, *Believing in the future*, p. 59.
[25]Lesslie Newbigin, "The work of the Holy Spirit in the life of the Asian churches", in: Norman Goodall et al., orgs., *A decisive hour for the Christian mission: The East Asia Christian Conference 1959, and the John R. Mott memorial lectures* (London: SCM, 1960), p. 28.

Darrell Guder e seus coautores estão preocupados com o perigo de reduzir a missão cultural da igreja ao testemunho dos indivíduos dentro dela. Eles criticam *Christ and culture* [Cristo e cultura], de Niebuhr, como um exemplo básico: "A análise de Niebuhr não tem espaço real algum para a igreja. Seu ator principal é o cristão individual, o qual precisa fazer escolhas relativas a Cristo e a cultura. Por implicação, a igreja é simplesmente uma coleção de indivíduos cristãos".[26] Guder e seu grupo assinalam com razão que o testemunho da igreja deve ser questão tanto comunitária quanto individual. A igreja é, afinal, chamada a testemunhar acerca da vida do reino, como o próprio Newbigin reconhece: "A contribuição mais importante que a igreja pode dar para uma nova ordem social é ser ela própria uma nova ordem social".[27] Posicionando-se contra a idolatria de nossa cultura, a igreja é chamada a encarnar uma forma diferente de vida, a ser uma comunidade alternativa, um corpo contracultural, "um sinal visível, convidativo, esperançoso, sinalizador do *shalom* do reino".[28]

Essa comunidade alternativa experimentará a presença de Deus em um mundo secular; almejará a justiça em um mundo de injustiça econômica e ecológica; expressará generosidade e simplicidade em um mundo de consumo; dará abnegadamente de si mesma em um mundo dominado pelo egoísmo; testemunhará acerca da verdade (com ousadia e humildade) em um mundo de relativismo; sustentará esperança em um mundo que perdeu uma visão do futuro; expressará louvor, alegria e gratidão em um mundo convencido de seus próprios direitos.

O testemunho cultural da igreja pode ser comunitário ainda de outra maneira, a saber, mediante a criação de organizações específicas de crentes para dar um testemunho fiel, por exemplo, na política, nos sindicatos, nos meios de comunicação e na educação. Essa tradição tem sido bem mais perceptível na Europa continental do que no Reino Unido ou na América do Norte. Herman Ridderbos está certo quando afirma que a missão da igreja "tem basicamente um caráter comunitário". Ele assinala em seguida que, "em vários aspectos, não conseguimos nos desincumbir de nossa responsabilidade comum sem a devida associação organizacional". Será difícil cumprirmos com nossa responsabilidade

---

[26]Darrell Guder, org., *Missional church: a vision for the sending of the church in North America*, The Gospel and Our Culture (Grand Rapids: Eerdmans, 1998), p. 115.

[27]Lesslie Newbigin, *Truth to tell: the gospel as public truth* (London: SPCK; Grand Rapids: Eerdmans, 1991), p. 81.

[28]Reformed Ecumenical Synod, *The church and its social calling* (Grand Rapids: Reformed Ecumenical Synod, 1980), p. 36.

cristã, especialmente no meio acadêmico e na política, "sem nos associarmos organizacionalmente uns com os outros".[29] A complexidade e o tamanho da tarefa exigem que procuremos novas iniciativas e maneiras criativas de testemunhar juntos na vida pública.

E, por fim, há uma terceira dimensão para o testemunho cultural da igreja, visto que no culto e na educação a igreja local se esforça para "equipar seus membros para uma participação ativa e consciente na vida pública da sociedade de tal modo que a fé cristã modele essa participação".[30]

Um testemunho compassivo

Em nosso zelo de efetuar mudanças que honrem a Deus nas estruturas sociais das culturas ao nosso redor, precisamos ter o cuidado de não esquecer exatamente das pessoas que têm sido marginalizadas e oprimidas por aquelas estruturas:

> Se nos deixarmos persuadir de que o "serviço de ambulância" é algo a ser tratado com desprezo, abrimos mão da posição cristã essencial e deixamos o terreno para aqueles que destroem a pessoa humana em função do planejamento social. Precisamos fazer as duas coisas: precisamos cuidar da vítima de uma catástrofe ou de injustiça e também precisamos executar aquelas medidas de engenharia ou revolução social necessárias para impedir a ocorrência de catástrofes e injustiças.[31]

Não há dúvida alguma de que Jesus privilegiou os pobres e marginalizados em sua missão, indo com compaixão ao encontro deles.[32] Portanto, para aqueles que seguem a Jesus na missão dele, a preocupação com os pobres e oprimidos será essencial à própria missão deles.[33] A compaixão andará de mãos dadas com a justiça, e a busca de transformação estrutural irá lado a lado com a compaixão pelos marginalizados.

---

[29]Herman Ridderbos, "The kingdom of God and our life in the world", *International Reformed Bulletin* 28 (January, 1967): 11-2.

[30]Newbigin, *Truth to tell*, p. 85.

[31]Lesslie Newbigin, "The church and the CASA [Christian Agency for Social Action]", *National Christian Council Review* 93 (1973): 546.

[32]Veja Craig G. Bartholomew; Michael W. Goheen, *The drama of Scripture: finding our place in the biblical story* (Grand Rapids: Baker Academic, 2004), p. 143-5.

[33]Aqui pensamos no ministério de pessoas como Madre Teresa, Henri Nouwen e Jean Vanier.

Um testemunho tolerante e sofredor

Em suas parábolas Jesus se opôs a várias ideias equivocadas sobre o reino de Deus. Na parábola do semeador (Mt 13.1-9), Jesus indica que o reino não vem pela força nem pela coerção, mas sim pela fragilidade de uma mensagem sobre o reino. O Messias não se assemelha a um guerreiro arrogante, mas a um humilde semeador. O reino vem mediante a Palavra de Deus: corporificada na vida, demonstrado em ações e anunciado em palavras. E na parábola seguinte (Mt 13.24-30), Jesus conta acerca de um inimigo que semeia joio onde o semeador havia semeado trigo bom. O joio deve ser arrancado? Jesus responde que não; permita que as ervas daninhas cresçam até chegar o final da era. Aqui Jesus está corrigindo uma ideia equivocada bem comum em sua época de que o reino de Deus irromperia de maneira plena e de uma só vez, destruindo toda oposição a ele com um golpe único e decisivo. Mas esse não é o reino que Jesus proclamou; sua missão era — da mesma forma como a nossa precisa ser — uma missão de tolerância que não impõe o reino de outra maneira alguma que não seja encarnar e comunicar a Palavra de Deus de forma atraente. Como afirma a letra do hino bem conhecido "Lead on, o King eternal" [Conduz adiante, ó Rei eterno], "Pois não é com o estrépito de uma espada contra outra nem com o rufo arrepiante de tambores, mas com gestos de amor e compaixão que o reino celestial vem".

Esse não é o tipo de "tolerância" agnóstica que é promovida na narrativa cultural ocidental como a grande virtude de uma sociedade pluralista, uma tolerância que relega todas as pretensões à verdade (que não as suas) à esfera privada; pelo contrário, essa é uma tolerância que reconhece que as pessoas vivem com base em diferentes compromissos de fé e precisam ter liberdade para viver com base neles. Com aquilo que tem sido denominado "pluralismo por princípio"[34] ou "pluralismo ideológico"[35] queremos reconhecer que cada comunidade dentro de uma cultura tem o direito de reivindicar que seu próprio entendimento, seu próprio compromisso de fé, é verdadeiro para todos. O caminho rumo à verdade pública seria o caminho do diálogo e debate respeitosos entre diferentes pontos de vista e pretensões rivais à verdade.

Os crentes também não devem usar seu poder para tentar introduzir ou construir o reino de Deus de forma coerciva. O reino de Deus virá plenamente só quando Cristo voltar; até então, a atividade social cristã é primordialmente

---

[34] Veja Gary Scott Smith, org., *God and politics: four views on the reformation of civil government* (Phillipsburg: Presbyterian & Reformed, 1989), p. 75-99.

[35] Newbigin, *Truth to tell*, p. 56-60.

testemunhar daquilo que será. Nosso testemunho dentro da cultura é, na melhor das hipóteses, provisório, uma oração em que encenamos que o reino virá.

Cumprir com nossa missão na sobreposição dos tempos também significa que pode haver sofrimento. A história deste tempo entre os tempos não será de avanço tranquilo na direção do reino vindouro. Nossa missão também não será uma missão que se assemelha a uma marcha firme e vitoriosa rumo ao fim na qual a cultura é gradualmente transformada. Pelo contrário, esta era redentora é uma era de conflito feroz com muitas baixas. Nossa missão será de custo elevado e poderá incluir sofrimento. Paulo afirma: "Todos os que querem viver uma vida piedosa em Cristo Jesus sofrerão perseguições" (2Tm 3.12; cf. At 14.22). Talvez, com base no lugar que atribuímos ao sofrimento em nossa compreensão do chamado da igreja, seja possível avaliar em parte até que ponto nossa compreensão de missão está próxima daquilo que o Novo Testamento ensina a respeito.

O sofrimento é consequência de um embate missionário com os poderes idólatras de nossa cultura. Cada narrativa cultural procura se tornar não apenas a narrativa predominante, mas a única. Se como igreja desejamos ser fiéis à nossa narrativa igualmente abrangente, nós nos veremos diante de uma escolha: ou nos conformamos à condição de comunidade minoritária e alteramos as reivindicações abrangentes do evangelho ou então nos mantemos fiéis e experimentamos certo grau de conflito e sofrimento.[36]

Nossa missão é uma missão debaixo da cruz. As boas-novas podem suscitar oposição, conflito e rejeição. Anunciamos e encarnamos uma vitória que permanece oculta até o dia final. E, assim, essa vitória é com frequência encarnada naquilo que, para o mundo, parece ser fraqueza, até mesmo loucura. No entanto, a vitória da cruz está assegurada na ressurreição. Até que venha aquela vida ressurreta, a missão da igreja continuará sendo uma missão de conflito e sofrimento. Newbigin assinala: "Se levarmos a sério nosso dever como servos de Deus dentro das instituições da sociedade humana, encontraremos muitas oportunidades de aprender o que significa sofrer por causa da justiça e aprenderemos que sofrer por causa da justiça é, na verdade, uma bênção".[37]

---

[36]Veja Lesslie Newbigin, *Trinitarian faith and today's mission*, World Council of Churches Commission on World Mission and Evangelism Study Pamphlets (Richmond: John Knox, 1964), vol. 2, p. 42.

[37]Lesslie Newbigin, "Bible studies: four talks on 1 Peter", in: David M. Taylor, org., *We were brought together: report of the National Conference of Australian Churches held at Melbourne University, February 2-11, 1960* (Sydney: Australian Council for the World Council of Churches, 1960), p. 112.

Um testemunho fiel

Ao se envolver com as estruturas da sociedade, o cristão enfrentará pressões para cumprir as regras do jogo cultural — conformar-se, fazer concessões à idolatria cultural. Por exemplo, a executiva estará sob constante pressão para aceitar a obsessão com o lucro, e o preço por manter sua integridade pode muito bem significar a perda do emprego ou pelo menos a promoção. Seria mais fácil recorrer às mesmas verdades bíblicas que temos destacado — a virtude da criação a ser desfrutada, a importância do mandato da criação, o senhorio de Cristo sobre toda a vida cultural, o mandato de estar envolvido em todos os aspectos da cultura — e transformá-las em propósitos egoístas. Então diríamos "Cristo é o Senhor dos negócios", a fim de entrarmos na esfera dos negócios, não para combater as idolatrias poderosas que a moldam, mas sim para fazer o máximo de dinheiro possível e desfrutar a vida confortável que ela pode proporcionar.

Enfrentar os rigores de um embate missionário (especialmente quando há rejeição e sofrimento) e descobrir o propósito da criação em meio ao desencaminhamento idólatra é um chamado extenuante. Nossa resposta fiel dependerá, em grande parte, do apoio que recebermos de uma comunidade (igreja) de crentes com uma mentalidade parecida e de uma espiritualidade sadia.

Cristãos do Ocidente têm, com excessiva frequência, se ocupado em frenética atividade social, política e econômica em nome do reino sem fundamentar seu trabalho na oração. N. T. Wright comenta:

> Para que a igreja seja, de fato, agente de Jesus em levar todo o programa de ação dele a todo o mundo dele, ela precisa do próprio Espírito dele. Aliás, caso a igreja tente fazer aquilo que precisa ser feito sem buscar constantemente ser cheia do Espírito do próprio Jesus e ser equipada com esse Espírito, ela está cometendo blasfêmia cada vez que abre a boca. Não se trata de um apelo para que todos os cristãos se unam ao movimento carismático. Na verdade, trata-se de um apelo para que todos os cristãos, em particular aqueles envolvidos na vanguarda da missão da igreja de levar cura e renovação ao mundo, *sejam pessoas de oração*, a cada dia e a cada hora invocando o Espírito de Jesus enquanto executam suas tarefas, para que não ajam levados pela arrogância de seus próprios interesses pessoais ou pela covardia do relativismo.[38]

---

[38] N. T. Wright, *New tasks for a renewed church* (London: Hodder & Stoughton, 1992), p. 86 (grifo deste autor).

A missão da igreja não consiste primeiramente em organização, estratégia, poder cultural ou análise cosmovisionária, por melhores que essas coisas sejam. Pelo contrário, consiste em uma vida sadia de oração e meditação, de imersão nas Escrituras como a verdadeira narrativa do mundo e de uma participação genuína na vida da igreja; é aí que a vida do reino é conhecida, experimentada e compartilhada. Newbigin expressa isso bem: "Se há um povo comprometido em ser sinal, agente e antegosto do que Deus pretende, isso só pode acontecer na medida em que a vida desse povo se renova continuamente por meio do contato com o próprio Deus".[39] A igreja que deseja ser fiel em seu embate missionário precisará desenvolver e nutrir uma espiritualidade vital.

Para que seja fiel ao evangelho, a igreja precisará fazer parte de uma comunidade de apoio ao seu povo. Em um apelo urgente a colegas pastores, Lesslie Newbigin indagou certa vez:

> Estamos levando a sério nosso dever de apoiar [nossos leigos] na guerra que travam? Estamos considerando a sério que eles são tropas da linha de frente? [...] Que dizer do grande número de cristãos que trabalham em escritórios e lojas naquela região da cidade? Alguma vez já fizemos algo sério para fortalecer o testemunho cristão deles, para ajudá-los a enfrentar os problemas éticos tão difíceis com que têm de lidar todos os dias, para dar-lhes a garantia de que a comunidade inteira está por trás deles em sua batalha espiritual diária?[40]

O povo de Deus precisa ser alimentado com a vida de Cristo mediante os vários meios que Deus providenciou: a Palavra, a ceia do Senhor, a oração, o culto e a comunhão. O povo de Deus precisa receber apoio em suas vocações distintas mediante palavras de estímulo, oração de intercessão, aconselhamento e talvez até mesmo ajuda financeira quando as dificuldades surgem como resultado da fidelidade dos membros. E o povo de Deus precisa ser equipado para suas tarefas, talvez se reunindo com outros cristãos que possuem a mesma tarefa e lutando junto com eles — por exemplo, um grupo de advogados cristãos poderá se reunir para analisar a melhor maneira de levar uma visão do reino a seu ambiente profissional.

---

[39] Lesslie Newbigin, *Journey into joy* (Grand Rapids: Eerdmans, 1972), p. 112-3.
[40] Lesslie Newbigin, "Our task today" (advertência dada por ocasião da quarta reunião do Concílio Diocesano, realizada de 18 a 20 de dezembro de 1951 em Tirumangalam, na Índia).

Sal, luz, uma cidade sobre um monte

Nos dias de Jesus havia pelo menos quatro alternativas aparentemente razoáveis, mas fatais, para um testemunho fiel do reino de Deus. Os essênios se retraíram da sociedade, os saduceus fizeram concessões ao Império Romano, os fariseus se refugiaram na religião organizada e os zelotes usaram todos os meios possíveis, incluindo a violência, para instaurar o reino com suas próprias forças. Foi no contexto vibrante dessas abordagens infiéis à cultura que Jesus falou as palavras do Sermão do Monte:

> Vós sois o sal da terra; mas se o sal perder suas qualidades, como restaurá-lo? Para nada mais presta, senão para ser jogado fora e pisado pelos homens. Vós sois a luz do mundo. Não se pode esconder uma cidade situada sobre um monte; nem os que acendem uma candeia a colocam debaixo de um cesto, mas no velador, e assim ilumina a todos que estão na casa. Assim resplandeça a vossa luz diante dos homens, para que vejam as vossas boas obras e glorifiquem vosso Pai, que está no céu (Mt 5.13-16).

Helmut Thielicke faz a seguinte observação: "O sal e a luz têm uma coisa em comum: eles se dão e se gastam — e, portanto, são o oposto de todo e qualquer tipo de religiosidade egocêntrica".[41] Se entendermos de verdade nosso chamado cultural à luz do evangelho e o cumprirmos com fidelidade, não somente estaremos apontando para o legítimo Senhor da criação e da restauração, mas também amaremos nosso próximo. É a justiça, a paz, a alegria e a justiça do reino de Deus que propiciam o pleno desenvolvimento da vida humana, e são essas dádivas para sua criação que Deus confiou a nós para o bem do nosso próximo.

---

[41]Helmut Thielicke, *Life can begin again: sermons on the Sermon on the Mount*, tradução para o inglês de John W. Doberstein (Philadelphia: Fortress, 1963), p. 33.

9

Vida na intersecção

Perspectivas sobre algumas áreas da vida pública

É preciso que o evangelho seja encarnado em todas as áreas da vida. Neste capítulo final examinaremos como a reflexão sobre o que uma cosmovisão cristã significa para seis áreas da vida contemporânea pode nos equipar para essa tarefa. É claro que existem muitas outras áreas sobre as quais poderíamos ter escrito, e seria possível mencionar muito mais sobre cada uma das que escolhemos, mas estas seis darão uma boa indicação de como se pareceria hoje uma cosmovisão cristã "com pernas".

Negócios

Não há nada de novo no assunto de negócios. Comprar e vender eram tão comuns no Antigo Testamento como são hoje, e Deus deu a Israel muitas leis para regulamentar os negócios com justiça.[1] Aqui está um exemplo: "Não terás pesos diferentes na tua bolsa, um grande e um pequeno [...] Terás peso exato e justo [...] para que se prolonguem os dias na terra que o SENHOR, teu Deus, te dá. Porque todo aquele que faz essas coisas, que pratica a injustiça, é uma abominação para o SENHOR, teu Deus" (Dt 25.13-16). As leis de Deuteronômio foram dadas aos israelitas quando se preparavam para entrar na Terra Prometida, e Deus queria que as práticas deles nos negócios refletissem o caráter dele, a saber, de honestidade e justiça.[2] Aquele que faz negócios com dois conjuntos de pesos

---

[1] Acerca da lei do Antigo Testamento, veja Craig G. Bartholomew; Michael W. Goheen, *The drama of Scripture: finding our place in the biblical story* (Grand Rapids: Baker Academic, 2004), p. 66-70.

[2] Em Deuteronômio 25, a condenação da desonestidade nas transações comerciais é especificamente associada ao "Senhor". É o que se vê com bastante frequência na Torá e em Provérbios.

pretende usar os pesos mais pesados na hora de comprar (dessa forma, conseguindo mais com o seu dinheiro) e os pesos mais leves na hora de vender (dessa forma tendo um lucro maior sobre aquilo que vende). A pressuposição do texto de Deuteronômio é que os negócios — a troca de mercadorias — acontecerão entre os israelitas e que essa é uma coisa fundamentalmente boa, desde que seja justa e honesta. Em Provérbios 11.1, a estrutura da criação nos negócios é confirmada ("o peso justo é o seu prazer [do Senhor]"), e o engano intencional nos negócios é condenado ("a balança desonesta é abominação para o Senhor").

A mulher de Provérbios 31 exemplifica o temor do Senhor, que é a base da sabedoria (cf. Pv 1.7; 31.30). Embora ela não exerça atividade alguma ostensivamente "religiosa", o comprometimento zeloso dessa mulher piedosa com o Senhor se revela em suas atividades diárias como dona de casa e mulher de negócios. Com seus rendimentos ela compra um terreno e planta uma vinha (v. 16). Vende roupas de linho e cintas para ter lucro (v. 18,24). Faz vestimentas de linho fino e "púrpura", um tecido de alta qualidade tingido com um caro corante de múrice da Fenícia.[3] Juntos, esses detalhes oferecem uma imagem clara do relacionamento dela com Deus: em seus negócios ela encarna o temor do Senhor.

Está claro que, do ponto de vista bíblico, os negócios são um setor em que somos chamados a servir ao Senhor. Mas a Bíblia também se mostra conhecedora de como os negócios podem ser facilmente deturpados de modo a se tornarem opressivos e idólatras. Os profetas do Antigo Testamento clamam contra essas deturpações (p. ex., Am 8.4-6; Mq 6.10,11), mas talvez a crítica mais dura à má-fé nos negócios seja a que aparece no livro do Apocalipse em sua condenação dos abusos políticos e econômicos da Roma do primeiro século. Richard Bauckham faz a seguinte observação:

> Roma é [...] "a grande cidade que reina sobre os reis da terra" (17.18), cujo imenso consumo absorvia toda a produção do império [...] Nesse sistema do mundo, Roma era o centro que crescia à custa do empobrecimento de sua periferia. Entre as coisas que era razoável esperar do primeiro século de nossa era, isso é o que mais se assemelha com a globalização da economia contemporânea. A lista feita por João das cargas enviadas de navio para Roma termina de modo enfático com "escravos — ou seja, vidas humanas" (18.13, minha tradução): um comentário sobre a lista inteira. Tendo em vista o trabalho escravo infantil

---

[3] Ray van Leeuwen, "Proverbs", in: Leander E. Keck, org., *The new interpreter's Bible* (Nashville: Abingdon, 1995-2003), 12 vols., 5:262.

que produz em alguns países asiáticos os produtos baratos desejados pelos ricos consumidores do Ocidente, com certeza o mesmo comentário seria apropriado sobre a economia globalizada contemporânea.[4]

Está claro que a Bíblia tem muito a dizer sobre a maneira como negócios eram realizados na cultura do antigo Oriente Médio, mas uma perspectiva cristã contemporânea sobre os negócios também precisa levar a sério o desenvolvimento histórico da cultura desde aquela época bem como em nossa situação contemporânea. A Revolução Industrial e em especial a globalização têm aumentado o poder e a influência dos negócios muito além de qualquer coisa conhecida anteriormente. Embora haja semelhanças bem como importantes diferenças entre o mundo bíblico e o nosso próprio mundo, ainda assim duas convicções arraigadas na verdade das Escrituras nos ajudarão a desenvolver uma perspectiva cristã dos negócios. A primeira convicção é que negociar é uma atividade fundamentalmente boa: por proporcionar os meios que possibilitam a troca de mercadorias necessárias, a integridade nos negócios é, na sua essência, motivada pelo serviço de amor ao próximo. Mediante meu trabalho eu supro o que meu vizinho precisa, e nesse processo também consigo suprir as necessidades da minha família. Se faço bem o meu trabalho e se trabalho com afinco, é possível que haja lucro; isso é bom, mas não será minha principal motivação nos negócios. A segunda convicção bíblica é que os negócios, por serem feitos por homens e mulheres pecadores em nosso mundo bom mas caído, são facilmente desviados para objetivos errados. Minha motivação para fazer negócios pode passar a ser a obtenção de lucro egoísta ou desonesto, e meu próprio negócio pode se tornar um meio de opressão.

Uma comunidade empresarial íntegra e justa atenderá realmente às necessidades de cidadãos e nações em vez de fazer com que uma pequena minoria seja muito rica ao mesmo tempo que oprime os pobres. Uma perspectiva empresarial cristã deve, portanto, incluir uma reflexão crítica sobre os abusos contemporâneos nos negócios, sobretudo no mundo corporativo global, e o desenvolvimento de empresas produtivas e prósperas, administradas de uma maneira que honra as instruções da Bíblia relativas ao comércio. A crítica cristã fiel considerará as maneiras como os negócios estão estruturados atualmente e terá consciência de como é fácil se enredar nessas estruturas e, desse modo, tornar-se

---

[4]Richard Bauckham, *Bible and mission: Christian witness in a postmodern world* (Grand Rapids: Baker Academic, 2003), p. 107-8.

cúmplice daquilo que é feito por meio delas. Hoje sabemos, por exemplo, que algumas grandes empresas usam constantemente mão de obra barata em países estrangeiros, o que lhes permite fabricar seus produtos a um custo ínfimo e então vendê-los com lucro enorme em seus países de origem. Como cristãos, precisamos nos armar com boas informações para, na condição de consumidores, não sermos envolvidos em práticas comerciais opressivas.

Já que a vida das grandes empresas comerciais se entrelaça com a nossa vida — porque compramos e vendemos, estamos empregados, investimos — precisamos nos conscientizar de quem são essas empresas e que tipo de ética dirige suas práticas tanto no país quanto no estrangeiro. Podemos, então, decidir se queremos ou não comprar seus produtos e podemos incentivar outras pessoas a fazer o mesmo. Precisamos trabalhar com outros cristãos e lançar mão de pesquisas feitas por outros. Uma igreja ou grupo de igrejas poderia, por exemplo, nomear uma comissão para trabalhar nessa área. Executivos que trabalham para grandes empresas e fazem parte de nossas igrejas poderiam ser convidados para ser entrevistados sobre suas práticas profissionais. Os cristãos devem apoiar práticas justas nos negócios no próprio país e no estrangeiro, e existem organizações, como a Fairtrade, que ajudam a nos orientar e alertar para produtos que chegam aos nossos mercados como resultado de práticas comerciais injustas.[5] Aqueles do nosso meio que estão envolvidos no mundo dos negócios podem se concentrar no desenvolvimento de empresas locais prósperas que encarnam os princípios bíblicos que temos analisado, empresas que são modelo de práticas saudáveis e prestam contas a suas comunidades locais.

Em fevereiro de 2006, a televisão da África do Sul apresentou um programa que chamou atenção, *Bread: feeding the nation* [Pão: alimentando a nação]. Wessel van Huyysteen descobriu que atualmente quatro grandes empresas detêm o monopólio da fabricação de pão na África do Sul. Essas empresas produzem pão em larga escala e de forma altamente mecanizada; elas não empregam muitos trabalhadores. A produção de farinha dessas empresas é feita de uma forma que praticamente destrói todos os elementos nutritivos do trigo, de modo que o produto final é saboroso, mas não necessariamente saudável. Van Huyysteen também descobriu que há muitos pequenos produtores de pão na África do Sul, sendo que muitos utilizam farinha de boa qualidade, empregam

---

[5]Fairtrade é um sistema de certificação de produtos que foi desenvolvido para ajudar as pessoas a identificar produtos que cumprem normas trabalhistas e ambientais previstas. Para mais informações, consulte http://www.fairtrade.org.uk e http://www.fairtrade.net.

uma proporção maior de trabalhadores e fornecem pão para sua região a um preço mais baixo. A conclusão parece bastante simples: descentralizar a produção de pão na África do Sul. O produto seria bem mais saudável, mais pessoas seriam empregadas, o preço do pão seria mais baixo e as comunidades locais estariam melhor atendidas. Mas essa medida não atenderia aos interesses das grandes empresas!

Em *The unsettling of America* [A inquietação dos Estados Unidos], Wendell Berry — professor de inglês, fazendeiro no estado de Kentucky, poeta, ensaísta e romancista — oferece uma dura crítica às práticas agrícolas nos Estados Unidos, assinalando como o desenvolvimento de imensas fazendas mecanizadas foi prejudicial para as comunidades rurais, prejudicial para a terra, prejudicial para os animais e prejudicial para os consumidores.[6] Mas a mensagem de Berry é essencialmente positiva: ele nos encoraja a conhecer e apoiar a produção local, a cultivar tudo que pudermos e a saber de quem estamos comprando, assegurando-nos de que suas práticas são saudáveis e boas. Berry defende com veemência que as empresas tenham ligação com as comunidades locais e prestem contas a elas.

É difícil trabalhar com integridade dentro de uma estrutura com objetivos errados: uma empresa que funciona desafiando princípios bíblicos provavelmente será um lugar muito difícil para um cristão dedicado trabalhar. Um importante caminho a seguir para a comunidade cristã será a criação por parte de cristãos e pessoas que comungam as mesmas ideias de novas empresas, estruturadas de forma a servir e atender às necessidades das pessoas ao seu redor. Sem dúvida, essas empresas muitas vezes serão chamadas a "viver na encruzilhada", já que vão enfrentar a opinião predominante de que o único e verdadeiro motivo para fazer negócios é conseguir o maior lucro possível. No entanto, é animador imaginar o surgimento de uma série de empresas cuja motivação central é suprir amorosamente as necessidades dos concidadãos.

A atividade empresarial, quando supre as necessidades das pessoas ao nosso redor, pode ser uma vocação prazerosa e plenamente satisfatória de servir ao Senhor Deus. Os cristãos precisam ter discernimento para desenvolver e apoiar empresas que realmente honram a Deus e verdadeiramente servem ao próximo. Com certeza, esse é um dos mais desafiadores, e recompensadores, campos missionários no mundo.

---

[6]Wendell Berry, *The unsettling of America: culture and agriculture* (San Francisco: Sierra Club Books, 1997). Vale a pena ler todos os livros de Berry.

Política

Quando pensamos em política, logo percebemos que grande parte da atividade de governo está relacionada com o fato de nosso mundo estar caído e falido. Pense, por exemplo, na decisão do presidente americano George W. Bush e do primeiro-ministro britânico Tony Blair de ir à guerra no Iraque. Sem julgar se essa foi ou não uma decisão acertada, ela teria sido desnecessária em um mundo não caído, onde pessoas e nações vivem em paz umas com as outras. Pelo fato de que boa parte da atividade política se ocupa de arbitrar ideias conflitantes, alguns defendem que o governo como instituição surgiu apenas em resposta à Queda. Outros, no entanto, defendem que como instituição o governo faz parte da ordem criada e teria surgido, tivesse ou não havido uma queda. Essa última posição destaca o papel positivo do governo no ordenamento de uma sociedade justa. Cremos que o governo faz parte da ordem criada de Deus, mas, qualquer que seja a posição que se adote, está claro que a Bíblia está repleta de ensinamentos sobre governo e política. No Antigo Testamento, o governo que mais se destaca é o que rege Israel. Deus moldou o desenvolvimento da monarquia israelita para que fosse o tipo de governo que ajudasse ao próprio Deus a governar o seu povo (veja Dt 17.14-20; 1Sm 8—12). Embora nesse aspecto vários reis se destaquem como exemplo (Davi, Salomão, Josias, Ezequias), a história da monarquia no Antigo Testamento é triste, e o potencial de governo para facilitar o reinado do próprio Senhor sobre seu povo continua em grande parte sem se cumprir.

Ao mesmo tempo que recuperamos a dimensão política do Antigo Testamento, precisamos estar alertas para a diferença entre a situação de Israel no Antigo Testamento e a situação da igreja no Novo Testamento. Israel era uma teocracia, uma nação em relacionamento de aliança com o Senhor e, por conseguinte, diferente de qualquer nação contemporânea. Israel havia concordado formalmente em viver rigorosamente como povo de Deus, e o objetivo era que cada aspecto de sua vida — econômica, política, familiar e tudo o mais — seria vivido sob o reinado de Deus. Depois de Pentecostes tudo isso mudou: o povo de Deus, a igreja, foi disperso entre todas as nações. A igreja é uma teocracia, mas as nações em que os cristãos vivem não são.

Um texto neotestamentário que é fundamental para o ensino sobre governo é Romanos 13.1-7. Nessa passagem Paulo reconhece que o governo como instituição tem um papel único e importante a desempenhar. Em linguagem que lembra o Sermão do Monte, em Romanos 12.14-21, que é o contexto imediato de Romanos 13.1-7, Paulo instrui os cristãos de Roma a abençoar aqueles que os perseguem e a não se vingar. Eles devem dar lugar para a "ira de Deus". A finalidade é que o próprio governo seja "serv[o] de Deus e agente de punição de ira contra quem pratica o mal", uma instituição estabelecida por Deus para preservar a justiça. É com esse propósito que o governo "traz a espada"; ou seja, tem o poder de fazer cumprir a lei do país (Rm 13.4). Portanto, embora os cristãos não devam se vingar com as próprias mãos (mas, sim, amar até mesmo aqueles que lhes fizerem mal e demonstrar compaixão por eles), eles devem esperar que o governo desempenhe o papel que Deus lhe deu de fazer prevalecer a justiça na sociedade. O resultado é que, como Paulo afirma, os cristãos verão o Estado de forma positiva, honrando-o e sendo bons cidadãos e pagadores de impostos (Rm 13.5,6).

Até aqui, sem problemas. Mas será que Romanos 13 dá legitimidade a tudo que os governos fazem, mesmo quando são injustos e opressores? O sentido do texto bíblico tem sido frequentemente distorcido dando essa conotação. Durante o período do opressivo *apartheid* na África do Sul, quando Michael Cassidy (representando a Iniciativa Nacional de Reconciliação) se reuniu com o presidente P. W. Botha, este tinha nas mãos a Bíblia aberta em Romanos 13. A mensagem implícita do gesto simbólico de Botha era que a resistência ou crítica ao Estado era anticristã e não bíblica.

Mas a Bíblia inteira, incluindo Romanos 13, nega essa inferência. As passagens de Romanos 13.4 e 6 descrevem o governante como "servo de Deus", dessa maneira transmitindo a ideia tanto de nobreza (uma vez que o governante é servo *de Deus*) quanto de responsabilidade (*servo* de Deus). No contexto do Império Romano, descrever um governante como um servo era pôr um fim à noção de que os governantes podiam fazer o que bem quisessem. O servo ou serva estava ali para obedecer a seu senhor. Por isso, não é possível ler Romanos 13 como legitimação de qualquer coisa que os governos decidem fazer, pois devem servir a Deus assegurando a justiça; caso deixem de proceder assim, se tornam objeto do juízo de Deus.

No Antigo Testamento, as narrativas das pragas no livro de Êxodo e os relatos dos milagres na época de Elias e Eliseu demonstram inequivocamente que é o Senhor (e não o faraó nem Acabe e Jezabel) quem está no controle. Em Êxodo 1, as parteiras Sifrá e Puá são elogiadas por sua desobediência civil. "As parteiras [...] temeram a Deus e não fizeram como o rei do Egito lhes havia ordenado, mas deixaram os meninos [israelitas recém-nascidos] com vida [...] Por isso, Deus foi bom para com as parteiras [...] Como as parteiras temeram a Deus, ele permitiu que tivessem suas próprias famílias" (Êx 1.17-22).

A narrativa bíblica apresenta, assim, princípios importantes com os quais podemos desenvolver uma sólida abordagem cristã acerca do governo e da política: (1) o governo foi instituído por Deus para o nosso bem e precisa estar em conformidade com o desígnio de Deus; (2) o papel do governo é assegurar a justiça pública na sociedade e tem o direito de usar a força para fazê-lo; (3) no entanto, governos podem ser corrompidos por diversas idolatrias;[7] (4) os cristãos devem ser cidadãos exemplares e devem honrar e respeitar o governo; no entanto (5), não podem jamais prestar obediência irrefletida a governo humano algum, pois a lealdade primordial deles é para com Jesus, o Filho do Homem.

Como essas constatações se aplicam ao contexto atual? Outra vez, conforme salientamos repetidas vezes neste livro, ao desenvolvermos uma cosmovisão cristã, é importante não somente viver a narrativa bíblica, mas também relacioná-la com a nossa situação atual. Aqui, um exemplo óbvio é que hoje a forma predominante de governo é a democracia, um modelo completamente desconhecido no mundo bíblico. Os cristãos de hoje vivem em sociedades pluralistas em que várias cosmovisões competem entre si e, como consequência, não podemos simplesmente aplicar as leis veterotestamentárias à cultura contemporânea. Veja, por exemplo, a pena de morte. Mesmo que possamos confirmar sua legitimidade, não está nada claro como aqueles crimes que mereciam a pena de morte no Antigo Testamento (p. ex., adultério, idolatria, homossexualidade) estão relacionados com a legislação de nossa própria cultura pluralista.

Assim, desenvolver uma cosmovisão cristã em relação à política de nossos dias não é tarefa fácil. Sugerimos que as considerações a seguir sejam elementos-chave de uma tal abordagem. Em primeiro lugar, as orientações bíblicas precisam ser levadas a sério.[8] Conforme Oliver O'Donovan assinala, se as Escrituras são a Palavra de Deus, precisamos iniciar a caminhada com o que Deus comunicou a Abraão até a maneira como lidar com o Iraque hoje (observando que Abraão viveu na região que hoje é o Iraque). O'Donovan continua observando que, embora um pregador talvez percorra esse caminho

---

[7]Para um livro excelente que faz um levantamento de várias ideologias que estão moldando a vida política atual, veja David T. Koyzis, *Political visions and illusions: a survey and Christian critique of contemporary ideologies* (Downers Grove: InterVarsity, 2003) [edição em português: *Visões e ilusões políticas: uma análise e crítica cristã das ideologias contemporâneas*, tradução de Lucas G. Freire (São Paulo: Vida Nova, 2014)].

[8]Uma introdução mais antiga mas ainda útil é Paul Marshall, *Thine is the kingdom: a biblical perspective on the nature of government and politics today* (London: Marshall, Morgan & Scott, 1984).

em menos de vinte minutos, um estudioso pode levar a vida inteira para fazê-lo.⁹ Relacionar a narrativa bíblica à política de hoje é tarefa complexa, e não ajudamos pessoa alguma quando formulamos ideias simplistas apoiadas em alguns poucos textos-prova.

Em segundo lugar, precisamos nos familiarizar com a longa tradição cristã de reflexão política. Oliver O'Donovan e Joan Lockwood O'Donovan lamentam, com toda razão, nossa ignorância, por exemplo, da abundante reflexão no pensamento cristão sobre o que vem a ser uma guerra justa.¹⁰ Os cristãos precisam realmente conhecer essa tradição, para que os recursos que ela fornece se tornem parte de nossa própria reflexão crítica quando participamos das decisões de nosso país de quando ir e quando não ir à guerra.

Em terceiro lugar, precisamos conhecer algo da história da política, de como ela se desenvolveu ao longo dos séculos e de como herdamos as instituições existentes hoje. Isso as colocará em contexto histórico e cultural e nos capacitará a reagir a elas com discernimento.

Em quarto lugar, cristãos talentosos precisam entrar na política, sendo políticos, acadêmicos e líderes na sociedade que exercem influência direta no governo, mas também instruem outros cristãos sobre como levar em consideração de maneira cuidadosa problemas políticos contemporâneos a partir de uma perspectiva cristã. Um bom exemplo disso é o trabalho liderado por Jim Skillen que o relativamente pequeno Center for Public Justice [Centro Pró-Justiça Pública] (CPJ) tem feito ao longo dos últimos anos pela reforma dos serviços sociais. A lei conhecida como "Charitable Choice" [Lei da opção por entidades filantrópicas] (promovida pelo CPJ) escancarou oportunidades para grupos cristãos e de outras religiões receber financiamento do governo para serviços sociais e ao mesmo tempo manter sua integridade religiosa — um grande passo para eliminar o abismo secularizado e prejudicial entre igreja e Estado.¹¹

Em nossas confortáveis comunidades de classe média é difícil ter uma ideia de tudo aquilo que está em jogo na política salutar. Mas, se tivéssemos de viver em Ruanda durante o período de genocídio ou no Iraque ou em Darfur nos dias

---

⁹Oliver O'Donovan, *The desire of the nations: rediscovering the roots of political theology* (Cambridge: Cambridge University Press, 1996), p. ix.

¹⁰Veja Oliver O'Donovan; Joan Lockwood O'Donovan, *From Irenaeus to Grotius: a sourcebook in Christian political thought* (Grand Rapids: Eerdmans, 1999). Veja tb. Oliver O'Donovan, *The just war revisited* (Cambridge: Cambridge University Press, 2003).

¹¹Veja Stanley W. Carlson-Thies; James W. Skillen, orgs., *Welfare in America: Christian perspectives on a policy in crisis* (Grand Rapids: Eerdmans, 1996).

atuais, logo acordaríamos para a importância vital da política salutar.[12] O governo procede de Deus, mas o drama bíblico nos convoca a fazer o que pudermos para conduzir a política de tal maneira que glorifique a Deus e abençoe todos os povos.

Esportes e competição

Se alguém adota uma ideia do evangelho que é fechada e se isola do mundo, essa pessoa não terá praticamente lugar algum para esportes e competições de atletismo. Mas como o evangelho é um evangelho acerca do reino de Deus, esportes e competições não podem ser descartados assim tão facilmente de uma concepção cristã das coisas, pois estas também são dádivas de Deus na criação a serem plenamente desfrutadas com ação de graças. Deus teve prazer em dá-las; na criação estabeleceu o potencial para a humanidade descobri-las, desenvolvê-las e desfrutá-las. Ele se alegra quando nós as recebemos como presentes, o honramos com o uso que fazemos delas e lhe agradecemos por elas. Uma espiritualidade ascética e dualista que minimize os esportes demonstra ingratidão por um dos bons presentes de Deus. O filme *Carruagens de fogo* está certo quando Eric Liddell afirma: "Deus me fez rápido. Quando corro, sinto o seu prazer [...] Não é apenas diversão. Vencer significa honrá-lo".

Toda a dimensão de esportes tem raízes na criação de duas maneiras. Em primeiro lugar, a origem dos esportes está em quem somos como imagem de Deus, feitos com uma diversidade de funções e habilidades e criados para ser criaturas sociais, desenvolver e desfrutar uma diversidade de relacionamentos, incluindo aqueles que envolvem recreação, lazer e interação competitiva. Deus também nos fez para ser criaturas com imaginação. Como afirma Bart Giamatti (ex-dirigente da Major League Baseball), o esporte faz "parte de nosso ímpeto artístico e imaginativo".[13] Nos esportes, assim como nas artes, temos a capacidade criativa de construir mundos imaginários com seus próprios objetivos, regras e obstáculos e de entrar neles por determinado tempo.

As raízes dos esportes também estão na vocação da criação inicialmente dada por Deus à humanidade, o denominado mandato cultural (Gn 1.26-28; 2.15). A humanidade recebeu a agradável tarefa de explorar, descobrir e desenvolver

---

[12]O genocídio de Darfur é o primeiro do século 21. Veja Don Cheadle; John Prendergast, *Not on our watch: the mission to end genocide in Darfur and beyond* (New York: Hyperion, 2007).

[13]A. Bartlett Giamatti, *Take time for paradise: Americans and their games* (New York: Summit Books, 1989), p. 38.

em comunhão amorosa com Deus o potencial que ele colocou na criação. É claro que a dádiva divina dos esportes não foi entregue totalmente desenvolvida — o jardim do Éden não estava equipado com quadras de squash e campos de beisebol! Em vez disso, Deus deu à humanidade a capacidade inventiva de explorar, descobrir e desenvolver de diversas maneiras o potencial da criação. É como resultado dessa tarefa fundamental que os esportes e as atividades desportivas surgiram como um produto cultural.

Embora muitos poderão concordar que esportes e atividades desportivas são dádivas de Deus, talvez um número mais reduzido concorde que a competição também é uma boa dádiva. Marvin Zuidema assinala com razão que a competição é um "componente básico" dos esportes e atividades desportivas e que "é irresponsabilidade jogar ou disputar para perder", e passa a tratar de uma ideia comum na comunidade cristã sobre esse aspecto do esporte, a saber, a de que "a competição é moralmente errada porque cria entre dois jogadores ou duas equipes uma rivalidade que muitas vezes resulta em ódio".[14] Zuidema e outros defendem que competição não implica em rivalidade. John Byl acredita que "superar obstáculos desnecessários" está no âmago dos esportes e atividades desportivas.[15] Frey e coautores se aprofundam no assunto: "Os obstáculos impedem que o jogador use o método mais fácil para alcançar o objetivo. O prazer do jogo está em criar táticas para superar os obstáculos e alcançar o objetivo".[16] Nos esportes, equipes ou indivíduos concordam em se enfrentar cooperativamente conforme os objetivos, regras e obstáculos da disputa. Em outras palavras, é a cooperação e não a rivalidade que está na essência da competição.

A competição pode acentuar a alegria e a intensidade das emoções da experiência atlética como um todo, contribuindo para o aperfeiçoamento das habilidades da pessoa e a realização de esforço físico prazeroso. Assim, um adversário não é, primordialmente, um rival mas sim alguém que oferece a oportunidade de uma experiência esportiva mais prazerosa. A competição é um aspecto enriquecedor da dádiva de Deus. No esporte, o amor ao próximo consiste em

---

[14]Marvin Zuidema, "Athletics from a Christian perspective", in: Paul Heintzman; Glen Van Andel; Thomas Visker, orgs., *Christianity and leisure: issues in a pluralistic society* (Sioux Center: Dordt College Press, 1994), p. 185.

[15]John Byl, "Coming to terms with play, game, sport, and athletics", in: Heintzman; Van Andel; Visker, orgs., *Christianity and leisure*, p. 155-63.

[16]Bradshaw Frey; William Ingram; Thomas McWhertor; William Romanowski, "Sports and athletics: playing to the glory of God", in: *At work and play: biblical insight to daily obedience* (Jordan Station: Paideia, 1986), p. 46.

proporcionar uma disputa árdua para acentuar a experiência esportiva. Muitos atletas se identificam com o pensamento de Zuidema de que "a competição pode produzir cooperação, celebração, respeito e até mesmo amor".[17]

No entanto, a competição pode ser deformada pelo pecado e, dessa maneira, se tornar uma coisa feia. Por isso, é necessário discernir o que é uma competição saudável e normativa. O adversário não deve ser considerado mero obstáculo, um objeto cuja resistência precisa ser simplesmente vencida, como a resistência do haltere no levantamento de peso. Os seres humanos são criados à imagem de Deus e, por conseguinte, mesmo no calor da competição devem ser sempre tratados com amor, dignidade, respeito e apreço. Em uma avaliação cristã do esporte não há espaço algum para sentimentos como aqueles expressos nos lamentáveis comentários de Vince Lombardi: "Vencer não é tudo; é a única coisa que importa" (uma citação que emprestou do jogador e treinador de futebol americano "Red" Sanders)[18] e "Para jogar [futebol americano] você precisa ter fogo dentro de si, e para alimentar esse fogo não há nada como o ódio".

Esporte e atividades desportivas fazem parte da criação e podem trazer satisfação como dádivas de Deus. Eles não precisam ser justificados com a alegação de que proporcionam condicionamento físico ou descanso do trabalho, ou alívio psicológico, ou de que desenvolvem o caráter e a autodisciplina, ou de que servem de ponte para o evangelismo. Esses benefícios secundários podem ou não ter seus méritos, mas de qualquer maneira são incidentais.[19] A existência dos esportes e atividades desportivas se justifica simplesmente porque Deus os outorgou como presentes para desfrutar. Conforme Edward Shaughnessy comenta, "o fato é que o esporte não tem absolutamente propósito algum: é um fim em si mesmo [...] Seus possíveis usos são incidentais, tais como os das belas-artes, da religião ou da amizade".[20]

Há conexões orgânicas entre as atividades desportivas e outros aspectos da criação de Deus; há componentes físicos, emocionais, econômicos, sociais e estéticos em toda atividade esportiva. Em parte, isso significa que a recreação sofre quando outros aspectos da criação são enfraquecidos. Para Byl, tanto a harmonia

---

[17]Zuidema, "Athletics from a Christian perspective", p. 185.

[18]Essa frase é atribuída a Henry Russell "Red" Sanders, treinador de futebol americano nas universidades de UCLA e Vanderbilt na primeira metade do século 20. Lombardi a popularizou.

[19]Na verdade, algumas das formas como o esporte é usado para o evangelismo e até mesmo o proselitismo são, em nossa opinião, inválidas. Veja Frey et al., "Sports and athletics", p. 55-6.

[20]Edward L. Shaughnessy, "Santayana on athletics", *Journal of American Studies* 10, n. 2 (1977): 188.

social quanto a psicológica são condições essenciais para a prática do esporte, mas também há muitas condições adicionais.²¹ Seria possível imaginar uma competição em que os atletas não sabem fazer contas, não têm condicionamento físico para mais de cinco minutos ou são incapazes de exprimir as emoções? Poderiam os esportes se desenvolver em uma cultura em que a situação econômica exigisse que as pessoas gastassem todas as horas do dia trabalhando para se sustentar ou em que a desonestidade prevalecesse? O esporte saudável prospera quando outras condições culturais estão em equilíbrio, e, da mesma maneira, outras dimensões da nossa vida sofrem quando não há lugar para recreação.

Quando o som de determinado instrumento em uma orquestra está muito baixo, a harmonia sofre; quando a recreação e o lazer são reprimidos e os esportes desvalorizados, a cultura como um todo sofre. Mas o outro perigo de uma orquestra é que determinado instrumento toque alto demais, o que também destruirá a harmonia. Quando uma parte da criação é idolatrada, quando recebe importância maior do que a devida, a harmonia da criação é destruída. E é justamente esse tipo de idolatria que se vê com tanta clareza no esporte e nas atividades desportivas de nossos dias. Charles Prebish identifica o esporte como a religião que mais cresce nos Estados Unidos, deixando qualquer outra em um longínquo segundo lugar.²² Esporte, atividades desportivas e competição são, portanto, bons quando vistos como um dos aspectos válidos do mundo de Deus e quando estão em conformidade com o propósito de Deus na criação, mas podem facilmente se tornar ídolos, assumindo uma posição de adoração que por direito não lhes pertence.

Estudos acadêmicos podem ajudar a discernir o propósito da criação para o esporte e a recreação saudáveis. "As pesquisas científicas sobre o que acontece em nossa recreação são igualmente legítimas e importantes. Elas podem ajudar a aprofundar, enriquecer e ampliar nossa visão crítica das práticas recreativas. Podem ajudar a explicar hábitos da hora de lazer. Ao fazê-lo, também podem ajudar a corrigir e melhorar essa dimensão da vida".²³ Da mesma maneira como sociólogos podem dar uma contribuição para a compreensão do propósito da criação para o casamento, ou como psicólogos podem ajudar a entender o papel das

---

²¹Byl, "Coming to terms with play", p. 157.
²²Charles Prebish, "Heavenly Father, divine goalie: sport and religion", *Antioch Review* 42, n. 3 (1984): 318.
²³Gordon Spykman, "Toward a Christian perspective in the leisure sciences", in: Heintzman; Van Andel; Visker, orgs., *Christianity and leisure*, p. 54.

emoções, necessitamos de estudiosos que aprofundem a compreensão da comunidade cristã acerca do propósito original de Deus para o esporte. É claro que uma grande parte da tarefa de entender o propósito de Deus na criação para o esporte e a competição é entender como o pecado os corrompeu e maculou. Nenhuma competição esportiva encarna de modo absoluto a virtude do propósito original de Deus. Examinar o propósito de Deus na criação significará tornar-se sensível aos ídolos culturais que têm corrompido o esporte de várias maneiras, entre as quais a mentalidade de "ganhar a qualquer preço", motivação financeira idólatra e um hedonismo que exalta as atividades desportivas à posição de bem supremo.[24]

Diferentes aspectos da criação de Deus dão prazer a diferentes pessoas porque cada uma está "ligada" de uma maneira diferente. Para algumas pode ser música; para outras, marcenaria; para outras ainda, livros. Essas coisas que dão um prazer todo especial podem ser ocasiões que nos lembram de retribuir a Deus com a gratidão e o louvor devidos por cada aspecto de nossa vida. Há anos, Gordon Spykman iniciou o seu discurso em uma assembleia com as seguintes palavras: "Nada importa, a não ser o reino". Aí fez uma pausa, deixando que a verdade daquela observação fosse plenamente assimilada. Então prosseguiu: "Mas, por causa do reino, tudo importa". Uma vez que "o reino" é o poder de Deus em Jesus Cristo mediante o Espírito de restaurar toda a criação para que ela torne a viver sob seu governo libertador, tudo importa. Esportes, atividades desportivas e competição importam porque Cristo os criou e está a restaurá-los. Quando estivermos diante do tribunal de Cristo, onde apenas ouro, prata e pedras preciosas resistirão ao fogo do juízo de Deus (1Co 3.12-15), haverá atividades esportivas de ouro e prata que resistirão. Spykman, referindo-se a Apocalipse 21.24-26, afirma com razão que os "tesouros das nações irão para a Nova Jerusalém. Entre aqueles tesouros [...] inclui-se o lazer bom, equilibrado e saudável"[25] e, acrescentaríamos, o esporte bom, equilibrado e saudável.

Criatividade e arte

Cristãos às vezes associam a criatividade artística apenas com "alta cultura" como ópera, balé, pintura e escultura e então ficam se perguntando o que isso tem que

---

[24] Veja Frey et al., "Sports and athletics", p. 51-6. Aqui não ressaltamos as distorções pecaminosas dos esportes e da competição. Nosso objetivo principal nesta breve seção é afirmar que esportes e competição têm raízes no ensino das Escrituras sobre a criação.

[25] Spykman, "Toward a Christian perspective", p. 58.

ver com o evangelho e a evangelização. Em geral, esses cristãos conseguem reconhecer um lugar para a criatividade apenas se ela servir à igreja, concentrando a atenção em temas claramente cristãos e com uma mensagem persuasiva ou ajudando a ilustrar o boletim da igreja ou enriquecendo o culto da igreja com uma pequena peça teatral. A arte da alta cultura tem seu lugar próprio e importante na cultura, mas reduzir a criatividade somente a essa instância da cultura ou afirmar que só é válida quando posta a serviço de atividades "sagradas" é banalizar a criatividade e deixar de aproveitar esse importante aspecto de como Deus nos fez para glorificá-lo. No sentido mais pleno da palavra, a criatividade se expressa na maneira como uma casa é projetada e decorada, na arrumação da mesa para a refeição, nas roupas e joias que usamos, na forma como organizamos nosso espaço de trabalho, como arrumamos nosso jardim, o estilo do carro que dirigimos, as histórias que contamos e as músicas que ouvimos.[26] A criatividade, ou aquilo que poderíamos chamar de dimensão estética da vida, permeia nosso mundo.

Para o cristão, as raízes da criatividade estão na doutrina da criação. Hans Rookmaker escreveu um pequeno livro com o título *Art needs no justification* [A arte não precisa de justificativa], no qual defende que não precisamos justificar a arte, achando que só tem valor se servir a um propósito "bom" (evangelístico, eclesiástico ou mesmo comercial).[27] A justificativa para a arte reside na maneira como Deus nos fez. A habilidade de Deus na criação é extraordinária, sua criatividade é impressionante. Pense, por exemplo, no fato de que não há dois flocos de neve idênticos — algo realmente notável, tendo em vista o número inimaginável deles. Um aspecto de sermos feitos à imagem de Deus é que ele nos agraciou com algo de sua própria capacidade criativa, a "possibilidade tanto de criar algo belo quanto de ter prazer nisso".[28]

A criatividade é um dom. Essa verdade é confirmada em textos como Gênesis 4.21,22, em que o desenvolvimento normal da cultura é sugerido nos

---

[26]Para um livro agradável sobre o assunto, veja Edith Schaeffer, *Hidden art* (Wheaton: Tyndale, 1972).

[27]Hans R. Rookmaker, *Art needs no justification* (Downers Grove: InterVarsity, 1978) [edição em português: *A arte não precisa de justificativa*, tradução de Fernando de Guarany Jr. (Viçosa: Ultimato, 2010)]; veja tb. idem, *The creative gift: the arts and the Christian life* (Leicester: InterVarsity, 1981), cap. 6.

[28]Abraham Kuyper, *Lectures on Calvinism* (Grand Rapids: Eerdmans, 1931), p. 142, veja nota de rodapé [edição em português: *Calvinismo: o canal em que se moveu a Reforma do século 16, enriquecendo a vida cultural e espiritual dos povos que o adotaram. O sistema que hoje a igreja cristã deve reconhecer como bíblico*, tradução de Ricardo Gouvêa; Paulo Arantes (São Paulo: Cultura Cristã, 2002)].

comentários de que Jubal é o pai de todos os que tocam harpa e flauta e Tubal-Caim fabrica ferramentas de bronze e ferro.[29] Os salmos são poesia maravilhosa (muitos com cabeçalhos intrigantes, tais como "Para o diretor de música. Para ser cantado com a melodia...", ou "adaptado para ..."), e o ápice da coleção toda é o salmo 150, com sua exortação a louvar o Senhor com uma variedade imensa de instrumentos musicais e com dança.[30]

Embora a arte não precise de justificativa evangelística ou "eclesiástica", ainda assim é útil e importante indagar por que Deus nos deu essa maravilhosa capacidade criativa.[31] Artistas, incluindo pintores, escultores, escritores e cineastas (entre muitos outros), nos ajudam a experimentar e a ver o mundo de maneiras diferentes. Às vezes essas "maneiras diferentes" também são maneiras inteiramente novas, mas isso não precisa ser o caso. Em sua análise sobre a capacidade de obras de arte delinearem um mundo, Nicholas Wolterstorff assinala: "Vez após vez, quando examinamos a arte figurativa, somos confrontados com o fato óbvio de que o artista não está meramente delineando um mundo que atraiu sua imaginação pessoal, mas um mundo que, em aspectos importantes, reflete fielmente aquilo que sua comunidade acredita que é real e importante".[32] O romancista Joseph Conrad afirma que a tarefa do autor de romance "é, mediante o poder da palavra escrita, fazer você ouvir, fazer você sentir — é, acima de tudo, fazer você *ver*".[33] Leland Ryken assinala que "o mundo da imaginação literária é uma versão altamente organizada do mundo real. É um mundo em que conceitos, personagens e padrões narrativos são apresentados destituídos de detalhes complicados que causem distração".[34] Com frequência, a literatura e outras formas de arte nos convidam a entrar em

---

[29]Veja Bartholomew; Goheen, *Drama of Scripture*, p. 48-9.

[30]Para uma introdução acessível a abordagens recentes sobre o Saltério que ressaltam a forma literária cuidadosamente elaborada da coleção como um todo, veja Craig G. Bartolomeu; Andrew West, orgs., *Praying by the book: reading the Psalms* (Carlisle: Paternoster, 2001).

[31]O propósito da arte é complexo e controverso. Na obra *Art in action: toward a Christian aesthetic* (Grand Rapids: Eerdmans, 1980), Nicholas Wolterstorff nega que haja algo como *o* propósito da arte. Veja tb. Cal Seerveld, "Cal looks at Nick: a response to Nicholas Wolterstorff's *Art in action*", in: Craig Bartholomew, org., *In the fields of the Lord: a Calvin Seerveld reader* (Carlisle: Piquant, 2000), p. 360-4.

[32]Wolterstorff, *Art in action*, p. 144.

[33]Joseph Conrad, prefácio a *The nigger of Narcissus* (New York: Collier, 1962), p. 19 [edição em português: *O negro do Narciso*, tradução de Luzia Maria Martins (Lisboa: Relógio d'Água, 1987)].

[34]Leland Ryken, *Culture in Christian perspective: a door to understanding and enjoying the arts* (Portland: Multnomah, 1986), p. 112.

um mundo reduzido a fim de podermos nos concentrar em aspectos específicos do mundo real. "A arte não tenta apresentar uma cópia fotográfica da vida; ela reorganiza os fatos da vida a fim de nos apresentar uma percepção mais acentuada das características da vida. A arte é a vida contemplada à distância pela imaginação."[35]

Um bom exemplo disso é o filme *Seduzida ao extremo*, em que Farrah Fawcett faz o papel de vítima de estupro. O filme transmite ao espectador a terrível sensação de pavor absoluto diante do estupro que as estatísticas e os relatórios a respeito jamais conseguem transmitir. Da mesma forma, um romance clássico como *Cry, the beloved country* [Chore, país amado], de Alan Paton, traz à mente do leitor a dolorosa realidade do *apartheid* na África do Sul, contando a história de um jovem negro e um jovem branco e a relação entre suas famílias, com o que permite ver como eram repulsivas muitas relações interpessoais no *apartheid*. Um filme como *Tempo de aprender* nos permite sentir a dor de um adolescente cuja mãe abandonou o pai (com quem vive) bem como o relacionamento redentor que o adolescente desenvolve com seu treinador. *Gente como a gente*, um filme mais antigo, fala de relacionamentos dolorosos que muitas vezes se escondem atrás da fachada de famílias respeitáveis, ao mesmo tempo que oferece esperança de crescimento e redenção nos relacionamentos.

A arte também amplia nossa experiência pessoal. Como C. S. Lewis observa, "buscamos um alargamento do nosso ser. Queremos ser mais do que nós mesmos. Por natureza, cada um de nós enxerga o mundo todo a partir de determinado ponto de vista, tendo uma perspectiva e uma seletividade que lhe são peculiares [...] Queremos ver com outros olhos, imaginar com outras imaginações, sentir com outros corações bem como com o nosso [...] Até onde posso ver, esse é o valor ou vantagem específica da literatura [...] ela nos dá acesso a experiências diferentes das nossas próprias".[36] A arte estimula e desenvolve nossa imaginação. Em um mundo tecnológico, em que a mente analítica é tão altamente valorizada, facilmente perdemos a capacidade de imaginação que tínhamos quando criança. E, mesmo assim, ainda que não sejamos artistas, a imaginação é uma parte vital de nosso ser. Albert Einstein desenvolveu sua teoria

---

[35]Ryken, *Culture in Christian perspective*, p. 26.
[36]C. S. Lewis, *An experiment in criticism* (Cambridge: Cambridge University Press, 1961), p. 137-9 [edição em português: *Um experimento na crítica literária*, tradução de João Luís Ceccantini (São Paulo: Editora UNESP, 2009)].

da relatividade imaginando-se sobre um feixe de luz!³⁷ Estudos recentes fizeram distinção entre o lado esquerdo analítico de nosso cérebro e o lado direito imaginativo. Na cultura ocidental (e especialmente no mundo acadêmico), o lado esquerdo de nosso cérebro tende a ser excessivamente desenvolvido, enquanto o lado direito lúdico e imaginativo é contraído e subdesenvolvido. A exposição à arte e o envolvimento em atividades criativas ajuda a estimular nossa imaginação e põe em harmonia os diferentes lados do nosso ser. Assim, embora nem a pessoa de negócios nem o cientista sejam chamados a ser artistas, a empresa eficaz e o trabalho científico exigem criatividade e imaginação, coisas que as artes podem nos ajudar a desenvolver em nós mesmos.

A arte também estimula nosso senso de recreação, outra coisa que os adultos frequentemente deixam para trás com a infância. O psiquiatra Carl Jung descobriu em sua crise da meia-idade que parte de sua cura incluiu voltar a brincar. Durante um período crítico de sua vida, todos os dias ele trabalhou na construção de uma cidadezinha em miniatura, e isso se tornou parte importante de sua cura.³⁸ C. S. Lewis afirma que "nosso lazer, até mesmo nossas brincadeiras, são assunto muito sério. Não há território neutro no universo: cada centímetro quadrado e cada fração de segundo são reivindicados por Deus e também por Satanás em sua oposição a Deus [...] A escolha de recreações saudáveis é assunto sério".³⁹

É claro que a criatividade e a arte nunca são neutras, e, assim que começamos a perceber todo o poder que a arte pode ter, também começamos a ter consciência de todo o mau uso que se pode fazer dela. Ryken assinala que "os artistas procuram levar o público a partilhar de sua visão — a ver o que veem, sentir o que sentem e explicar a vida como eles explicam".⁴⁰ Keith McKean afirma: "O mundo da obra literária é um tipo cuidadosamente elaborado e controlado de realidade, em que cada detalhe expõe as crenças e os valores do próprio artista".⁴¹ A escolha do artista, tanto do assunto quanto do meio, é sempre

---

[37] Sobre ciência e imaginação, veja Cheryl Forbes, *Imagination: embracing a theology of wonder* (Portland: Multnomah, 1986), cap. 7.

[38] Veja Carl Jung, *Memories, dreams, reflections* (New York: Vintage Books, 1965), p. 173-5 [edição em português: *Memórias, sonhos, reflexões*, organização de Aniela Jaffe, tradução de Dora Ferreira da Silva, Coleção Experiência e Psicologia (Rio de Janeiro: Nova Fronteira, 1980)].

[39] C. S. Lewis, *Christian reflections* (Grand Rapids: Eerdmans, 1967), p. 33-4.

[40] Ryken, *Culture in Christian perspective*, p. 172.

[41] Keith McKean, *The moral measure of literature* (Denver: Swallow, 1961), citado por Ryken em *Culture in Christian perspective*, p. 166.

determinada pela cosmovisão do artista e sempre apresenta uma perspectiva particular: tanto a cosmovisão quanto a perspectiva precisam ser entendidas por aquilo que são.

É possível ver exemplos extremos do abuso da arte nos símbolos e nas representações imaginárias de si mesmos que regimes políticos cruéis têm usado para propagar sua ideologia. O regime de Adolf Hitler durante as décadas de 1930 e 1940 oferece bons exemplos disso nos grandiosos vídeos de propaganda produzidos por Joseph Goebbels e nas exibições cuidadosamente orquestradas de entusiasmo popular e de poderio militar que os nazistas regularmente organizavam. O aspecto imaginativo de seus esforços era extremamente vívido e intenso, mas foi redirecionado para fins maléficos inimagináveis. Usos errados e menos óbvios da criatividade são muito mais comuns e nos afetam bem de perto. Quando reduzimos a dádiva divina da expressão artística a adesivos cristãos ou a canetas e até mesmo a pastilhas refrescantes com versículos bíblicos impressos, banalizamos o evangelho e desacreditamos Cristo. Quando uma peça teatral cristã é reduzida a nada mais do que apresentações evangelísticas medíocres na igreja, deixamos implícito que o evangelho é uma coisa pequena e insignificante. E, quando filmes cristãos são produzidos com forte apelo emocional e se concentram no arrebatamento com a finalidade de assustar os espectadores para induzi-los à conversão, deixamos de fazer justiça à imensa e variada capacidade criativa que Deus plantou em sua criação.

Historicamente, a igreja tem uma grande tradição de arte e criatividade. A própria Bíblia contém muita literatura extraordinariamente bela em forma de poesias, parábolas, narrativas trágicas e cômicas, biografias e visões em sonho. No passado, a igreja foi o centro da criatividade artística, em que manuscritos decorados e iluminados, pinturas e esculturas, vitrais, poesia e peças teatrais, literatura, música e arquitetura se uniram para proclamar a glória de Deus. É um rico legado que precisamos recuperar. Como podemos fazer isso?

Em primeiro lugar, precisamos reconhecer as possibilidades da criatividade em todas as diferentes áreas de nossa vida. Embora nem todos sejamos chamados a ser artistas, todos somos chamados a ser criativos. Tornar nossa casa, apartamento ou dormitório um ambiente descontraído e saudável, transformar um jardim em uma área agradável com muitas plantas nativas para que ali os pássaros também se sintam em casa, pôr a mesa de um modo especial em ocasiões especiais, contar histórias para nossos filhos com habilidade e imaginação, desenvolver o apreço pela boa música, desenvolver o bom gosto no vestuário, aprender a apreciar a beleza da natureza — todas essas são pequenas mas importantes maneiras de cultivar em nossa vida o dom divino da criatividade artística. As possibilidades são infinitas.

Uma segunda maneira de recuperar nossa herança artística cristã é levar a sério o chamado divino de alguns de nós para ser artistas. Se a comunidade cristã como um todo está realmente empenhada em participar da obra de Deus de redimir as artes, então é vital reconhecermos que a vocação do artista é uma profissão cristã legítima de tempo integral. Aqueles dotados de habilidades artísticas muitas vezes constataram que a igreja é uma comunidade em que é difícil prosperar, especialmente naqueles períodos em que um dualismo antibíblico relegou a expressão artística às categorias "inferiores" ou menos espirituais da vida. Precisamos mudar essa situação. A igreja tem a responsabilidade de reconhecer artistas e incentivá-los a servir a Cristo na vocação que ele lhes deu. Almejamos o dia quando a reunião anual de prestação de contas da igreja incluirá não só relatórios sobre os serviços e as finanças da igreja, mas também uma análise sobre a maneira como está indo o serviço de tempo integral dos artistas (e, é claro, de outros).

Nem todos nós somos chamados a ser artistas, mas todos devemos estar prontos a receber as dádivas que esses artistas trazem. De nada adianta incentivar cristãos a se tornar artistas a serviço de Cristo, se ninguém está interessado em apoiar suas iniciativas, visitar suas galerias, ouvir sua música e comprar o que produzem. Devemos ter um interesse em toda a boa arte e apoiá-la (seja ou não feita por cristãos), mas com certeza devemos estar particularmente empenhados em apoiar esforços artísticos cristãos. Você, sua igreja ou sua empresa podem encomendar uma pintura ou escultura, ir a um encontro de declamação de poesia de um poeta cristão local ou organizar um festival de artes e artesanato. Você pode fazer um curso de história da arte ou de como entender arte. Você pode visitar uma galeria de arte. Você pode experimentar alguma atividade manual para estimular seu lado artístico, seja fazendo desenhos, trabalhando em madeira, origami, funilaria ou vitrais.

Em terceiro lugar, precisamos desenvolver um discernimento acerca de arte e criatividade. A Queda da humanidade permeia toda a criação, e isso inclui as artes; elas podem ser usadas de maneira errada como qualquer outra estrutura na criação de Deus. A pornografia é só um dos exemplos evidentes de como os dons artísticos dados por Deus podem ser pervertidos para servir a propósitos pecaminosos. Constatar que a pornografia é arte usada de maneira errada é bastante óbvio; da mesma forma, é fácil constatar que a redução da arte cristã a versículos bíblicos gravados em canetas é lamentável. No entanto, em grande parte da criatividade e da arte é muito mais difícil discernir o bom do ruim e todas as sutis gradações entre um e outro.

Não se chega facilmente a uma crítica diferenciada da arte; ela exige reflexão e uma crescente familiaridade com a arte. No entanto, é um recurso essencial se quisermos encher nossa vida com o que é verdadeiro, nobre, puro, amável, de boa fama, excelente e digno de louvor (Fp 4.8, NVI). Há formas de criatividade usadas de maneira errada e pervertida que devemos rejeitar, mas precisamos nos certificar de que não estamos rejeitando arte por arrogância sem reflexão cuidadosa e abalizada. Só assim desempenharemos um papel positivo na redenção deste grande dom da criatividade que Deus incrustou em sua criação. Na visão da Nova Jerusalém com a qual o livro de Apocalipse termina, lemos que "os reis da terra lhe trarão a sua glória" (21.24). Isso nos dá uma ideia de como os tesouros de criatividade serão integrantes da nova criação.

Mundo acadêmico

Em *The outrageous idea of Christian scholarship*[42] [A ideia ultrajante da produção acadêmica cristã], George Marsden assinala que o trabalho acadêmico autenticamente cristão é raro porque os estudiosos cristãos têm sido, em grande medida, treinados a guardar para si suas crenças religiosas como preço de sua aceitação na comunidade acadêmica. Alunos de pós-graduação consideram que a cosmovisão cristã precisa ser adaptada para se encaixar na cosmovisão humanista moderna; caso contrário, sua pesquisa acadêmica não será levada a sério. Marsden sustenta que a produção acadêmica autenticamente cristã é "ultrajante" porque resiste a essa noção e declara que o evangelho tem um papel moldador no trabalho acadêmico.

A escassez de trabalho acadêmico solidamente cristão é preocupante por dois motivos. Em primeiro lugar, isso significa que o trabalho acadêmico dos cristãos "se amoldou ao esquema deste mundo" (para usar a linguagem de Paulo em Rm 12.2). Para Paulo, "este mundo" se refere a uma cultura deformada pela idolatria; assim, na proporção em que o esforço acadêmico do cristão não é moldado pelo evangelho, ele é infiel, comprometido com a descrença idólatra. O segundo motivo de preocupação é o poder da universidade secular moderna e das ideias disseminadas a partir dessa instituição. Há 25 anos, Charles Malik falou sobre o poder da universidade, e as suas observações continuam válidas hoje:

---

[42]George M. Marsden, *The outrageous idea of Christian scholarship* (Oxford: Oxford University Press, 1997).

Essa grande instituição ocidental, a universidade, domina o mundo de hoje mais do que qualquer outra instituição: mais do que a igreja, mais do que o governo, mais do que todas as outras instituições. Todos os líderes governamentais são formados por universidades, ou pelo menos por escolas de ensino médio ou faculdades cujos administradores e professores são eles próprios formados por universidades. O mesmo se aplica a todos os líderes de igreja [...] Os profissionais liberais — médicos, engenheiros, advogados etc. — passaram todos pela experiência rigorosa do ensino médio, da faculdade e da universidade. E os homens dos meios de comunicação têm formação universitária [...] As universidades, portanto, direta e indiretamente dominam o mundo; sua influência é tão generalizada e absoluta que qualquer problema que as assole está fadado a ter repercussões profundas em toda a estrutura da civilização ocidental. Atualmente, nenhuma tarefa é mais crucial e urgente do que examinar o estado mental e espiritual da universidade ocidental.[43]

Em *Ideas have legs* [Ideias têm pernas], Al Wolters nos apresentou uma imagem útil do poder das ideias que surgem no meio acadêmico: "As ideias têm pernas no sentido de que não são abstrações desencarnadas de um cientista desvinculado do mundo, mas são forças espirituais reais que instigam, estão em marcha no exército de alguém e têm um efeito generalizado na nossa vida prática do cotidiano".[44] Ele cita o influente economista do século 20 John Maynard Keynes: "As ideias dos economistas e dos filósofos políticos, tanto quando estão certas quanto quando estão erradas, são mais poderosas do que comumente se supõe. Na verdade, o mundo é governado praticamente em sua totalidade por elas. Homens práticos, que acreditam estar totalmente imunes a quaisquer influências intelectuais, geralmente são os escravos de alguns economistas já falecidos".[45]

Wolters dá exemplos de distinções incorretas que penetraram no cotidiano e hoje, sem que as pessoas tenham consciência, dirigem seus pensamentos e ações, como as distinções entre fatos e valores e entre teoria e prática. À medida que empregamos inconscientemente essas distinções, inconscientemente interpretamos o mundo de acordo com a ideia de algum pensador há muito caído no esquecimento, mas ainda influente. Wolters conclui: "Com palavras e

---

[43]Charles Habib Malik, *A Christian critique of the university*, Pascal Lectures on Christianity and the University (Downers Grove: InterVarsity, 1982), p. 19-20.
[44]Albert M. Wolters, *Ideas have legs* (Toronto: Institute for Christian Studies, 1987), p. 5.
[45]Wolters, *Ideas have legs*, p. 5.

expressões aparentemente tão inocentes, uma perspectiva totalmente idólatra sobre o mundo — uma mentalidade totalmente deformada e um padrão de pensamento totalmente humanista — se propaga subliminarmente em nossa civilização".[46] Brian Walsh e Richard Middleton fizeram algo parecido em *A visão transformadora*, mostrando o efeito pernicioso das doutrinas do behaviorismo na disciplina de Psicologia e da teoria neoclássica na Economia.[47] Ideias são realmente armas importantes na batalha espiritual pela criação. A produção acadêmica cristã pode ajudar a preparar cristãos de qualquer idade para dar um testemunho fiel do reino de Deus em todas as áreas da vida. Em contraposição, a ausência de trabalho acadêmico autenticamente cristão inevitavelmente nos incentivará a adotar a cosmovisão reinante de nossa cultura.

Acadêmicos cristãos e comunidades cristãs de ensino superior precisam reconhecer que participam de duas veneráveis tradições acadêmicas. A primeira é a tradição acadêmica ocidental, que remonta à antiga Grécia; a segunda é a tradição cristã de envolvimento no ensino superior, que teve início com os pais da igreja. Instituições acadêmicas cristãs não devem tentar criar um gueto acadêmico, concebendo algum novo tipo de "produção acadêmica cristã" da estaca zero. Em vez disso, acadêmicos cristãos devem buscar participar criticamente de nossa cultura e de sua tradição acadêmica, participando do trabalho acadêmico até mesmo com aqueles nossos colegas que não partilham de nossos compromissos religiosos. Nossas próprias contribuições para o fluxo cultural do trabalho acadêmico fluirão da tradição cristã. Isso implicará um profundo compromisso com a verdade do evangelho como a luz que ilumina o mundo acadêmico. Assim, ainda que os cristãos acadêmicos devam se sentir "em casa" na tradição acadêmica ocidental, não devem jamais perder de vista o fato de que também estão "em conflito" com ela. A narrativa da Bíblia oferece uma visão abrangente acerca do mundo que necessariamente conflita com as ideias sustentadas pela cultura ao redor, e esse conflito, sem dúvida, moldará o trabalho de acadêmicos cristãos.

Essa dupla orientação cultural tem duas implicações quando a questão é lidar com o trabalho acadêmico moldado por outros compromissos religiosos. Por um lado, visto que Deus é fiel à sua criação, uma grande parte das descobertas sobre

---

[46] Wolters, *Ideas have legs*, p. 7.
[47] Brian J. Walsh; J. Richard Middleton, *The transforming vision: shaping a Christian world view* (Downers Grove: InterVarsity, 1984), p. 164-6 [edição em português: *A visão transformadora: moldando uma cosmovisão cristã*, tradução de Valdeci Santos (São Paulo: Cultura Cristã, 2010)].

o mundo criado por Deus chegará até nós vinda da comunidade acadêmica não cristã; por outro lado, a idolatria subjacente na academia ocidental estará operando para distorcer aquelas descobertas. A tarefa do acadêmico cristão é acolher as descobertas reais sobre o mundo e se alegrar com elas, quaisquer que sejam suas fontes, mas também deve expor a idolatria que as têm distorcido.

No trabalho acadêmico cristão, precisamos ser especialmente cautelosos na maneira como baseamos nosso próprio trabalho nas Escrituras, rejeitando as respostas fáceis tanto do biblicismo quanto do dualismo. A abordagem do biblicista é tentar fazer a Bíblia responder a perguntas para as quais nunca foi escrita. Ela se torna assim um manual ou livro de respostas diretas às perguntas contemporâneas em várias disciplinas. Essa abordagem não reconhece nem o propósito redentor fundamental das Escrituras (2Tm 3.15,16) nem a lacuna cultural entre as Escrituras e o nosso tempo. O biblicismo traça uma linha enganosamente simples entre o texto bíblico e a ciência contemporânea. O segundo uso problemático das Escrituras é o tipo de dualismo em que a Bíblia é mantida totalmente separada da academia. Na visão dualista, uma vez que o objetivo da Bíblia é tratar apenas de "questões espirituais", sua autoridade se aplica à teologia ou à religião e a mais nada além disso; a esfera mais ampla da academia está fora do alcance dos textos bíblicos. Essa posição nega claramente as afirmações da própria Bíblia acerca do alcance cósmico da redenção e, em última análise, nega a possibilidade do trabalho acadêmico *cristão* fiel. Sem uma cosmovisão bíblica no centro da reflexão teórica do estudioso cristão, a narrativa cultural idólatra certamente preencherá o vazio.

Em vez disso, recorremos a três maneiras positivas e legítimas em que as Escrituras podem operar na academia, abordagens que levam a sério a natureza peculiar das Escrituras e a distância cultural entre o mundo bíblico e o mundo contemporâneo. Em primeiro lugar e em linhas mais gerais, as Escrituras apresentam a narrativa verdadeira em que encontramos o sentido de nossa vida e a vocação com que executamos nossas tarefas acadêmicas. Em segundo lugar, a narrativa bíblica pode ser expressa em termos de uma cosmovisão em que as categorias da Criação, Queda e Redenção são esmiuçadas no que diz respeito à sua relevância para os esforços acadêmicos. Por exemplo, desenvolver a noção de ordem na criação pode ajudar a se posicionar contra o naturalismo das ciências naturais e o relativismo das ciências sociais. Começar a analisar a noção de idolatria pode ajudar a identificar teorias que reduzem sua explicação a um dos aspectos da criação.

A terceira maneira como as Escrituras podem atuar em nosso trabalho acadêmico é revelando vários temas e normas que devem orientar o acadêmico. Sidney Greidanus dá vários exemplos práticos:

Nas ciências políticas, o acadêmico seria orientado por temas bíblicos como a soberania de Deus, a autoridade dada por Deus ao governo, a tarefa do governo de promover (as normas bíblicas de) justiça, liberdade e paz, e a necessária obediência dos cidadãos. Na sociologia, ele levaria em conta as normas bíblicas para o casamento, a família e outras estruturas sociais. Na psicologia, ele não consideraria o homem como um animal que pode ser condicionado nem como uma máquina que pode ser programada, mas como uma criatura de valor excepcional porque só o homem é feito à imagem de Deus [...] Na economia, ele desejaria levar em conta as ideias bíblicas de justiça e de boa administração, de propriedade, de trabalho e de recreação.[48]

O trabalho acadêmico cristão fiel se caracterizará tanto por um reconhecimento das descobertas da tradição acadêmica cultural ocidental bem como por uma crítica do ambiente ideológico em que essas percepções estão incrustadas. Uma vez que todo o trabalho acadêmico é uma apuração da ordem da criação e visto que Deus tem mantido essa ordem e mantido sua imagem na humanidade, o trabalho acadêmico sempre conduzirá a descobertas sobre o mundo de Deus. E, já que o pecado e a idolatria humana afetam todos os esforços culturais, as descobertas acadêmicas sobre a ordem de Deus na criação sempre serão até certo ponto distorcidas. Os acadêmicos cristãos devem trabalhar para arrancar as teorias de seu solo idólatra e replantá-las no solo do evangelho, onde podem se desenvolver de forma mais frutífera. Os acadêmicos cristãos devem tentar fazer distinção entre descobertas e estruturas da criação e tendências religiosas idólatras em todas as teorias, em suas próprias inclusive, trabalhando com humildade, fidelidade e devoção a fim de redirecionar o trabalho teórico para que esteja alinhado com uma cosmovisão bíblica.[49]

Desse modo, na psicologia a teoria do behaviorismo promove um reducionismo naturalista que não leva em consideração a imensa complexidade do funcionamento humano. Ao realizar seu próprio trabalho acadêmico, um psicólogo cristão, embora talvez encontre no trabalho de behavioristas muitas

---

[48]Sidney Greidanus, "The use of the Bible in Christian scholarship", *Christian Scholar's Review* 11, n. 2 (1982): 146-7.

[49]Albert M. Wolters, *Creation regained: biblical basics for a reformational worldview*, 2. ed. (Grand Rapids: Eerdmans, 2005), p. 87-9 [edição em português: *A criação restaurada: base bíblica para uma cosmovisão reformada*, tradução de Denise Pereira Ribeiro Meister (São Paulo: Cultura Cristã, 2006)].

descobertas valiosas sobre o comportamento humano, precisa abstrair aquelas descobertas da cosmovisão determinista que diminui a responsabilidade humana. Para o economista cristão, a preocupação marxista com as forças econômicas como a principal explicação para a história e vida humanas pode levar a muitas descobertas sobre a cultura e a sociedade humanas, mas a Bíblia é clara quando ensina que as forças econômicas não são a mola propulsora mais poderosa da história e do comportamento humanos: o compromisso religioso é a base fundamental. Além disso, a narrativa bíblica mostra que, uma vez que a criação é abundante e diversa, há muitos fatores — emocionais, estéticos, políticos, éticos — que se combinam para moldar a história humana. Assim, a análise marxista pode contribuir muito para o trabalho do economista cristão, mas uma cosmovisão bíblica corrigirá as distorções do marxismo ideológico. Um acadêmico cristão pode tirar proveito das descobertas do feminismo sobre a forma pecaminosa com que o patriarcalismo tem moldado em grande parte a história e a sociedade humanas; no entanto, ele fará isso sem aceitar que o gênero seja de alguma maneira a única qualidade humana com significado real. Um acadêmico cristão que atue na área de literatura romântica necessariamente prezará o que aquela tradição nos revelou acerca dos mecanismos da imaginação, mas deve resistir à exaltação romântica idólatra da imaginação à posição de autoridade absoluta. Um economista cristão que estude a poderosa ideologia global do livre mercado encontrará explicações sobre a maneira como a vida econômica deve funcionar, mas pode muito bem ser chamado a se pronunciar contra as estruturas injustas que têm moldado o mercado em todo o mundo.[50]

O trabalho acadêmico, assim como todos os outros aspectos da vida humana, está no campo de batalha entre o reino de Deus e o reino das trevas. Ambos os poderes competem para moldar e dirigir o mundo acadêmico para seus respectivos fins. Esse é um lugar indispensável para os cristãos estarem envolvidos na cultura.

Educação

A tensão entre cosmovisões, a luta em que precisamos nos envolver para viver fielmente na intersecção de duas culturas, é bem visível na área da educação.

---

[50]Veja Bob Goudzwaard; Harry M. de Lange, *Beyond poverty and affluence: toward a Canadian economy of care* (Toronto: University of Toronto Press, 1995).

Lesslie Newbigin expressa essa tensão como o "dilema secular-apostólico": como é que um cristão pode permanecer fiel à sua identidade apostólica, dando testemunho da verdadeira narrativa do evangelho e ao mesmo tempo estar envolvido na vida pública de uma cultura que foi moldada por uma narrativa totalmente diferente?[51] No pensamento de Newbigin, o cristão que procura se envolver no sistema público de ensino precisa encontrar o caminho entre duas maneiras fundamentalmente diferentes de entender o propósito e objetivo da vida humana. O Estado estabelece a educação para seus próprios fins e está disposto a apoiar a educação cristã caso ela esteja alinhada com esses propósitos. O evangelho, no entanto, apresenta um propósito e um objetivo totalmente diferentes para a vida humana. Existem dois objetivos diferentes e, por conseguinte, duas maneiras totalmente diferentes de entender o propósito da educação. Do ponto de vista do Estado, o evangelho educa as crianças de maneiras que podem ameaçar a unidade nacional. Do ponto de vista do cristão, o Estado procura inculcar uma cosmovisão totalmente estranha, e muitas vezes hostil, a uma cosmovisão bíblica. Como o cristão pode ser envolver no desenvolvimento cultural e ainda assim se manter fiel ao evangelho?

A educação pública contemporânea foi formada em grande medida pela cosmovisão iluminista. As implicações dessa cosmovisão para a educação foram expressas na obra *Sketch for a historical picture of the progress of the human mind* [Esboço de um quadro histórico do progresso do espírito humano], de Condorcet.[52] Do ponto de vista de Condorcet, a educação seria o principal instrumento para a implementação da visão iluminista. Segundo esse pensamento, somente o ensino público universal que não fosse controlado pela igreja poderia trazer igualdade de oportunidades. A ignorância era o inimigo desse progresso, e a educação devia servir à visão humanista de vida, transmitindo um corpo unificado de conhecimento científico universal à geração seguinte, dando-lhe condições de construir uma sociedade mais racional de liberdade, justiça, verdade e prosperidade material.

Levaria mais de dois séculos para a visão iluminista moldar totalmente as políticas dos governos ocidentais para a educação. Só em tempos bem recentes

---

[51]Lesslie Newbigin, "The secular-apostolic dilemma", in: T. A. Matthias et al., orgs., *Not without a compass: JEA Seminar on Christian education in the India of today* (New Delhi: Jesuit Educational Association of India, 1972), p. 61-71.

[52]Edição em português: *Esboço de um quadro histórico dos progressos do espírito humano*, tradução de Carlos Alberto Ribeiro de Moura (Campinas: Editora Unicamp, 2013).

a cosmovisão por trás de grande parte da filosofia educacional ocidental veio a enfrentar um sério questionamento, e os efeitos dessa mudança de paradigma podem se revelar particularmente relevantes para a educação, como sugere Brian Walsh:

> Considere o papel da narrativa ocidental de progresso na educação. Aqui, Usher e Edwards mais uma vez ajudam a entender a questão: "Historicamente, a educação pode ser vista como o veículo pelo qual as 'narrativas grandiosas' da modernidade, os ideais iluministas da razão crítica, da liberdade individual, do progresso e da mudança para melhor são fundamentados e concretizados". Remova essa narrativa de progresso da civilização e o ensino de massas contemporâneo perde uma dimensão central de sua razão de ser.[53]

Se durante mais de duzentos anos a educação tem sido guiada em grande parte por uma narrativa de "progresso por meio da ciência e da tecnologia", uma narrativa que a sociedade já não acredita ser verdade, então qual novo objetivo a sociedade terá para substituir o que se perdeu? Se, de acordo com a ideia iluminista, o propósito da educação era transmitir um corpo unificado de conhecimento universal, mas agora a sociedade suspeita que algo assim não existe para ser transmitido, o que então a sociedade escolherá como o novo propósito da educação?

O economicismo e o consumismo têm tido uma influência tão palpável em nosso mundo moderno tardio e pós-moderno que não causa surpresa ouvir Neil Postman falar de utilidade econômica, consumismo, tecnologia e multiculturalismo como os "deuses" da sociedade ocidental.[54] Em um mundo assim, o propósito da educação é somente fornecer informações úteis e habilidades comercializáveis que permitirão aos alunos competir e sobreviver na selva do mercado global. De acordo com esse ponto de vista, o crescimento da população, a redução de bens e a implacável dureza do mercado competitivo somados

---

[53]Brian Walsh, "Education in precarious times: postmodernity and a Christian worldview", in: Ian Lambert; Suzanne Mitchell, orgs., *The crumbling walls of certainty: towards a Christian critique of postmodernity and education* (Sydney: Centre for the Study of Australian Christianity, 1997), p. 14. Walsh cita Robin Usher; Richard Edwards, *Postmodernism and education: different voices, different worlds* (London: Routledge, 1994), p. 2.

[54]Neil Postman, *The end of education: redefining the value of school* (New York: Vintage Books, 1995), p. 27-58 [edição em português: *O fim da educação: redefinindo o valor da escola*, tradução de José Laurênio de Melo (Rio de Janeiro: Graphia, 2002)].

exigem que os estudantes descubram alguma vantagem competitiva sobre seus colegas; a educação pode fornecer esse serviço, dando-lhes aquilo de que precisam para viver neste mundo de consumo e contribuir para o mesmo. "A questão não é *se* a educação está arraigada em uma grande narrativa, mas em *qual* grande narrativa ela estará arraigada. Se a história do progresso capitalista começa a ficar desgastada, este talvez seja um tempo de oportunidade evangelística para a educação cristã oferecer outra narrativa — uma que substitua a autossalvação do progresso econômico pela história do reino vindouro de redenção."[55] Como fazemos o evangelho influenciar um sistema educacional que foi formado pela narrativa humanista moderna? Como podemos permear a educação com uma visão bíblica da vida?

Precisamos nos lembrar de nosso chamado para ser participantes críticos de nossa cultura, o que inclui a cultura da educação. Ou seja, devemos estar ao mesmo tempo envolvidos com nossa cultura (como participantes) e não envolvidos com ela (como pessoas que mantêm uma distância crítica dos pressupostos em que se baseia a cultura ocidental moderna).

Consideremos primeiro nosso papel como participantes. Alguns cristãos escolheram instituir escolas cristãs separadas ou assumir eles mesmos a escolarização dos filhos — opções que têm todo nosso apoio — e, assim, optaram por não participar diretamente na cultura pública da educação. O perigo dessas linhas de conduta é que podem nos isolar de nossos vizinhos e nos levar a esquecer de que devemos ser participantes no desenvolvimento de nossa cultura. Com nossos vizinhos não cristãos compartilhamos a tarefa comum de transmitir conhecimento de uma geração a outra a fim de preparar nossos filhos para viver neste mundo. Stuart Fowler comenta sobre nossa responsabilidade de estar envolvidos com a cultura da educação ao nosso redor, não importando a maneira específica que escolhermos de educar nossos filhos:

> Não somos chamados a fundar comunidades cristãs fechadas no mundo, mas a penetrar no mundo como o sal. Nossas comunidades cristãs merecem o título de "cristãs" somente na proporção em que facilitam penetrar este mundo em conformidade com as palavras de Jesus ao Pai acerca de seus discípulos em todas as épocas: "Assim como tu me enviaste ao mundo, eu também os enviei ao mundo" (Jo 17.18). É válido manter escolas e faculdades cristãs como manifestações de nossa comunidade em Cristo. Elas não são válidas

[55] Walsh, "Education in precarious times", p. 14-5.

se operam dentro de uma rede educacional cristã fechada. Para ser autênticas, precisam estar abertas a outras comunidades educacionais no mundo ao nosso redor. Não mantemos nossa integridade cristã quando nos isolamos do mundo ao redor. Pelo contrário, esse isolamento nega nosso chamado e deturpa nosso testemunho.[56]

Também devemos ser participantes críticos de nossa cultura. Para oferecer um testemunho educacional que seja de fato íntegro, precisamos afirmar que nossa visão da educação está alicerçada em uma cosmovisão muito diferente daquela da cultura ao redor, uma que gera compromissos de fé fundamentalmente diferentes. Nossa tarefa é questionar e debater-se com a tradição educacional que se desenvolveu em nossa cultura, buscando traduzir fielmente o evangelho (e as implicações do evangelho para a educação) nesse ambiente. Precisamos nos apossar das descobertas legítimas surgidas na tradição educacional secular ocidental e transplantá-las para o solo do evangelho.

Essa, obviamente, é uma tarefa de anos, não de horas. Também é evidente que é uma tarefa comunitária, que exige recursos mais abundantes de que uma única pessoa ou família possuem, e uma tarefa que se estende por culturas e gerações. Assim, cada um de nós pode desempenhar somente um pequeno papel na promoção do objetivo da educação cristã fiel. Com frequência descobriremos que estamos apenas fazendo um lento progresso em um caminho já percorrido por cristãos fiéis de gerações anteriores. Mesmo assim, somos chamados a ser fiéis, e um pequeno progresso é muito melhor do que nenhum progresso. Como, então, devemos prosseguir?

A reflexão mais concentrada sobre como o evangelho pode influenciar a educação tem ocorrido no movimento das escolas cristãs. Não se compara a nenhum material produzido e publicado por aqueles que trabalham no ensino público ou pelos membros da comunidade de ensino em casa. O movimento das escolas cristãs tem, de fato, feito progressos na tarefa de expressar uma teoria educacional do ponto de vista de uma cosmovisão cristã. Há uma abundância de publicações sobre tópicos como perspectiva cristã (ou bíblica) sobre o ensino e a aprendizagem, a formação de currículo cristocêntrico e o inculcamento de uma visão cristã de mundo-e-vida. As descobertas obtidas em pesquisas feitas com essa perspectiva têm sido aplicadas a questões de propósito

---

[56] Stuart Fowler, "Communities, organizations, and people", *Pro Rege* 21, n. 4 (June, 1993): 24.

da educação, pedagogia, currículo, liderança e estrutura institucional.[57] Essas reflexões da perspectiva de educadores cristãos profissionais têm muito a oferecer a todos os cristãos que estão envolvidos ou querem se envolver na educação, seja em escolas cristãs, no ensino público ou na escolarização em casa.

O título de um artigo de John Hull permite concentrar nossa atenção em uma questão central desses textos: "Aiming for Christian education, settling for Christians educating" [Visando a educação cristã, decidindo educar cristãos].[58] A educação cristã é (ou deveria ser) uma clara alternativa ao sistema público de ensino, uma alternativa que rejeita a idolatria cultural (e especificamente, a cosmovisão humanista) que moldou grande parte do ensino público. A educação cristã precisa estar baseada em uma filosofia abrangente e distinta que altera radicalmente os propósitos, objetivos, currículos, pedagogia, avaliação e liderança de toda a atividade educacional. Mas Hull adverte que, em lugar de uma verdadeira educação cristã, com frequência nos conformamos em educar cristãos; ou seja, fazemos concessões, aceitando que a educação cristã seja bem parecida com a educação no ensino público e então nos apressamos a dar alguma atenção a questões de integridade moral, vida devocional piedosa e informações bíblicas sobre tópicos específicos, tais como Gênesis 1 e o tema da origem da terra. Essa abordagem praticamente só mantém a situação humanista vigente na educação. Por esse motivo, Hull faz a esclarecedora distinção entre o tipo de educação que foi de fato moldado por uma cosmovisão cristã e o tipo de educação que (embora desenvolvida por cristãos comprometidos e bem-intencionados) continua fortemente influenciada pelo paradigma humanista prevalecente.

Em *No icing on the cake* [Nenhuma cobertura no bolo], Jack Mechielsen deixa bem clara essa mesma diferença: "Relacionar o evangelho com a educação

---

[57] Alguns bons pontos de partida são: David I. Smith; John Shortt, *The Bible and the task of teaching* (Stapleford: Stapleford Centre, 2002); Harro Van Brummelen, *Walking with God in the classroom: Christian approaches to learning and teaching* (Burlington: Welch, 1988); Richard Edlin, *The cause of Christian education*, 3. ed. (Northport: Vision Press, 1999); Ian Lambert; Suzanne Mitchell, orgs., *The crumbling walls of certainty: towards a Christian critique of postmodernity and education* (Sydney: Centre for the Study of Australian Christianity, 1997); John Van Dyk, *The craft of Christian teaching: a classroom journey* (Sioux Center: Dordt College Press, 2000); idem, *Letters to Lisa: conversations with a Christian teacher* (Sioux Center: Dordt College Press, 1997); Albert Greene, *Reclaiming the future of Christian education: a transforming vision* (Colorado Springs: Association of Christian Schools International, 1998).

[58] John E. Hull, "Aiming for Christian education, settling for Christians educating: the Christian school's replication of the public school paradigm", *Christian Scholar's Review* 32, n. 2 (2003): 203-23.

não é apenas uma questão de colocar a cereja da religião em cima de um bolo educacional que, nos demais aspectos, é secular. Aqueles que confessam o nome de Cristo são chamados a desenvolver ensino e aprendizagem baseados na Palavra de Deus. Ao reconhecer que a redenção por Cristo alcança toda a criação, os cristãos produzirão abordagens novas e atuais na educação: um bolo totalmente novo!".[59] O problema com a abordagem da cereja no bolo ou com a atitude concessiva de "educar cristãos" é que esses modelos adotam tacitamente a premissa falsa do iluminismo de que a educação é religiosamente neutra e, portanto, é possível separá-la da religião.[60]

Qualquer debate produtivo sobre a educação cristã precisa considerar o propósito ou objetivo geral da própria educação. Em *The end of education* [O fim da educação], Postman considera que essa questão está no âmago da crise da educação pública no final do século 20 e início do século 21. *Para que* estamos educando? Daí o título do texto de Postman e o trocadilho no título: se não concordamos com o fim (o objetivo ou propósito) da educação, pode ser que tenhamos chegado ao fim (ao término) da educação. Ele observa que, apesar de toda nossa conversa sobre pedagogia, estruturas, processos e política educacionais, quase nunca consideramos a razão da própria educação — seu objetivo. Mas a educação, insiste Postman, é incapaz de prosseguir sem servir a algum deus, sem encontrar seu lugar dentro de "uma narrativa abrangente de como o mundo funciona, de como as coisas vieram a ser como são e do que vem pela frente [...] [pois] sem uma narrativa a vida não tem sentido algum. Sem um sentido, a aprendizagem não tem propósito. Sem um propósito, as escolas são casas de detenção, não de atenção".[61] A falta de reflexão consciente sobre o objetivo ou propósito da educação nos leva a aceitar automaticamente aqueles propósitos, aqueles "deuses" que foram moldados por uma cultura em crise.

Tanto o pensamento moderno quanto o pós-moderno sobre o propósito da educação levaram a descobertas sobre por que educamos nossos filhos. Podemos concordar com a maioria dos educadores públicos que a educação deve equipar os alunos a desempenhar papéis positivos e produtivos na sociedade; sem dúvida,

---

[59]Jack Mechielsen, prefácio a *No icing on the cake: Christian foundations for education*, organização de Jack Mechielsen (Melbourne: Brookes-Hall, 1980), p. vi.
[60]Roy Clouser apresenta uma convincente refutação disso na área de teorização em *The myth of religious neutrality: an essay on the hidden role of belief in theories*, ed. rev. (Notre Dame: University of Notre Dame Press, 2005).
[61]Postman, *The end of education*, p. 7.

construir uma sociedade melhor é um objetivo válido para o qual os cristãos podem canalizar suas energias. Embora seja possível que os cristãos pensem diferentemente sobre como essa "sociedade melhor" deve ser, eles podem apoiar o objetivo educacional de transmitir conhecimentos a fim de formar bons cidadãos. Da mesma forma, a maioria dos cristãos concordará com a definição mais recente do propósito da educação: dar às crianças o conhecimento e as habilidades necessárias para poderem cuidar de si mesmos e sustentar suas famílias. A capacidade de ganhar a vida e cuidar de nossas necessidades é um objetivo legítimo que os cristãos podem compartilhar com seus vizinhos não cristãos.

No entanto, a idolatria presente em grande parte da teoria e prática educacionais de hoje precisa ser identificada e rejeitada. O cientificismo iluminista, que confia que a ciência nos trará uma sociedade melhor, é um ídolo cujo fracasso em cumprir o que prometeu agora está claro. De modo análogo, o consumismo precisa ser rejeitado: educar nossos filhos para entrar no jogo do consumo seria como render-se à idolatria dos cananeus como fez Israel na Terra Prometida.

Ao procuramos definir um objetivo e propósito verdadeiramente bíblicos para a educação, podemos considerar várias sugestões úteis oferecidas por educadores cristãos nos últimos anos, como educar para o discipulado responsivo,[62] para a liberdade,[63] para a ação responsável,[64] para o *shalom*[65] ou para o compromisso.[66] Outra formulação que procura assegurar uma base bíblica para a educação seria dizer que seu propósito é educar para o testemunho. Como povo de Deus, somos chamados a dar testemunho acerca do governo vindouro de Deus em todas as áreas de nossa vida. A educação tem o propósito de equipar os estudantes para testemunhar fielmente acerca do evangelho em todas as áreas de sua vida.

Um detalhe importante que se pretende ressaltar com a palavra *testemunho* é a postura antitética do cristão na cultura. A educação cristã muitas vezes treina involuntariamente os estudantes a não questionar a cultura existente, mas sim a

---

[62]Gloria Stronks; Doug Blomberg, *A vision with a task: Christian schooling for responsive discipleship* (Grand Rapids: Baker Academic, 1993).
[63]Stuart Fowler; Harro Van Brummelen; John Van Dyk, orgs., *Christian schooling: education for freedom* (Potchefstroom: Potchefstroom University for Higher Education, 1990).
[64]Nicholas Wolterstorff, *Educating for responsible action* (Grand Rapids: CSI Publications; Eerdmans, 1980).
[65]Nicholas Wolterstorff, *Educating for shalom: essays on higher education*, organização de Clarence W. Joldersma; Gloria Goris Stronks (Grand Rapids: Eerdmans, 2004).
[66]Elmer J. Thiessen, *Teaching for commitment: liberal education, indoctrination, and Christian nurture* (Montreal: McGill's-Queens University Press, 1993).

se acomodar a ela, a se encaixar. Com grande frequência, as instituições educacionais cristãs objetivam simplesmente se estabelecer e ser reconhecidas de acordo com os padrões vigentes, mesmo quando esses padrões se originam de cosmovisões com as quais não podemos concordar. Por vezes temos permitido que os padrões de uma cosmovisão secular modelem nosso pensamento sobre em que consiste a excelência educacional. O testemunho é um lembrete de que em todas as áreas da vida, entre as quais a educação, nossas pressuposições fundamentais de fé se chocarão com aquelas de nossos vizinhos não cristãos. O testemunho exige um embate missionário. E o testemunho é tão vasto quanto a experiência humana: testemunhamos acerca de Cristo em toda a esfera pública, o que abrange a educação. A educação cristã autêntica existe *para* o testemunho.

Devemos também pensar na educação cristã *como* testemunho em si e por si. Essa observação tem como finalidade a vigilância contra um perigo enfrentado especialmente tanto por aqueles que escolarizam os filhos em casa quanto por escolas cristãs: para nós é perigosamente fácil esconder nossa luz educacional debaixo de um cesto. É muito mais seguro e confortável nos recolhermos em nossos enclaves educacionais a uma distância segura das escolas públicas do que mostrar quem somos e de quem somos. Aqueles que se atrevem a desafiar os padrões dominantes de educação podem sofrer patrulhamento, perda de financiamento ou reconhecimento, marginalização. Poderemos ser confrontados com perguntas difíceis que não conseguimos responder. No entanto, nossa maneira de educar deve, por si só, ser um testemunho. Em outras palavras, não devemos somente preparar os estudantes *para* o testemunho, mas na própria tarefa de educar de uma maneira fiel ao evangelho precisamos agir *como* testemunhas educacionais. Em um mundo sombrio em que a educação está perdendo o rumo, precisamos oferecer a luz de Jesus Cristo.

Se o objetivo de testemunhar está firmemente alicerçado em nosso coração e discurso, nosso processo de tomada de decisões sobre currículo, pedagogia, liderança e todos os outros aspectos da tarefa educacional será dirigido pelo nosso propósito educacional. À medida que nos debruçarmos sobre as normas legais a respeito do currículo, também consideraremos o que precisa ser ensinado para equipar os estudantes para uma vida de testemunho. Ao nos envolvermos com as estruturas educacionais, práticas pedagógicas e procedimentos avaliativos prevalecentes, consideraremos qual é a melhor maneira de alcançar isso em uma escola cujo centro convergente é Jesus Cristo. Em cada caso, precisamos entrar na arena cultural da educação para participar da tradição cultural em curso, ao mesmo tempo que buscamos ser fiéis à narrativa todo-abrangente das Escrituras. Podemos aprender muito com aqueles nossos vizinhos que compartilham conosco a tarefa da educação, mas que a desenvolvem a partir de compromissos de fé diferentes. Precisamos trabalhar criticamente — a partir do evangelho, de uma cosmovisão cristã e de uma filosofia cristã da educação — para identificar os fundamentos idólatras da cultura ao nosso redor e a maneira como esses fundamentos têm ditado a forma como a educação pública se encontra hoje.

Cristãos divergem entre si quanto à melhor maneira de se relacionar com o sistema público de ensino, o principal veículo institucional da visão iluminista. Visto que o sistema público de ensino foi moldado de cima a baixo por essa cosmovisão — uma visão da vida e da educação que é incompatível com o evangelho — a pergunta é: "Devemos nos dissociar do ensino público; e, em caso afirmativo, como?". A resposta de alguns educadores e estudantes cristãos tem sido continuar cumprindo seu chamado no sistema público de ensino, e destes, alguns (talvez muitos) o fizeram conformando-se à narrativa iluminista que torna a religião um assunto privado, dessa maneira perpetuando o mito da neutralidade religiosa. Alguns recorrem a uma definição relativamente restrita de evangelismo para justificar esse tipo de adequação: afirmam que lhes são oferecidas oportunidades para falar do evangelho a seus colegas de estudo e de trabalho. O perigo de tal abordagem é que ela ignora o fato de que todo o sistema público de ensino, embora tenha muita coisa boa e verdadeira, foi moldado por vários ídolos do humanismo. Mas há muitos cristãos que entendem muito bem esse perigo e têm trabalhado arduamente para ser fiéis ao evangelho ao mesmo tempo que permanecem no sistema público de ensino; eles entendem que essa é a melhor maneira de aproveitar a oportunidade evangelística do momento. Ainda outros cristãos concluíram que o rolo compressor da tradição humanista nas escolas públicas é forte demais para ser resistido dentro dessas escolas; estes optaram por se retirar, instituindo escolas cristãs independentes ou assumindo eles próprios a tarefa de algum tipo de escolarização em casa. No entanto, quer nas escolas públicas, quer nas escolas cristãs independentes, quer na escolarização em casa, a tarefa da comunidade crente é levar o evangelho a ter influência sobre a educação.

Cremos que cada uma dessas abordagens pode oferecer benefícios claros. Cada uma também está sujeita a perigos. E, assim, concluiremos esta seção do livro com algumas perguntas para cada um dos grupos, perguntas destinadas a ajudar cada um a continuar sendo uma testemunha fiel em qualquer que tenha sido o caminho escolhido.

À comunidade da escolarização em casa: Que tipos de comunidade darão a você condições de cumprir a difícil tarefa de educar de modo cristão? Qual é o seu verdadeiro motivo para escolarizar em casa? É para desenvolver o caráter, para dar uma educação mais rigorosa do que as escolas conseguem dar, para proteger seus filhos dos males do mundo? Esses objetivos podem ser louváveis, mas não são suficientes. Seu objetivo é preparar discípulos fiéis para testemunhar acerca do evangelho em todos os aspectos da vida? Se a narrativa do reino vindouro realmente deve moldar nossa educação, a tarefa será gigantesca. Mais uma vez, que tipos de comunidade ajudarão a equipar pais e famílias para executar essa tarefa?

À comunidade das escolas cristãs: Como é possível pôr em prática uma alternativa educacional ao paradigma do ensino público? Tanto John Hull quanto Ken Badley têm questionado se as escolas cristãs são, de fato, tão diferentes de suas congêneres públicas.[67] Depois de investigar treze escolas cristãs de ensino médio no Canadá e nesse processo "examinar minuciosamente dezenas de pesquisas, entrevistas e registros escolares", Hull conclui que "de um modo geral, nessas escolas não havia nada distintamente cristão em termos de estrutura curricular, pedagogia, processos de avaliação, estrutura organizacional ou modo de vida dos alunos".[68] Ainda mais desanimador é um comentário feito anteriormente: "No meu entender, as escolas cristãs não fornecem uma educação cristã alternativa, se com essa expressão queremos dizer que nossa perspectiva bíblica sobre a vida conduz a um modelo bíblico de educação".[69] Talvez Hull seja por demais pessimista em suas conclusões. Mas, de qualquer maneira, ele deixa claro que a implementação de uma visão de educação distintamente cristã é extremamente difícil. O poder da tradição humanista; as expectativas dos pais; o tempo, a capacidade e a formação limitados de muitos professores; as pressões das expectativas governamentais; e a ideia generalizada de "excelência" educacional que foi moldada por uma cosmovisão totalmente humanista, tudo isso conspira contra esse empreendimento. Para os defensores da escola cristã a questão é enfrentar diretamente o assunto e indagar o que é necessário para superar esses obstáculos colossais.

Àqueles cristãos que optam por continuar fazendo parte do ensino público: Que tipos de comunidade lhes darão condições de educar seus filhos de uma

---

[67]Veja Ken Badley, "Two 'cop-outs' in faith-learning integration: incarnational integration and worldviewish integration", *Spectrum* 28, n. 2 (Summer, 1996): 110.
[68]Hull, "Aiming for Christian education", p. 208.
[69]Hull, "Aiming for Christian education", p. 207.

forma verdadeiramente cristã? Essa pergunta pressupõe duas coisas: em primeiro lugar, que reconhecemos que o sistema público é construído com base em compromissos fundamentais que não são neutros, mas, pelo contrário, estão até certo ponto em conflito com o evangelho; em segundo lugar, que é muito difícil para qualquer pessoa se posicionar contra o poder da tradição humanista dentro do sistema público de ensino. Assim, como é possível executar a tarefa para a qual foram chamados ao lado de outros que compartilham das mesmas convicções?

Para que o povo de Deus seja fiel a seu chamado educacional, comunidade e cooperação são essenciais. Seja qual for o caminho escolhido, é necessário que os membros da comunidade cristã caminhem lado a lado a fim de receber força, incentivo, apoio prático no dia a dia e oração. Em muitos aspectos, o testemunho futuro da igreja na cultura ocidental depende da fidelidade de hoje nessa tarefa.

Posfácio pastoral

À medida que procurávamos estimular a imaginação dos cristãos com a magnitude de uma cosmovisão cristocêntrica em diversos contextos sociais ao redor do mundo, descobrimos que muitos estão animados com uma visão mais ampla da fé cristã do que a que conheciam antes e, ainda assim, podem se sentir sobrecarregados pela imensidão do que precisa ser feito. Estudos de cosmovisão conseguem nos deixar plenamente conscientes não apenas do escopo abrangente do evangelho e da nossa missão, do poder religioso e do alcance todo-abrangente da "fé" secular de nossa própria cultura, mas também da tensão insuportável que envolve viver no ponto em que essas duas narrativas se cruzam. Por isso, a sensação de euforia e ao mesmo tempo de sobrecarga não deve causar surpresa. Muitas vezes, essa consciência crescente nos leva a considerar cuidadosamente o tamanho, a complexidade e a dificuldade da tarefa de testemunhar acerca do evangelho em público. Podemos ser tentados a pensar que conseguiremos introduzir o reino amanhã ou podemos ficar desanimados e perguntar "Quem está à altura da tarefa?". O triunfalismo da primeira reação logo descobre como é difícil dar testemunho acerca do reino em um mundo caído e falido. A resposta à segunda reação, obviamente, é que ninguém está à altura dessa tarefa. Mas e agora? Quatro comentários pastorais finais podem nos ajudar a ter uma visão mais clara do todo à medida que assumimos nosso chamado desafiador e emocionante de testemunhar acerca do reino de Deus.

Em primeiro lugar, não somos enviados ao mundo sozinhos e sem apoio humano. Jesus providenciou a comunicação do evangelho ao longo da história e em todas as culturas do mundo ao formar e enviar não um ajuntamento de indivíduos, mas sim uma comunidade. "Assim como o Pai me enviou, também eu vos envio" (Jo 20.21), e "vos" é plural. Nosso testemunho acerca das boas-novas do reino dentro de nossas culturas é um testemunho comunitário.

O testemunho simplesmente não pode acontecer de forma isolada. Precisamos uns dos outros de muitas maneiras. Cada um de nós precisará assumir o compromisso de se envolver em uma igreja local onde somos alimentados com o evangelho do reino e recebemos apoio tanto para um embate missionário com a cultura quanto para o sofrimento inevitável que esse embate trará. Precisaremos nos reunir na igreja local para oração, leitura, estudo e diálogo com outros que compartilham do mesmo propósito, aqueles que realmente pretendem ser testemunhas fiéis na vida pública e também com aqueles cujas vocações (ocupações, profissões, interesses) são parecidas com as nossas. Precisaremos nos familiarizar com o volume crescente de recursos, disponíveis na internet, em conferências e em livros e revistas, que podem nos ajudar a refletir sobre temas da cosmovisão cristã e fazer uso desses recursos.

Além disso, só uma espiritualidade pujante pode nos sustentar em nossa tarefa.[1] Eugene Peterson capta em uma citação de Nietzsche o que está envolvido em dar testemunho acerca do reino. Peterson afirma que os cristãos precisam "de uma longa obediência na mesma direção".[2] Considere, por exemplo, como William Wilberforce trabalhou arduamente durante toda sua vida adulta pela abolição da escravatura. Só raízes profundas em Cristo nos sustentarão nesse tipo de trabalho. À medida que preparava os discípulos para sua missão no mundo (Jo 13—17), Jesus deixou claro que, se não permanecessem nele, não haveria fruto algum (Jo 15.1-11). O apóstolo Paulo emprega uma metáfora agrícola parecida e em seguida acrescenta outra da arquitetura quando exorta os membros da igreja em Colossos, na missão deles, a prosseguir vivendo a vida em Cristo, arraigados em Cristo e edificados sobre o alicerce do evangelho (Cl 2.6,7). Houve na história da igreja cristã uma tradição marcante de questionamento e debate da relação entre a vida contemplativa e a vida ativa, o equilíbrio da vida de oração com o envolvimento cultural — *ora et labora*.[3] Mas,

---

[1] Os leitores são incentivados a consultar a coleção completa das excelentes obras de Eugene Peterson sobre espiritualidade.

[2] Eugene H. Peterson, *A long obedience in the same direction: discipleship in an instant society*, 2. ed. (Downers Grove: InterVarsity, 2000) [edição em português: *Uma longa obediência na mesma direção: discipulado numa sociedade instantânea* (São Paulo: Cultura Cristã, 2005)].

[3] Veja, p. ex., a segunda parte de Edward C. Butler, *Western mysticism: the teaching of Augustine, Gregory and Bernard on contemplation and the contemplative life*, 2. ed. (New York: Harper & Row, 1966), p. 157-223.

na prática, as duas podem se desvincular com extrema facilidade. Para sermos sustentados em um testemunho fiel e ativo acerca do senhorio de Cristo na vida pública, precisaremos cultivar uma espiritualidade vibrante para que a vida contemplativa alimente a vida ativa, e vice-versa. Conforme afirma o documento católico *Starting afresh from Christ*:

> Uma vida espiritual autêntica exige que todos, em todas as variadas vocações, regularmente separem, todos os dias, momentos apropriados para entrar de maneira profunda em conversa silenciosa com aquele que eles sabem que os ama, para compartilhar sua vida com ele e receber iluminação para a caminhada diária. É um exercício que exige fidelidade, porque estamos sendo constantemente bombardeados pelos alheamentos e excessos que vêm da sociedade atual, em especial dos meios de comunicação. Às vezes a fidelidade à oração pessoal e litúrgica exigirá um esforço real para não se deixar engolir por um ativismo frenético. Caso contrário, será impossível produzir fruto.[4]

Não conseguimos manter um testemunho fiel sem nos alimentar espiritualmente com as Escrituras, a oração, a meditação e a comunhão.

Além do mais, precisamos entender que nosso testemunho é, primordialmente, uma obra do Espírito de Deus. Aqueles que mais insistiam em um envolvimento e embate com a cultura muitas vezes eram os que haviam sido infectados pela doença do ativismo. Um bispo da Europa oriental comentou certa vez com o Michael que o que mais lhe havia deixado perplexo no cristianismo norte-americano era que ele parecia em grande parte ser impulsionado pela autoconfiança humanista. Esse tipo de confiança implícita na força humana é receita certa para o esgotamento e o desânimo. Não somos de modo algum chamados a construir o reino de Deus; as Escrituras nunca usam essa metáfora, apesar de sua popularidade em alguns círculos. A palavra *testemunho* — com a vida, palavras e ações — descreve muito melhor o que precisamos fazer e ser. E não somos responsáveis pelo sucesso de nosso

---

[4]Congregation for Institutes of Consecrated Life and Societies of Apostolic Life, *Starting afresh from Christ: a renewed commitment to consecrated life in the third millennium* (Montreal: Médiaspaul, 2002), p. 49 [edição em português: Congregação para os Institutos de Vida Consagrada e Sociedades de Vida Apostólica, *Partir de Cristo: um renovado compromisso da vida consagrada no terceiro milênio* (São Paulo: Paulinas, 2002); também disponível em: http://www.vatican.va/roman_curia/congregations/ccscrlife/documents/rc_con_ccscrlife_doc_20020614_ripartire-da-cristo_po.html, acesso em: 16 abr. 2015].

testemunho: não somos os principais autores da história e não somos chamados a conduzi-la até o seu objetivo final. Essas questões estão em segurança nas mãos de nosso soberano Deus.

Em círculos missionários, a linguagem da *missio Dei* (missão de Deus) se tornou comum em tempos recentes, e essa ênfase é bem-vinda.[5] No século 19 e no início do século 20, as missões transculturais foram até certo ponto corrompidas pela mesma confiança no planejamento e esforço humanos que haviam infectado a cultura ocidental desde suas próprias raízes no conceito modernista de progresso. Mais recentemente, uma comunidade missionária humilhada redescobriu o ensino das Escrituras de que, como igreja, estamos incluídos naquilo que *Deus* está fazendo na história. O Pai tem um propósito de longo prazo de restaurar a criação e ele vem prosseguindo nesse propósito desde o início (e, portanto, na maioria das vezes sem nossa ajuda!). Ele enviou seu Filho para executar sua obra de uma forma decisiva. Agora, a seu convite e por sua ordem somos enviados no poder do Espírito a dar testemunho daquilo que ele fez, está fazendo e ainda fará. Não é por acaso que Jesus disse à comunidade cristã recém-formada que sua missão *iniciaria* quando o Espírito Santo fosse derramado (At 1.8).

Tudo isso é muitíssimo maior do que nosso tempo na história, do que nossa localização geográfica, do que nosso pequeno pedaço de mundo, do que nossos débeis esforços. Deus está trabalhando e seus propósitos serão alcançados. Somos chamados apenas a testemunhar, pelo poder de seu Espírito em nossa vida, palavras e ações, daquilo que ele está fazendo. Assim podemos trabalhar — e descansar — com alegria. Essa alegria descansada e confiante está em falta entre os ativistas. Talvez não seja surpresa que Jesus, à medida que preparava seu povo para assumir sua missão no mundo, explicitamente o tenha presenteado com sua paz (Jo 14.27; 16.33) e sua alegria (Jo 15.11; 16.20-24; 17.13).

Por último, podemos nos envolver esperançosamente com os poderes na esfera pública. Podemos ter a certeza de que, por causa do que Cristo fez, o final da história universal é certo: o reino de Deus virá em sua gloriosa plenitude. No entanto, esse dia ainda não chegou e, por isso, às vezes pode parecer uma miragem, um mero sonho. Nossa vida deve se caracterizar por aquilo que Wendell

---

[5]Veja David Bosch, *Transforming mission: paradigm shifts in theology of mission* (Maryknoll: Orbis, 1991), p. 389-93 [edição em português: *Missão transformadora: mudanças de paradigma na teologia da missão*, 3. ed., tradução de Geraldo Korndörfer; Luís Marcos Sander (São Leopoldo: Sinodal, 2009)].

Berry chama uma "esperança difícil".⁶ Logo, não é de admirar que a Bíblia vez após vez chame os crentes, não importando quão difíceis sejam suas circunstâncias, a viver com esperança. A esperança é a certeza confiante e a garantia segura de que, por causa do que Jesus realizou, os propósitos de Deus para sua criação certamente se concretizarão.

Jesus se encontra no final da história como seu último juiz, e o que ele realizou será a base desse juízo final. A esse respeito, as Escrituras nos asseguram três coisas. Em primeiro lugar, temos a promessa de que no final se comprovará que aqueles que estão ao lado de Cristo serão vindicados: podemos ter a certeza de que, se nos entregarmos totalmente à obra do Senhor e buscarmos o seu reino em primeiro lugar, nosso trabalho não será inútil (1Co 15.58). Em segundo lugar, sabemos que não seremos julgados com base em nosso sucesso ou sua ausência (de acordo com os padrões humanos), mas sim com base em nossa fidelidade ou ausência dela. Karl Marx concluiu um de seus livros com as seguintes palavras: "Os filósofos têm, de várias maneiras, somente interpretado o mundo; a questão é mudá-lo".⁷ Mas, ao acreditar que estava ao alcance da humanidade mudar o mundo, Marx estava completamente enganado. Nós cristãos almejamos ver o mundo transformado pelo evangelho, e sabemos que um dia, quando Jesus voltar, ele será de fato transformado. Até aquele dia, esperamos que nossos próprios esforços tenham algum efeito definitivamente temperador. Contudo, não devemos fazer com que a transformação seja o motivo daquilo que fazemos. Pode ser que nossos esforços impactem o mundo, ou não. E, mesmo que causem impacto, isso poderá ser temporário. Certamente todos os esforços humanos serão, mais cedo ou mais tarde, enterrados sob os escombros da história. Nosso alvo deve ser permanecer fiéis ao evangelho, deixando os resultados para a obra do Espírito de Deus.

Em terceiro lugar, embora os esforços humanos sejam finitos, podemos estar confiantes de que aquilo que é feito por amor a Cristo e ao seu reino permanecerá. Paulo emprega uma de suas metáforas preferidas, tirada de arquitetura, quando fala de seu próprio chamado da parte de Deus (e cada um de nós pode

---

⁶Wendell Berry, "A poem of difficult hope", in: *What are people for? Essays by Wendell Berry* (New York: North Point, 1990), p. 58-63.

⁷Karl Marx, *Theses on Feuerbach*, tese 11 (1845) [edições em português: "Teses sobre Feuerbach", in: Karl Marx; Friedrich Engels, *A ideologia alemã*, tradução de Luiz Cláudio de Castro e Costa (São Paulo: Martins Fontes, 2007); "Teses sobre Feuerbach", in: Karl Marx; Friedrich Engels, *A ideologia alemã; Teses sobre Feuerbach*, tradução de Silvio Donizete Chagas (São Paulo: Centauro, 2002)].

aplicar suas observações à nossa própria vocação na cultura). Paulo afirma que cada um de nós deve construir sobre o alicerce do evangelho de Jesus Cristo. Os materiais que devemos utilizar são ouro, prata e pedras preciosas, porque (ao contrário da madeira, do feno e da palha) eles se conservarão ao passar pelo fogo do juízo. O fogo do juízo divino testará a qualidade da obra de cada pessoa, e esforços feitos com fidelidade em conformidade com o reino de Deus não serão destruídos (1Co 3.10-15). E todo esforço cultural fidedigno encontrará lugar na nova terra (Ap 21.26). Jim Skillen expressa isso bem:

> Podemos trabalhar com verdadeira esperança na política [e, acrescentaríamos, em todas as outras áreas da vida pública] sabendo que nossas obras nos acompanharão [...] Moisés ora no salmo 90: "[Senhor] confirma sobre nós a obra das nossas mãos". Na visão do apóstolo João da revelação final de Jesus Cristo, a bênção de Deus vem para aqueles que morrem no Senhor, quando o Espírito afirma: "para que descansem de seus trabalhos, pois suas obras os acompanham" (Ap 14.13). O que fazemos no Senhor, pelo poder de seu Espírito, na política e em cada uma das demais atividades terrenas será levado à perfeição no dia do descanso final. Podemos estar confiantes de que nossos atos de justiça de agora são atos do reino que jamais serão perdidos. Cristo está a recolhê-los em seu grande depósito de tesouros. São ouro que não será destruído pelo fogo, pois são frutos da obra redentora de Deus em nós.[8]

Isto podemos professar com alegria e confiança, fé e esperança:

> Nossa esperança de uma nova terra não se prende
>   àquilo que os seres humanos conseguem fazer,
>   pois cremos que um dia
>   cada desafio ao governo de Deus
>   e cada ato de resistência à sua vontade serão esmagados.
> Então seu reino virá em plenitude,
>   e nosso Senhor reinará para sempre.
>
> Ansiamos por esse dia
>   quando Jesus voltará como rei vitorioso,

---

[8] James W. Skillen, "Christian action and the coming of God's kingdom", in: James W. Skillen, org., *Confessing Christ and doing politics* (Washington: Association for Public Justice Education Fund, 1982), p. 102-3.

quando os mortos serão ressuscitados
e todas as pessoas serão julgadas por ele.
Olhamos para esse dia sem medo
pois o Juiz é nosso Salvador.
O anseio de nossa vida de serviço cotidiano é o momento
quando o Filho apresentar seu povo ao Pai.
Então se demonstrará que Deus é verdadeiro, santo e gracioso.
Todo aquele que tiver estado ao lado do Senhor será honrado,
o fruto de até mesmo pequenos atos de obediência será exibido [...]

Alegramo-nos com a bondade de Deus,
renunciamos às obras das trevas
e nos dedicamos a uma vida de santidade.
Como parceiros de aliança, chamados à obediência fiel
e libertados para louvar com júbilo,
oferecemos nosso coração e nossa vida
para fazer a obra de Deus em seu mundo.
Com certa impaciência, ávidos por ver o fim da injustiça,
aguardamos o Dia do Senhor.
E estamos confiantes
de que a luz que brilha nas trevas aqui
encherá a terra quando Cristo se manifestar.

Venha, Senhor Jesus!
O nosso mundo pertence a ti.[9]

---

[9]Christian Reformed Church, *Our world belongs to God: a contemporary testimony* (Grand Rapids: CRC Publications, 1987), parágrafos 56, 57, 6 [também disponível em: http://www.crcna.org/pages/our_world_main.cfm].

Índice de passagens bíblicas

Gênesis
1 *63, 66, 73, 74, 75, 77, 78, 139*
1.3 *139*
1.26 *75*
1.26-28 *42, 75, 198, 224*
1.27 *77*
1.28 *74,77*
1.31 *72*
2 *80*
2.15 *78, 224*
2.16,17 *76*
2.18 *77*
3 *62*
3—11 *81*
3.8 *81*
3.16 *81*
3.17 *81*
3.23,24 *81*
4.8 *81*
4.19 *81*
4.21,22 *229*
4.22 *81*
4.23 *81*
6.5 *81*
6.5-7 *81*
8.21 *81*

Êxodo
1 *221*
1.17-22 *221*
19.3-6 *98*

Deuteronômio
17.14-20 *220*
25.13-15 *215*
30.15-19 *83*
30.15-20 *70*

Josué
10.11-13 *140*

1Samuel
8—12 *220*

Salmos
33.6 *67*
33.9 *67*
51.4 *82*
73.25 *17*
90 *258*
104.5 *139*
147.15 *132*
147.15-18 *67*
147.18 *68*
148.8 *68*
150 *230*

Provérbios
1.7 *216*

8 *94*
11.1 *216*
31 *216*
31.16 *216*
31.18 *216*
31.24 *216*
31.30 *216*

Eclesiastes
1.4,5 *140*
3.11 *52, 53*

Isaías
28.23-29 *71*
42.1 *97*
42.8 *162*

Jeremias
7.19 *83*

Ezequiel
36.24-38 *97*

Joel
2.28-32 *97*

Amós
5.7-15 *94*
8.4-6 *216*

Miqueias
6.10,11 *216*

Mateus
5.13-16 *214*
13.1-9 *210*
13.24-30 *101, 210*
13.36-43 *101*
28.18-20 *98*

Marcos
1.14,15 *28*
4.35-41 *95*

Lucas
1.26-38 *134*
23.43 *91*

João
1.1 *204*
1.4-9 *139*
1.14 *111, 205*
12.31-33 *90*
13—17 *254*
14—17 *102*
14.9-11 *62*
14.16-18 *62*
14.27 *256*
15.1-11 *254*
15.11 *256*
15.18-25 *101*
16.20-24 *256*
16.33 *256*
17.13 *256*
17.13-18 *198*
17.18 *28, 29, 243*
20.21 *28, 98, 254*

Atos
1.8 *256*
2.14-21 *97*
2.42-47 *102*
3.21 *93*
4.32-35 *102*

14.22 *211*
17 *65*
17.28 *64*

Romanos
1.16 *35, 87*
1.25 *82*
7 *84*
8.20 *86*
8.22 *86*
8.23 *97*
10.9 *61*
12.2 *199, 235*
12.14-21 *220*
13 *221*
13.1-7 *15, 220*
13.4 *221*
13.5,6 *221*
13.6 *221*

1Coríntios
1.18 *35, 87*
2.4,5 *87*
3.10-15 *258*
3.12-15 *228*
12.3 *61*
15 *92*
15.58 *257*

2Coríntios
1.22 *97*
3.18 *193*
5.5 *97*

Efésios
1.9,10 *93*
1.14 *97*
1.15-23 *70*
3.18 *18*
5 *205*

Filipenses
1.9-11 *70*
2.9-11 *97*

4.8 *235*

Colossenses
1.9-12 *70*
1.15-20 *191*
1.19,20 *93*
2.6,7 *254*
2.15 *96*

1Timóteo
4.1-5 *73*
4.3,4 *72*

2Timóteo
3.12 *211*
3.15,16 *238*

Hebreus
11.3 *67*
13.8 *39*

Tiago
1.18 *99*
2.14-26 *193*

1Pedro
2.5-9 *98*
2.13 *72*

2Pedro
3.5-7 *67*

Apocalipse
4—5 *191*
7.7-12 *96*
14.13 *258*
17.18 *216*
18.13 *216*
21.5 *93*
21.24 *235*
21.24-26 *74, 228*
21.26 *258*

Índice de assuntos

acadêmica, produção, descoberta, *235*
A cidade de Deus, *123*
administração da criação, *76, 77*
adultério, *82, 85, 222*
A escola de Atenas (Raphael), *118*
Agostinho de Hipona, *58, 84, 123, 124, 142*
agricultura, *179*
Aid for the overdeveloped West [Ajuda para o Ocidente superdesenvolvido] *86*
"Aiming for Christian education, settling for Christians educating", *245*
Ambrósio, *123*
A mente cristã (Blamires), *47*
Anaximandro, *117*
Anaxímenes, *117*
Antigo Testamento, *23*
apologética, *59*
A república (Platão), *118*
A riqueza das nações (Smith), *145*
Aristóteles, *59, 118, 119, 120, 125*
arte e cristianismo, *228*
Art needs no justification [A arte não precisa de justificativa] (Rookmaker), *229*
ativismo messiânico, *51*
Auerbach, Erich, *26*
autoridade política, *72*

Bacon, Francis, *137, 138, 139, 144, 151*
Barth, Karl, *48, 49, 183*
Bartholomew, Craig G., *56, 90*
Bavinck, Herman, *17, 42, 54, 65, 84, 85*
Berry, Wendell, *219, 257*
Bíblia
  alicerçando a cosmovisão na, *61*
  verdade da, *24*
Blamires, Harry, *47*
Bosch, David, *95, 101, 192, 207, 256*
Botha, P. W., *221*
Bread: feeding the nation [Pão alimentando a nação] (programa de televisão), *218*
Brinton, Crane, *134*

calvinismo, *40*
Calvino, João, *40, 87, 134*
casamento, *69*
Cassidy, Michael, *16, 221*
Center for Public Justice, *223*
Christ and culture [Cristo e a cultura] (Niebuhr), *195, 208*
Christian mission in the modern world [A missão cristã no mundo moderno], *43*
compaixão, *209*
competição, *224*
comunidade, *102*

Condorcet, Marquês de, *144, 241*
consumismo, *172, 247*
Contemplative prayer [Oração contemplativa], *48*
contextualização, *195, 204*
Copérnico, Nicolau, *136, 139, 140*
coram Deo, *66*
cosmovisão, *35*
cosmovisão cristã, *40*
  conceito de, *39*
  críticas de apropriação da, *47*
  definição de trabalho de, *52*
  e as Escrituras, *56*
cosmovisão dualista, *106, 201*
crenças e cosmovisão, *52*
criação
  crença fundamental na, *54*
  desenvolvimento histórico da, *74*
  Deus e a, *63*
  ordenada, *67*
  papel dos seres humanos na, *75*
  pecado, restauração e a, *104*
  reino de Deus como restauração da, *107*
  restauração por meio da salvação, *89*
  virtude da, *72*
criatividade e cristianismo, *228*
cristianismo
  e pós-modernidade, *168*
  renascimento do, no Sul, *180*
Crítica da faculdade do juízo (Kant), *35*
cruz, crucificação, *24*

Davi, *82, 220*
degradação ambiental, *159*
deísmo, *44, 64, 148*
Derrida, Jacques, *167, 171*
Descartes, René, *137, 138, 139*
Deus e a criação, *63*
dicotomia sagrado/profano, *106*
Dilthey, Wilhelm, *37, 38, 49, 57*

direito natural, *146, 147*
discipulado, *98*
Discurso sobre a dignidade do homem (Pico della Mirandola), *131*
Dois tratados sobre o governo civil (Locke), *145*
Dooyeweerd, Herman, *45*

economia, *13, 175*
Eliot, T. S., *201*
embate missionário, *33, 203, 255*
envolvimento cultural
  desafios e recompensas do, *253*
  dimensões de discernimento no, *205*
  exemplos, *196*
  na educação, *243*
  os cristãos e o, *191*
  participação crítica, *198, 244*
  perigos do, *207*
  tensão e resolução, *199*
epistemologia, *166*
era da revolução, *150*
escolarização em casa, *243, 250*
Escrituras
  e missão, *58*
  e produção acadêmica cristã, *238*
esperança, *257*
Espírito, *97*
espiritualidade, *102*
esportes e cristianismo, *224*
essênios, *214*
Estados Unidos, *159*
Europa, *141*
evangelho
  e a missão da igreja, *28*
  e o Iluminismo, *148*
  intelectualização do, *49*
  libertação do, *35*
  relativização do, *50*
  testemunho do, *192*
  verdade do, *23*

evangelicalismo
   e missão, *98*
   norte-americano, *96, 255*
   Pacto de Lausanne, *43*

fariseus, *214*
filosofia, *36, 49*
filosofia alemã, *36*
formação escolar e cristianismo, *240*

globalização econômica, *30, 175*
Goheen, Michael W., *90*
Goudzwaard, Bob, *86*
governo, *220*
graça, *42, 102*
Grotius, Hugo, *146*
Guardini, Romano, *46*
Guder, Darrell, *208*
guerras mundiais, *158*
Guilherme de Ockham, *127*

harmonia na criação, *72*
heliocentrismo, *140*
Henry, Carl, *41, 192*
história, *116*
homossexualidade, *181*
Hopkins, Gerard Manley, *65*
How to read slowly: reading for comprehension [Como ler lentamente: ler para compreender] (Sire), *44*
humanismo
   acerca do, *112*
   liberal, *158*
   reação da igreja ao, *139*
   secular, *111*
humanismo confessional, *112*
Huntington, Samuel, *183*

idealismo, *36*
Ideas have legs [Ideias têm pernas] (Wolters), *236*

idolatria, *81, 164, 199, 205*
idolatria cultural, *122, 204, 205, 206, 212, 245*
igreja
   envolvimento cultural comunitário, *207*
   missão da, *28, 98, 194*
   reação à ascensão do humanismo, *139*
Iluminismo, *112, 141, 241*
Império Romano, *61*
Islã, ressurgimento do, *183*
Israel, *93*

Jenkins, Philip, *181*
Jesus Cristo
   como Senhor, *61, 191*
   desvendamento do reino de Deus, *23, 94*
   Grande Comissão, *98*
jihad, *184, 187*
Jung, Carl, *158, 160*

Kant, Immanuel, *35, 36, 38, 142, 169*
Kepler, Johannes, *136, 139*
Kierkegaard, Søren, *36, 37, 38*
Kuyper, Abraham, *33, 38, 39, 40, 41, 42, 58, 68, 198*
kyrios, *61*

L'an 2440 [O ano 2440] (Mercier), *144*
L'Arche, *52*
Lausanne, Pacto de, *43, 182, 193*
Lewis, C. S., *231*
liberalismo, *154, 155*
literatura sapiencial, *94*
liturgistas/liturgia. *Veja também* adoração
Locke, John, *145*
London Institute for Contemporary Christianity [Instituto de Londres para o Cristianismo Contemporâneo], *43*
Lutero, Martinho, *35, 103, 134, 135, 136, 140*
Lyotard, Jean-François, *165*

MacDonald, S., *58*
MacIntyre, Alasdair, *41*
Marsden, George, *235*
marxismo, *154, 155, 240*
Marx, Karl, *155, 257*
meditação, *48*
Mercier, Sébastien, *144*
Merton, Thomas, *48*
metanarrativas, *165*
Mimesis [Mímesis] (Auerbach), *26*
missio Dei, *256*
missão da igreja, *28, 98*
Moody, Dwight L., *100*
movimento de escolas cristãs, *243, 250*

Naming the elephant [Dando nome ao elefante], 45
narrativa da Bíblia, *24, 31, 52*
natureza, *103*
Naugle, David, *21, 45*
negócios e cristianismo, *215*
neocalvinismo, *42*
neoplatonismo, *120, 121, 123, 130*
New issues facing Christians today [Os cristãos e os desafios contemporâneos] (Stott), *43*
Newbigin, Lesslie, *14, 32, 33, 128, 146, 147, 149, 161, 186, 195, 200, 207, 208, 213*
Newton, Isaac, *136, 139*
Niebuhr, H. Richard, *195*
Nietzsche, Friedrich, *112*
No icing on the cake [Nenhuma cobertura no bolo] (Mechielsen), *245*

obediência e rebelião humanas, *74, 80*
O'Donovan, Joan Lockwood, *223*
O'Donovan, Oliver, *59, 222*
O fim da educação (Postman), *246*
oikos, *204*
ordem na criação, *67*

organismos sociais, *145*
Orr, James, *33, 38, 39, 40, 41, 47, 58*

paganismo greco-romano, *117*
paganismo romano, *117*
Paulo, *72, 82, 92, 204, 220*
Paulo, o apóstolo, *6*
pecado, *80*
Pentecostes, *97, 220*
período antitético, *117*
período clássico, *116*
período medieval, *116, 128*
período moderno, *117*
período neopagão, *117*
período pagão, *116, 117*
Peterson, Eugene, *254*
Pico della Mirandola, *130*
Plantinga, Alvin, *41, 169*
Platão, *90, 117*
Plotino, *120, 121*
pluralismo por princípio ou ideológico, *210*
pobres, *51*
Política (Aristóteles), *118*
política e cristianismo, *220*
Pope, Alexander, *139*
povo judeu, *25, 93*
Priestly, Joseph, *142*
primeiros frutos, *97*
produção acadêmica e o cristianismo, *235*
profecia, *94*
progresso tecnológico, *144, 150, 172*
proliferação de armas, *159*
Ptolomeu, *139*
público, *3*
pós-modernidade, *30, 114, 163*

racionalismo, *112*
razão humana, *40, 112, 117, 125, 143*
rebelião humana, *74, 80*
redenção, *89*

Reforma, *115, 134, 141*
reino de Deus, *25*
  como restauração da criação, *107*
  e a igreja, *99*
relativismo, *49*
Renascença, *115, 127, 129*
ressurreição de Jesus, *24, 95*
restauração, *89, 98*
revolução científica, *115, 136*
revolução, era da, *150*
Revolução Industrial, *150*
Rivière, Mercier de la, *143*
Romantismo, *36, 155*
Rookmaker, Hans, *229*
Rorty, Richard, *166*

sabedoria, *72*
saduceus, *214*
Saint-Simon, Henri de, *142*
salvação, restauração mediante a, *89, 235*
Schaeffer, Francis, *42*
Schelling, Friedrich, *36, 37*
Schmemann, Alexander, *46*
Scotus, John Duns, *127*
secularismo, *112, 131, 185, 192*
seres humanos
  papel na criação, *75*
  problemas psicológicos e sociais, *159*
  rebelião humana, *74, 80*
  redenção dos, por meio da salvação, *89*
sermões. *Veja também* pregação;
sexualidade, *174*
shalom, *79, 94*
sharia, *183*
síntese, período de, *117, 123*
Sire, James, *44, 45*
Sketch for a historical picture of the progress of the human mind [Esboço de um quadro histórico dos progressos do espírito humano], *144, 241*
Skillen, Jim, *146, 223, 258*

Smith, Adam, *145*
sofrimento, *210*
Spencer, Herbert, *155*
Stott, John, *42*

Tales, *117*
Teodósio, *123*
teologia, *48*
teoria de leis universais, *146*
teoria educacional, *145*
terrorismo, *187*
testemunho comunitário, *207*
testemunho cristão
  componentes do, *207*
  desafios e recompensas do, *253*
  e missão, *194, 204*
  e participação cultural, *198*
  importância do, *191*
  tensões culturais, *199*
The clash of civilizations and the remaking of world order [O choque de civilizações e a recomposição da ordem mundial], *183*
The desire of the nations [O desejo das nações] (O'Donovan), *59, 60, 223*
The drama of Scripture [O drama das Escrituras], *23, 56, 57, 90, 163, 209*
The new faces of Christianity [As novas faces do cristianismo] (Jenkins), *181*
The outrageous idea of Christian scholarship [A ideia ultrajante da produção acadêmica cristã] (Marsden), *235*
The transforming vision: shaping a Christian world view [A visão transformadora: moldando uma cosmovisão cristã] (Walsh; Middleton), *20, 54, 154, 237*
The universe next door [O universo ao lado] (Sire), *44*
The unsettling of America [A inquietação dos Estados Unidos] (Berry), *219*

tolerância, *210*
Tomás de Aquino, *59, 125, 146*
Torá, *94*
tradição cultural ocidental, *29, 41, 111*
   consumismo, *172*
   e a narrativa cristã, *114*
   e a revelação do evangelho, *121*
   era da revolução, *150*
   globalização, *175*
   humanismo, *112*
   humanismo liberal, *158*
   Iluminismo, *141*
   liberalismo e marxismo, *154*
   paganismo greco-romano, *117*
   período da síntese medieval, *123*
   períodos históricos, *115*
   pós-modernidade, *165*
   Reforma, *134*
   Renascimento, *129*
   revolução científica, *136*
   Romantismo, *155*
Trindade, *62*

van Huyysteen, Wessel, *218*
Vanier, Jean, *52*
verdade do evangelho, *24*

vida pública e o cristianismo
   criatividade e arte, *228*
   desafios e recompensas do, *253*
   educação, *240*
   esportes e competição, *224*
   mundo acadêmico, *235*
   negócios, *215*
   política, *220*
Vollenhoven, Dirk, *116*
von Rad, Gerhard, *70*

Weltanschauung (visão de mundo), 35, 36, 40
Wissenschaft, *41*
Wolters, Albert, *70, 105, 236*
Wolterstorff, Nicholas, *41*
Wordsworth, William, *156*
World Evangelical Fellowship, *193*
Wright, Christopher, *25, 28, 90*
Wright, N. T., *19, 27, 50, 163, 212*

Yahweh, *27*

zelotes, *214*
Zuidema, Marvin, *225, 226*

Conheça outra obra de Michael Goheen

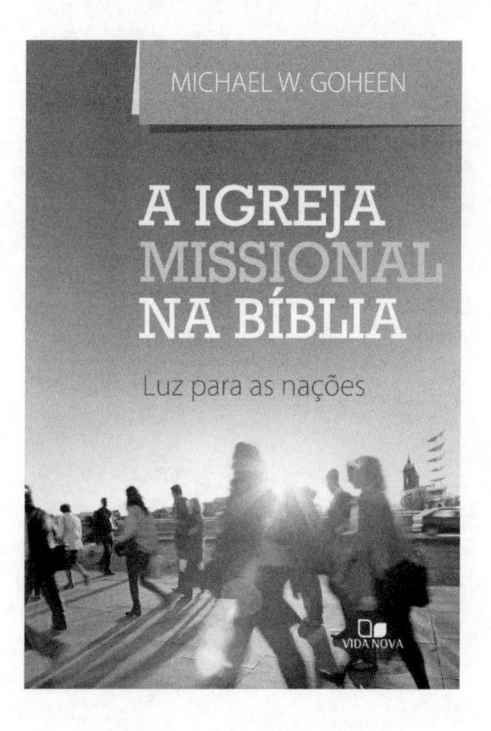

MICHAEL W. GOHEEN

A IGREJA MISSIONAL NA BÍBLIA

Luz para as nações

O corpo de literatura sobre a igreja missional está em constante crescimento, mas a palavra "missional" é com frequência definida de maneiras conflitantes, com pouco empenho em fundamentá-la firmemente nas Escrituras. Michael Goheen desembrulha a identidade missional da igreja ao investigar o papel para o qual o povo de Deus foi chamado a cumprir na história bíblica. Goheen mostra que a identidade da igreja pode ser entendida somente quando seu papel é articulado no contexto de toda a narrativa bíblica, não somente do Novo Testamento, mas também do Antigo. Ele também examina desdobramentos e implicações práticas, apresentando sugestões já testadas e aprovadas para as igrejas contemporâneas.

Esta obra foi composta em Adobe Caslon Pro,
capa em cartão 250 g/m², miolo em offset 75 g/m²,
impressa pela Imprensa da Fé, em novembro de 2021.